Deine Kamera ist eine App

Deine Kamera ist eine App: Über Medienverflechtungen des Applizierens und Appropriierens

herausgegeben von
Elisa Linseisen und Alena Strohmaier

μ meson press

Die Publikation wurde gefördert mit Mitteln des Bundesministeriums für Bildung und Forschung (BMBF) im Rahmen des BMBF-Projekts „Filmische Aneignungsprozesse von Videos der populären Aufstandsbewegungen 2009–11 im Mittleren Osten und Nordafrika".

Bibliographische Information der Deutschen Nationalbibliothek
Die Deutsche Nationalbibliothek verzeichnet diese Veröffentlichung in der Deutschen Nationalbibliographie; detaillierte bibliographische Informationen sind im Internet unter https://dnb.dnb.de abrufbar.

Veröffentlicht 2023 von meson press, Lüneburg, Deutschland
www.meson.press

Designkonzept: Torsten Köchlin, Silke Krieg
Umschlagbild: Still aus *A Very Long Exposure Time* © Chloé Galibert-Laîné
Lektorat: Inga Luchs

ISBN (Print): 978-3-95796-214-0
ISBN (PDF):   978-3-95796-215-7
DOI: 10.14619/2140

Die Printausgabe dieses Buchs wird gedruckt von Books on Demand, Norderstedt.

Die digitale Ausgabe dieses Buchs kann unter www.meson.press kostenlos heruntergeladen werden.

Inhalt

Whenever I'm bored, I can always find
something to do on my phone. ;))
Gen Z

Kamera/Apps: Zur Einleitung

Elisa Linseisen und Alena Strohmaier[1]

Die Kamera auf einem Smartphone hat viele Funktionen. Sie fungiert als Haustiersitterin[2], Geisterbeschwörerin[3], Beautysalon[4], Fitness- oder Tattoo-studio[5], Maßband[6], Übersetzerin[7], Kunstvermittlerin[8] und Raumplanerin[9]. Neben den möglicherweise erwartbaren Einsatzbereichen als Fernglas oder Lupe[10], als Dokumentenscanner, Fotofilter oder Bildbearbeitungs-tool können die verschiedensten Anforderungen über die Stichwort- oder Kategoriensuche nach „Kamera" in bekannten App-Stores per Download an das Gerät gestellt werden.

So augenscheinlich die Verbindung aus Kamera/App bei Deep-Fake- oder Avatar-Beispielen wie *Wombo* oder *Lensa AI* zu einer diskursanleitenden Auseinandersetzung um Gewalt, Fake News und Hass im Netz führen, so muss auch bei den weniger invasiven und manipulativen Beispielen klar sein: Deine Kamera ist eine App! Jede Digitalkamera bildet das, was vor ihrer Linse liegt, unter dem Einsatz softwaretechnischer Prozesse ab. In der Verschränkung von Kamera/App laufen Aufzeichnung und Programmierung von Realität zusammen. Gerade durch Apps implementierte Filter-ästhetiken sowie KI-gesteuerte Aufnahmen lassen diese mediale

1   Die Namen der Herausgeberinnen erscheinen in alphabetischer Reihenfolge. Sie haben zu gleichen Teilen an diesem Sammelband gearbeitet.
2   Barkio. https://barkio.com/de. Letzter Zugriff am 13. Dezember 2023.
3   Kamera Ghost Detector. https://apps.apple.com/de/app/kamera-ghost-detector-spiel/id1135847117. Letzter Zugriff am 13. Dezember 2023.
4   YouCam Makeup. https://play.google.com/store/apps/details?id=com.cyberlink. youcammakeup&hl=de&gl=US. Letzter Zugriff am 13. Dezember 2023.
5   Men Body Styles SixPack tattoo. https://play.google.com/store/apps/details?id=com. dsrtech.sixpack&hl=gsw&gl=US. Letzter Zugriff am 13. Dezember 2023.
6   Maßband. https://apps.apple.com/de/app/ma%C3%9Fband/id1383426740. Letzter Zugriff am 13. Dezember 2023.
7   Camera Translator. https://apps.apple.com/de/app/camera-translator-translate/ id1268937966. Letzter Zugriff am 13. Dezember 2023..
8   Smartify. Kunst und Kultur. https://apps.apple.com/de/app/smartify-kunst-und-kultur/id1102736524. Letzter Zugriff am 13. Dezember 2023.
9   Polycam. https://poly.cam/. Letzter Zugriff am 13. Dezember 2023.
10   Binoculars. https://apps.apple.com/us/app/binoculars-super-zoom-camera/ id1265897343. Letzter Zugriff am 13. Dezember 2023.

Verschaltung von Kamera/App schnell im Kontext des Trügerischen auf-
gehen – ein Medienplatonismus, der angesichts der Gefahr auf Identitäts-
diebstahl, Diskriminierung und antidemokratische Tendenzen notwendig
ist und eine Dringlichkeit formuliert, diese Verbindung aus medienwissenschaftlicher Perspektive auch über den Vorwurf des Fakes hinaus weiter zu
erörtern.

Der vorliegende Band widmet sich einer systematischen Untersuchung des
Verhältnisses von Kamera und App und deren ästhetischen, theoretischen
sowie praxeologischen Dimensionen. Der Fokus auf zwei unterschiedliche,
bisher wenig zusammengedachte medienwissenschaftliche Gegenstände
fordert es, auch unterschiedliche Theorietraditionen zusammenzubringen.
Im Folgenden fragen wir damit nach der Beziehung zweier medialer
Bereiche – Film und Software –, nach der einhergehenden Verschaltung
der Theorie- und Praxisrichtungen – dem Post-Cinema wie den Platform,
Software und App Studies –, und danach, welche spezifischen episte-
mischen Vermögen und gleichzeitig auch immer welche Probleme ihrer
Bedingungen, Grenzen, Kritik und Gültigkeit sich daraus ergeben.

Eine Ausgangsfrage für unsere Auseinandersetzung mit der Verschränkung
von Kamera/App ist, welche audiovisuellen Aneignungsprozesse, also die
Aneignung von Bildern, Video und Sound, unter den medien- und format-
technischen Vorzeichen von Software und Dynamiken der „Platformization"
(Helmond 2015) stattfinden, wenn wir davon ausgehen, dass filmische
Appropriationen softwaretechnischen *Applikationen* unterstehen.

In der Filmwissenschaft gibt es eine lange Tradition der Auseinandersetzung mit Fragen der *Appropriation*, so zum Kompilationsfilm (Leyda
1967; Hamdorf 1989; Beauvais 1991), zum Found-Footage-Film (Hausheer
und Settel 1992; Wees 1993), zum Second-Hand-Film (Blümlinger 2009),
zum Essayfilm (Blümlinger und Wulff 1992; Strauven 2007; Kramer und
Tode 2011), zum Gebrauchsfilm (Hediger 2005; Acland und Wasson 2011;
Schneider 2016; Zimmermann 2017) sowie zum Internet Cinema (Naficy
2012) und zu den Rebel Documentaries (Eickhof 2016).

Die filmwissenschaftliche Auseinandersetzung mit softwaretechnischen
Applikationen und den daraus entstehenden audiovisuellen Formaten ist
im Gegensatz dazu verhältnismäßig jung (Szita 2020; Casetti 2015). Eine
postkinematografische Theoriebildung thematisiert sie hauptsächlich
entlang dispositivkritischer („Die Explosion des Kinos"), bildästhetischer
(„Smartphoneästhetik", „Poor Images") und weniger konzeptueller
Argumentationslinien. Apps sind Softwarepakete, die ihre Funktion in operativen und mobilen Situationen haben (Dieter et al. 2019). Sie verweisen

auf Interaktionen und Relationen des Digitalen und sind weniger als integre mediale Objekte wahrnehmbar. Apps markieren in der Geschichte digitaler Medien die verstärkte Ausrichtung von Software auf die individuellen Bedarfe der Endnutzer:innen, was gemeinhin mit dem Einsatz dynamischer und mobiler Endgeräte, am populärsten den Smartphones zusammenfällt (Klemens 2010; Reid 2018). Apps finden im Rahmen medienethnografischer Forschung, z.B. den Platform oder Software Studies (Nieborg 2021; Morris und Murray 2018; Miller und Matviyenko 2014) ihren Niederschlag als Untersuchungsgegenstände oder unter methodologischen Vorzeichen als Tools oder Werkzeuge einer medienwissenschaftlichen Forschung, u.a. implementiert durch die jüngst entstandenen App Studies (Dieter et al. 2019).

Ziel des Sammelbandes ist es, von der Korrelation appropriierender und applizierender Verfahren sowie von Film und Software neue Perspektiven auf Diskussionen zu werfen, die die Filmwissenschaft genauso betreffen wie die App, Platform und Code Studies. Mit einem medientechnisch spezifischen Blick auf die softwarebezogenen Bedingungen der Applikation von Bild- und Videozirkulationen möchten wir an bekannte Post-Cinema-Diskurse (Shaviro 2010; Denson und Leyda 2016; Hagener, Hediger und Strohmaier 2016) anschließen und auch danach fragen, was nach dem Post-Cinema kommt. Mit den filmischen appropriierenden Verfahren möchten wir wiederum auf die hackenden, modulierenden, umprogrammierenden Methoden und die von Aktivist:innen, Künstler:innen und Forscher:innen angewandten widerständigen Praktiken gegen einen Plattform-Kapitalismus verweisen.

Die hier versammelten Beiträge erörtern explorativ die jeweiligen ästhetischen, theoretischen und politischen Potenziale in der Auseinandersetzung mit Kamera/App unter besonderem Fokus auf das Appropriieren (Strohmaier in diesem Band) und Applizieren (Linseisen in diesem Band). Gerade im Zusammenspiel von Appropriieren und Applizieren interessieren wir uns dabei dezidiert für relationale, situierte und affektive Beziehungen zwischen Menschen und Techniken. Weiterhin wollen wir uns in unseren Betrachtungen von der Funktionsbezogenheit von Softwarelösungen abgrenzen, genauso wie von einem Autonomieverständnis vermeintlich freier und unbefangener Subjekte. Zueignende und aneignende Dimensionen digitaler Technik, die Abhängigkeiten, Ungleichheiten und Differenzen hervorrufen, stehen vielmehr im Zentrum unserer Analyse.

Kamera/App, Appropriation/Appropriieren, Applikation/Applizieren – diese drei Begriffspaare bilden für uns dabei keine binären Gegensatzpaare, sondern vielmehr eine sich verschiebende, verdichtende Matrix (siehe Abb. 1), in die sich folgende Fragen einschreiben: Bringen technische Applikationen wie die ubiquitär zum Einsatz kommenden Apps neue Formen der filmischen Appropriation hervor? Wie gestalten sich mediale Aneignungsprozesse unter digitalen Vorzeichen? Welche Veränderungen medialer Alltagspraxis sind über das praxeologische Verhältnis von Applizieren/Appropriieren beobachtbar? Welches Wirklichkeitsverständnis kann über ihre Applikation/ Appropriation abgeleitet werden? Und: Welche historischen und kulturellen Verschiedenheiten lassen sich mit Blick auf Ungleichheiten zwischen dem „globalen Norden" und dem „globalen Süden" bei den in den Blick zu bekommenden Medienverflechtungen erkennen?

Die Verbindungen aus Kamera/App und Appropriieren/Applizieren beleuchten wir im Verhältnis von Ästhetik und Technik sowie Kunst und Software und wenden uns neben filmischen Beispielen auch den Medienkünsten, dokumentarischen Videoformaten, Selbstdokumentationen und dem Gaming zu.

[Abb. 1] Konzeptuelle Matrix aus Kamera/App, Appropriieren/Applizieren (Quelle: Linseisen 2023)

Bei der Konzeption und Diskussion unserer Fragen wurden wir von den audiovisuellen Arbeiten von Chloé Galibert-Laîné begleitet. Anhand von fotografischem Archivmaterial, 16mm Experimentalfilm, verpixelten Nintendo-Spielausschnitten, Smartphone-Aufnahmen und Computerbildschirmansichten fragt Galibert-Laîné in ihrer siebenminütigen Arbeit *A Very Long Exposure Time* (2020) nach den kameratechnischen Bedingungen von Bildern. Eine subjektive Mediation über medialisierte Zeitlichkeit lagert sich in die Beziehung zwischen den verschiedenen Bildtechnologien in ihrer Arbeit genauso ab wie die politischen und unausgesprochenen ideologischen Implikationen was mit ihnen sichtbar wird, was unsichtbar bleibt, was sie enthüllen und was sie auslassen (siehe Bildstrecke in diesem Band).

Mit dem programmatischen Befund „Deine Kamera ist eine App" wird in vier dialogischen Textpaaren dem eröffneten Themenkreis zwischen Appropriieren/Applizieren und seiner zeitgenössischen Brisanz wie auch historischen Tiefe entlang übergreifender Konzepte wie Partizipation, Format und Widerständigkeit begegnet. Der diskursive Modus, der in diesem Band vorherrscht, ist wiederum eine Reaktion auf die technischen Implikationen von Software: Unsere ersten Diskussionen fanden pandemiebedingt digital, im Setting der Videokonferenz statt. Die arbeitstägliche Allgegenwart niedrigaufgelöster, digitaler Bilder, schier unendlicher Splitscreens, die scheinbar nur eine einzige Kameraeinstellung kennen, nämlich die Halbnahe, zeigt, wie sehr auch unser (wissenschaftliches) Denken von der Verschränkung Kamera/App kanalisiert wird. Was die Software der Videokonferenzen zudem unterbindet, ist ein gemeinsames Sprechen. Mit dem dialogischen Format dieses Buchs möchten wir einer in den digitalen Settings angelegten Frage-Antwort-Redeverteilung über die „Mikrofon-aus-Mikrofon-an"-Choreografie entgegenwirken.

Das erste dialogische Textpaar widmet sich dem Appropriieren anhand von filmischen Aneignungsprozessen von Bildern populärer Aufstandsbewegungen, sowie dem Applizieren anhand theoretischer Diskursivierung.

Alena Strohmaiers Beitrag greift hierbei auf mit digitalen/mobilen Handkameras dokumentierte und über die sozialen Netzwerke verbreitete Videos der Grünen Bewegung in Iran 2009 und des Arabischen Frühlings 2011 zurück. Einige dieser Videos fanden Eingang in Langfilme von professionellen Filmschaffenden. Im Zentrum steht die Analyse dieser filmischen Aneignungsprozesse der Videos, wobei der Begriff der Zirkulation für eine filmwissenschaftliche Neuverhandlung produktiv gemacht wird. Besonderes Augenmerk legt sie hierbei auch auf die Proteste in Iran 2022 und die damit verbundenen verpixelten Bilder. Verpixelung ist dabei, so die These, immer performativ zu verstehen, weil sie in einem relationalen affektiven Verhältnis zu ihren Betrachtenden steht.

Elisa Linseisens Beitrag lotet anhand von Kameras und Apps, zwei Techniken mit eigenständigen Mediengeschichten und Theoriegerüsten, das Verhältnis beider Bereiche in der Parallaxe der Kamera/App aus. Der Beitrag erprobt sich in der These, Smartphonekameras als applizierende bildgebende Verfahren zu bezeichnen. Im Beitrag wird aus der Perspektive der Softwaretheorie sowie der Critical Code Studies und des Queer Computing herausgearbeitet, wie über digitale Bilder weiter nachgedacht werden kann, wenn das, was die Kamera früher geleistet hat, nämlich Bilder aufzunehmen, nun – im Hinblick auf Smartphones zugespitzt – softwareprozessiert abläuft.

Das zweite dialogische Textpaar beschäftigt sich mit Fragen der Partizipation durch die Übergabe von Kameras und die damit veränderten Produktionsbedingungen sowie mit aneignenden (P)Reenactments der Gewalt mit Bezug auf IS-Hinrichtungsvideos.

In seinem Beitrag stellt Florian Krautkrämer fest, dass in der Filmwissenschaft meist von „der Kamera" die Rede ist, die einen Apparat zur Bewegtbildaufzeichnung bezeichnet, dabei aber eher ungenau zwischen den einzelnen Komponenten wie Objektiv, Sensor, Filmmaterial etc. sowie den unterschiedlichen Typen und Herstellern differenziert. Technische Vereinfachungen wie leichter zu bedienende Kameras verändern dabei insbesondere auch das Feld kollektiver und/oder partizipativer Filmarbeit. Diese Verfahren sind im Dokumentarfilm so alt wie umstritten. Die Möglichkeiten variieren stark und sind dabei auch von der zur Verfügung stehenden Technik abhängig, entbinden trotz aller Flexibilität aber nicht von einem verantwortungsvollen Umgang mit den zu filmenden Personen. Anhand historischer Beispiele wie der „shared anthropology" von Jean Rouch, Filmkollektiven wie der Groupes Medvedkine und zeitgenössischen Filmen wie *Les Sauteurs* oder *Selfie* analysiert und diskutiert er dabei verschiedene Verfahren des An- und Zueignens.

Simone Pfeifers Beitrag fokussiert auf „(P)Reenactments der Gewalt" von IS-Hinrichtungsvideos als digitale Aneignungsformen und widerständige Praxis. Reenactments versteht sie in Anlehnung an Dreschke et al. (2016) als performative Praxis und kreative Medienaneignung, die auf eine andere Zeit, einen anderen Raum und auf andere Formen der medialen Vermittlung wie Filme, Videos oder auch Apps verweisen. Anhand von ausgewählten Beispielen aus unterschiedlichen widerständigen Kontexten mit Bezug zu IS-Hinrichtungsvideos beleuchtet sie die Aneignungspraktiken des „(P)Reenactments der Gewalt" als körperliche Praktik des Nachahmens und des Aneignens unterschiedlicher ästhetischer und medialer Formen. Gerade der digitale Kontext verdeutlicht wie „(P)Reenactments der Gewalt" versuchen, an spezifische Zuschauer:innen-Gruppen anzuschließen, zum Beispiel auch durch die Aneignung von Kameraapplikationen und affektiv aufgeladene Verflechtungen. Der Beitrag legt nahe, dass „(P)Reenactments der Gewalt" unterschiedliche digitale Öffentlichkeiten verbinden, dass sie in den verschiedenen Kontexten mit ambivalenten, häufig nicht intendierten Bedeutungen aufgeladen werden und in spezifische Machthierarchien eingebettet sind.

Das dritte dialogische Textpaar widmet sich den Simulationen von Geflüchteten-Erfahrungen über Spiele-Apps sowie der Konstruktion von Temporalität in App-Kulturen.

Nicole Braidas Beitrag untersucht dabei eine bereits 2017 vom UNHCR entwickelte App, die Spieler:innen in die Rolle von Geflüchteten versetzt, indem sie das Telefon eines Rohingya-Mädchens simuliert, das nach Malaysia flieht. *Finding Home* – wie im Google Play-Store beschrieben – „erstellt ein simuliertes Betriebssystem, das buchstäblich ihr Telefon übernimmt". Die App kombiniert interaktives textgesteuertes Storytelling und Rollenspiele mit dem Ziel, das Verständnis der Benutzer:innen für das gefährdete Leben von Geflüchteten zu fördern. Diese Software hebt eine neue Form der Medienaneignung hervor: einerseits die Simulation eines Mobiltelefons, also eines persönlichen Gegenstandes, andererseits fungiert der ermächtigte Blick des „non-vulnerable" gegenüber dem „vulnerable other" als eine Form der Aneignung. Ihr Beitrag fokussiert dabei den Nexus zwischen dieser fiktionalen und der ernsthaften Aneignung der vom UNHCR aufgebauten Dateninfrastruktur für Geflüchtete.

Anne Ganzert stellt in ihrem Beitrag die These auf, dass das Smartphone die Temporalitätskonstruktionen von Fotografie verändert hat. Zum vergangenheitsorientierten „so war es" und „ich war hier" des Bildes gesellt sich, qua App-Kultur, das „ich bin hier" – in diesem Café, vor diesem Teller (und in Antizipation: bevor probiert wird, schnell ein Foto). Diese zeitgenössischen, medialen Alltagspraktiken und Kameraoperationen diskutiert sie zum einen anhand der „deferred community", der versprochenen aber sich stets entziehenden Gemeinschaft, und zum anderen anhand der alltäglichen „photo-worthiness" – und inwiefern diese Bilder in der Konsequenz des Teilens würdig sind. Dabei geht es gerade nicht um das besondere Bild, sondern, vor allem im Kontext sozialer Netzwerke, um ein gemeinsames, ästhetisches Repertoire. Die Aushandlung der medialen Teilhabe daran ist ein bildinhärenter Prozess zwischen Applizieren und Appropriieren. Denn wenn die Kamera immer schon (mehrere) App(s) ist, verschränken sich Bild, Medien, Gemeinschaften und Temporalitäten.

Das vierte dialogische Textpaar spürt dem Realismus von Smartphone-Filmen sowie den kollaborativen Praktiken von TikTok-Videos nach.

Angela Jouinis Beitrag fokussiert auf Smartphone-Filme, die – wie die Bindestrich-Kombination bereits andeutet – in ihren Produktionsweisen und Ästhetiken in einem Spannungsfeld zwischen digitalen Medien und filmischen Traditionen stehen. Mit dem Spielfilm *Tangerine L.A.* (Baker 2015) wird beispielhaft ein Smartphone-Film auf Fragen des Appropriierens und Applizierens abgeklopft. Gefilmt mit der Kamera-Anwendung eines iPhones – das mit weiteren Hard- und Software-Applikationen modifiziert wurde – greift der Film ästhetische Traditionen der Filmgeschichte auf und verortet sich somit in einem Dazwischen, das Aneignungsgesten in Richtung des Filmischen als auch des Smartphones aufweist. Dies lässt sich sowohl auf ästhetischer wie auch auf technischer Ebene nachvollziehen, aber auch auf das Verhältnis von weißen, cis-männlichen Regisseuren und Schwarzen trans Protagonist:innen erweitern. An die Positionierung im „Dazwischen" schließen sich weitere Fragen nach der Ausrichtung der Aneignung an, die sie als Digital-Werdung des Kinos oder Film-Werdung des Smartphones diskutiert.

Laura Katharina Mückes Beitrag fokussiert das Appropriieren/Aneignen in sozialen Netzwerken, indem er vier *kollaborative* Ebenen (Produktion, Verteilung, Rezeption, Ästhetik) des Filmischen ausmacht, wie sie in den auf der App TikTok veröffentlichten feministisch-aktivistischen Protestvideos aus Belarus aus dem Jahr 2020 auffindbar sind. Ausgehend vom Material verortet Laura Katharina Mücke diese vier Kategorien dabei zwischen der positiv und der negativ konnotierten Bedeutungsdimension des Begriffs der Kollaboration (im Sinne eines „Zusammenarbeitens" vs. „Fremdkoope-rierens"), insofern die verschiedenen Ebenen der Kollaboration auf die soziokulturellen wie -historischen Kontexte von Belarus sowie auf ihre film- bzw. medientheoretische Dimension bezogen werden. Im Fokus steht die These, dass sich die videoproduzierenden Frauen* auf TikTok mit den algo-rithmusbasierten, stereotypen Sortier- und Verteilungsprozessen bewusst identifizieren, um subversives Material zu platzieren und international Aufmerksamkeit zu erlangen. Methodologisch verortet sich der Beitrag zwischen einer semiopragmatischen Perspektive auf Video-App-Ästhetiken und der ontologischen Frage nach dem Verbleib des „Filmischen" im Post-Cinema.

Wir danken den Teilnehmenden des Workshops „Deine Kamera ist eine App", der am 8. Und 9. Juli 2021 online stattfand. Außerdem danken wir Chloé Galibert-Laîné für die Möglichkeit, ihre Arbeiten zu zeigen und als Cover für diese Ausgabe zu nutzen.

Literatur

Acland, Charles R. und Haidee Wasson, Hgs. 2011. *Useful Cinema*. Duke: Duke University Press.

Beauvais, Yann. 1991. „Found Footage. Vom Wandel der Bilder". *Blimp: Found Footage. Filme aus gefundenen Materialien* 16: 4–11.

Blümlinger, Christa. 2009. *Kino aus zweiter Hand. Zur Ästhetik materieller Aneignung im Film und in der Medienkunst*. Berlin: Vorwerk 8.

Blümlinger, Christa und Constantin Wulff, Hgs. 1992. *Schreiben, Bilder, Sprechen. Texte zum essayistischen Film*. Wien: Sonderzahl.

Casetti, Francesco. 2015. *The Lumière Galaxy: Seven Key Words for the Cinema to Come*. New York: Columbia University Press.

Denson, Shane und Julia Leyda, Hgs. 2016. *Post Cinema: Theorizing 21st-Century Film*. Sussex: Reframe Books.

Dieter, Michael, Carolin Gerlitz, Anne Helmond, Nathaniel Tkacz, Fernando N. van der Vlist und Esther Weltevrede. 2019. „Multi-Situated App Studies: Methods and Propositions". *Social Media + Society* 5 (2): 1–15.

Dreschke, Anja, Ilham Huynh, Raphaela Knipp und David Sittler. 2016. „Einleitung". In *Reenactments: Medienpraktiken zwischen Wiederholung und kreativer Aneignung*, herausgegeben von Anja Dreschke, Ilham Huynh, Raphaela Knipp und David Sittler, 9–23. Bielefeld: transcript Verlag.

Eickhof, Ilka. 2016. „All That Is Banned Is Desired: ‚Rebel Documentaries' and the Representation of Egyptian Revolutionaries". *Middle East – Topics & Arguments* 6: 13–22. http://meta-journal.net/article/view/3801.

Hagener, Malte, Vinzenz Hediger und Alena Strohmaier, Hgs. 2016. *The State of Post-Cinema: Tracing the Moving Image in the Age of Digital Dissemination*. London: Palgrave Macmillan UK.

Hamdorf, Wolfgang Martin. 1989. „Die Metamorphose der Schmetterlinge: Gedanken zum Kompilationsfilm." In 2. *Film und Fernsehwissenschaftliches Kolloquium*, herausgegeben von Hans J. Wulff, 335–346. Münster: MAkS Publikationen.

Hausheer, Cecilia und Christoph Settele. 1992. *Found Footage Film*. Luzern: Zyklop-Verlag.

Hediger, Vinzenz. 2005. „‚Dann sind Bilder also nichts!'. Vorüberlegungen zur Konstitution des Forschungsfelds ‚Gebrauchsfilm'". *Montage AV*, 14. Januar 2005. http://www.montage-av.de/pdf/142_2005/142_2005_Vinzenz-Hediger-Dann-sind-Bilder-also-nichts.pdf.

Helmond, Anne. 2015. „The Platformization of the Web: Making Web Data Platform Ready". *Social Media + Society* 1 (2): 1–11.

Klemens, Guy. 2010. *The Cellphone: The History and Technology of the Gadget That Changed the World*. Jefferson, NC: McFarland.

Kramer, Sven und Thomas Tode, Hgs. 2011. *Der Essayfilm. Ästhetik und Aktualität*. Bd. 20 der Reihe *Close-Up*. Konstanz: UVK.

Leyda, Jay. 1967. *Filme aus Filmen. Eine Studie über den Kompilationsfilm*. Berlin: Henschelverlag.

Miller, Paul und Svitlana Matviyenko, Hgs. 2014. *Imaginary App*. Cambridge, MA: MIT Press.

Morris, Jeremy Wade und Sarah Murray, Hgs. 2018. *Appified: Culture in the Age of Apps*. Ann Arbor: University of Michigan Press.

Naficy, Hamid. 2012. *The Globalizing Era, 1984–2010*. Bd. 4 der Reihe *A Social History of Iranian Cinema*. Durham: Duke University Press.

Nieborg, David B. 2021. „Apps of Empire: Global Capitalism and the App Economy." *Games and Culture* 16 (3): 305–316.

Reid, Alan J. 2018. *The Smartphone Paradox: Our Ruinous Dependency in the Device Age*. Cham: Springer International Publishing.

Schneider, Alexandra. 2016. „Theorie des Amateur- und Gebrauchsfilms". In *Handbuch Filmtheorie*, herausgegeben von Bernhard Groß und Thomas Morsch, 1–18. Wiesbaden: Springer VS.

Shaviro, Steven. 2010. *Post-Cinematic Affect*. Winchester: Zero.

Strauven, Wanda. 2007. *The Cinema of Attractions Reloaded*. Amsterdam: Amsterdam University Press.

Szita, Kata. 2020. „New Perspectives on an Imperfect Cinema: Smartphones, Spectatorship, and Screen Culture 2.0." *NECSUS. European Journal of Media Studies* 9 (1): 31–52.

Wees, William C. 1993. *Recycled Images. The Art and Politics of Found Footage* Films. New York: Anthology Film Archives.

Zimmermann, Yvonne. 2017. „Analyse nicht-fiktionaler Filmformen". In *Handbuch Filmanalyse*, herausgegeben von Malte Hagener und Volker Pantenburg. Wiesbaden: Springer VS.

Apps

Apple. „Maßband". *Apple App Store*. Letzter Zugriff am 13. Dezember 2023. https://apps.apple.com/de/app/ma%C3%9Fband/id1383426740.

Enrasoft Apps SL. 2023. „Kamera Ghost Detector. Spiel". *Apple App Store*. Letzter Zugriff am 13. Dezember 2023. https://apps.apple.com/de/app/kamera-ghost-detector-spiel/id1135847117.

Perfect Mobile Corp. 2023. „YouCam Makeup: Beauty Kamera". *Google Play Store*. Letzter Zugriff am 13. Dezember 2023. https://play.google.com/store/apps/details?id=com.cyberlink.youcammakeup&hl=de&gl=US.

Pixel Force Pvt Ltd. 2022. „Men Body Styles SixPack Tattoo". *Google Play Store*. Letzter Zugriff am 13. Dezember 2023. https://play.google.com/store/apps/details?id=com.dsrtech.sixpack&hl=gsw&gl=US.

Polycam. 2023. *Offizielle Webseite*. Letzter Zugriff am 6. Oktober 2023. https://poly.cam/.

Smartify CIC. 2023. „Smartify: Kunst und Kultur". *Apple App Store*. Letzter Zugriff am 13. Dezember 2023. https://apps.apple.com/de/app/smartify-kunst-und-kultur/id1102736524.

TappyTaps s.r.o. 2023. „Barkio". *Offizielle Webseite*. Letzter Zugriff am 13. Dezember 2023. https://barkio.com/de.

UNHCR. 2022. „Finding Home – A Refugee's Journey". *Apple App Store*. Letzter Zugriff am 13. Dezember 2023. https://apps.apple.com/us/app/finding-home-a-refugees-journey/id1234931023.

Vulcan Labs Company Limited. 2023. „Camera Translator: Translate +". *Apple App Store*. Letzter Zugriff am 13. Dezember 2023. https://apps.apple.com/de/app/camera-translator-translate/id1268937966.

Film

Baker, Sean. 2015. *Tangerine L.A.* USA.

Galibert-Laîné, Chloé. 2020. *A Very Long Exposure Time*. Frankreich.

DIALOG 1: ANEIGNEN / APPLIZIEREN

ANEIGNUNG

APPROPRIATION

MENA-REGION

SOZIALE BEWEGUNG

FILM

TUNESIEN

IRAN

Aneignung und Protest: Kamera/Apps und populäre Aufstandsbewegungen

Alena Strohmaier

Der Beitrag greift auf mit digitalen/mobilen (Handy-) Kameras dokumentierte und über die sozialen Netzwerke verbreitete Videos der Grünen Bewegung in Iran 2009 und des Arabischen Frühlings 2011 zurück. Einige dieser Videos fanden Eingang in Langfilme von professionellen Filmschaffenden. Im Zentrum steht die Analyse dieser filmischen Aneignungsprozesse, wobei der Begriff der Zirkulation für eine filmwissenschaftliche Neuverhandlung produktiv gemacht wird. Besonderes Augenmerk liegt hierbei auch auf den Protesten in Iran 2022 und dem Aufkommen verpixelter Bilder. Verpixelung ist dabei, so die These, immer performativ zu verstehen, weil sie in einem relationalen affektiven Verhältnis zu ihren Betrachtenden steht.

Populäre Aufstandsbewegungen im Mittleren Osten und Nordafrika

Aneignungen oder Appropriationen sind Prozesse. Wenn im Folgenden von filmischen Aneignungsprozessen die Rede ist, meine ich daher eine ganze Bandbreite an Phänomenen: von animierten Grafiken und Memes, über i-docs und Desktop Documentaries, bis hin zu GIFs und Handyclips. Auf letztere – die Handyclips – werde ich näher eingehen, denn sie haben in politischen Zusammenhängen populärer Aufstandsbewegungen eine zentrale Rolle eingenommen. Sie zeichnen sich nicht mehr durch eine vermeintlich distanzierte oder gar objektive Position ihrer Produzent:innen als unbeteiligte Beobachtende, Berichterstattende oder Bezeugende aus, wie man sie etwa mit dem Journalismus assoziierte – weswegen ich auch den Begriff des „citizen journalist" irreführend finde, der in diesem Zusammenhang oft verwendet wurde. Ausschlaggebend ist vielmehr ihr Affizierungspotenzial, wie ich zeigen möchte.

Unter populären Aufstandsbewegungen verstehe ich ein kommunikatives Verhältnis zwischen widerstreitenden politischen Positionen. Die Grüne Bewegung in Iran 2009 und der sogenannte „Arabische Frühling" in Tunesien, Ägypten, Libanon, Libyen, Syrien, Bahrain und Jemen 2011 haben international eine rege Forschungstätigkeit hinsichtlich der Hintergründe, Effekte und Bedeutungen populärer Aufstandsbewegungen und nachfolgender Entwicklungen in der MENA-Region (*Middle East and North Africa*) ausgelöst. In diesem komplexen und heterogenen Forschungsdiskurs deutet sich schrittweise ein epistemologisches Umdenken in den auf die MENA-Region bezogenen Disziplinen an. Schon für die Revolutionsforschung wies Michael Mann (2012) darauf hin, dass Vorstellungen von „großen Revolutionen", wie der Englischen, Französischen und Russischen, die jeweils von einem vollständigen Bruch zwischen den alten und neuen Systemen ausgingen, zu den akademischen Irrtümern der Geschichte gehören. Die Ereignisse 2009–2011, aber auch jene von 2019 (Sudan, Algerien, Libanon und Irak) und 2022 (Iran) sind daher als ergebnisoffene Prozesse zu verstehen (Bozarslan 2015; Gerges 2014; Dawisha 2013), wie ich an anderer Stelle erläutert habe (Ouaissa, Pannewick und Strohmaier 2021).

Die populären Aufstandsbewegungen von 2009–11 wurden zu einer wahren Herausforderung für die Sozial- und Geisteswissenschaften (Beck 2013). Neben der Diskussion, ob es sich um Umbrüche oder Revolutionen handele (Bayat 2013; Jünemann und Zorob 2013), wurden sie in unterschiedliche historische und gesellschaftliche Entwicklungen und Zusammenhänge eingebettet. Für Bozarslan (2015) sind die populären Aufstandsbewegungen als ergebnisoffener Beginn eines neuen Zyklus in der Geschichte der MENA-Region zu verstehen. Ajami (2012) spricht wiederum von der dritten *Nahḍa*, in Anspielung an das arabische Erwachen und den Aufbruch in die Moderne im späten 19. und frühen 20. Jahrhundert. Wieder andere Ansätze interpretieren die Ereignisse als Ende des Postkolonialismus (Tripp 2013; Lynch 2013; Khosrokhavar 2012; Dabashi 2012; Perthes 2015).

Immer häufiger treffen wir eine transregionale Öffentlichkeit an, in der Kunst- und Medienformen zwischen den Regionen zirkulieren. Dies gilt nicht nur für Mainstreammedien und das Internet, denn auch bei lokalen Festivals finden weltweit Kulturaustausch und Medienfusionen statt. Exogene Faktoren wie internationale Gemeinschaften und insbesondere Diaspora-Formationen (Strohmaier 2019) nehmen an Einfluss zu. So geht es darum, in einer multiskalaren Perspektive transnational und transregional offene Verflechtungsräume, querliegende Großräume, Grenzräume, regionale Teilräume sowie (trans-)lokale Kontakte und Orte in den Fokus zu rücken. Anstelle die MENA-Region als einen vermeintlich festgefügten geographischen Raum zu beschreiben, ist es in Anlehnung an die Area Studies adäquater, sie als ein in sich äußerst diverses, wenn auch dicht verwobenes Ensemble einander überlappender „Arenen" (Green 2014) zu verstehen, die auf wandelbaren Geographien dichter sozialer Beziehungs-geflechte beruhen. Neben Räumen des Konflikts wird dabei auch der Blick für die Entstehung und Bewegung von Räumen des Austauschs und des Neuverhandelns von Normen, Werten und Identitäten geschärft. Eine deterritorialisierte Konzeption von Raum schließt auch den post-nationalen „Zwischenort", „Übergangsraum" oder „dritten Raum" der kulturellen Produktion (Bhabha 1994) sowie Räume der Erinnerung und des kulturellen Gedächtnisses ein.

Dementsprechend sind die Veränderungen seit 2009 oft auch bruchstück-haft und widersprüchlich. Arbeiten aus der Politik- und Sozialwissenschaft legen mit Konzepten wie „spectacular strategies" (Baringhorst 1996), „non-movement" (Bayat 2010) oder „global street" (Sassen 2011) hierbei den Fokus auf soziale Verflechtungen und stützen damit Ansätze aus der Medien- und Kommunikationswissenschaft, die die Rolle von Videos populärer Auf-standsbewegungen oftmals auf soziologischer und anthropologischer Ebene in Bezug auf politischen Aktivismus (Boëx 2013; Tedjasukmana 2014), Ökonomie (Ferjani 2011; Castells und Cardoso 2013) oder Religion und Genderfragen (Richter und Difraoui 2015; Schneider und Richter 2015; Maestri und Profanter 2017) beleuchten. Eingebettet im globalen Rahmen einer transnationalen, antisystemischen Protestbewegung und als Ergebnis der Strukturkrise des globalen Kapitalismus (Lawson 2012; Wallerstein 2011) wurde den populären Aufstandsbewegungen in der MENA-Region (Beinin und Vairel 2011) durch die intensive Nutzung von neuen sozialen Medien ein neues kollektives Selbstbewusstsein zugeschrieben (Jenkins, Ford und Green 2013; Strohmaier und Krewani 2021).

Videos populärer Aufstandsbewegungen im Mittleren Osten und Nordafrika

Inwiefern populäre Aufstandsbewegungen nun wirklich primär in sozialen Medien agieren, ist Gegenstand einer ebenso aktuellen wie dynamischen wissenschaftlichen Debatte. Herrschte in den frühen 2010er Jahren häufig noch ein Cyberutopismus vor, der die Ereignisse des sogenannten „Arabischen Frühlings" hoffnungsvoll als Teil einer führerlosen, digitalen Revolution betrachtete (Castells 2012), zeichnen jüngere Studien angesichts der aktuellen politischen Entwicklungen ein vielseitigeres und weitaus weniger optimistisches Bild populärer Aufstandsbewegungen und sozialer Medien. Zunehmend sind auch neu-rechte Bewegungen in den Blick geraten, mit der die sozialwissenschaftliche Bewegungsforschung sich lange Zeit kaum auseinandergesetzt hat (Nagles 2017; Hornuffs 2020).

Unbestritten ist, dass in politischen Zusammenhängen Bilder oft die zentrale Rolle spielen, denn mit ihnen lassen sich Botschaften besonders prägnant und emotional formulieren. Sie erfüllen eine gemeinschaftsbildende und ermächtigende Funktion, werden aber auch selbst angegriffen. Das ist natürlich keinesfalls eine neue Entwicklung. Neu war allerdings im Nachgang der Grünen Bewegung in Iran 2009 und des darauffolgenden „Arabischen Frühlings" 2011 die Masse an Bildern und Bildproduzent:innen, die digitale Bildtechnologien und deren Verfügbarkeit ermöglichten und im Netz eine schwer zu überprüfende Eigendynamik entwickelten. Bildaktionismus spielt daher spätestens seit den populären Aufstandsbewegungen in der MENA-Region eine neue und zentrale Rolle für politischen Widerstand. Kerstin Schankweiler nennt das „Bildproteste". Der Begriff der Bildproteste stellt heraus, wie umkämpft das Feld des Visuellen im Kontext aktueller Protestkulturen im Netz ist. In ihrem gleichnamigen Buch (Schankweiler 2019) spricht sie von einer Verschiebung weg von Einzelbild und Bilderserien, hin zu Bildernetzwerken. Das führe zu regelrechten Bilderschwärmen, einer Art *Social Swarming* der Bilder, die politische Energie entwickeln können. Bildproteste im digitalen Zeitalter sind so organisiert, dass sie mehr sind als die Summe ihrer Einzelteile. Innerhalb der Bilderschwärme mögen sich noch Muster herausbilden, aber es gibt keine singulären Ikonen mehr. Dies gilt gleichermaßen für Selfies und Memes wie für Videos und GIFs. Mit dem Begriff der Bildproteste lässt sich sehr gut eine Irritation des politischen Systems auf der Basis von Bildern beschreiben. Damit ist nicht zwangsläufig gemeint, dass Bildproteste konkret benennbare politische Auswirkungen haben; sie können unter Umständen ins Leere laufen, oder um sich selbst kreisen. Bildproteste prägen sowohl linke als auch rechte Bewegungen, können aber manchmal keinem Standpunkt eindeutig zugeordnet werden und wandern sogar zeitweise zwischen politischen Lagern hin und her. Indem der Begriff der Bildproteste unterschiedlichste visuelle Anschlusskommunikationen umfasst, rückt gerade der politische Aspekt der Bildproteste in den Vordergrund, der eng mit dem Videoaktivismus verknüpft ist.

Die Vielzahl aktivistischer Videos ist eine Form des politischen Aktivismus, der bereits in den 1970er Jahren u.a. in den Sozial-, Umwelt-, Antirassismus- und Queer-Bewegungen entstand und sich der Medien Film und Video bediente. Der Begriff Videoaktivismus etablierte sich, als immer mehr Aktivist:innen mit Videokameras Demonstrationen und politische Aktionen begleiteten und dokumentierten. Durch den Umstand, dass Videokameras immer erschwinglicher wurden und der Zugang zum Internet eine große Verbreitungsmöglichkeit bietet, entstanden zahlreiche Videokollektive, die ihre Produktionen unentgeltlich im Netz bereitstellten. In öffentlichen und wissenschaftlichen Diskursen werden bisher vor allem die politischen Akteur:innen, ihre Anliegen und Aktionen sowie die Reaktionen in den Massenmedien thematisiert. Die medialen Strukturen und ästhetischen Formen der Videos dagegen, also die Basis ihrer politischen Wirkung, werden meist ebenso vernachlässigt wie ihre Geschichte und ihr spezifisches Verhältnis zur Öffentlichkeit (Eder, Hartmann und Tedjasukmana 2020).

Bereits für den sowjetischen Film der 1920er Jahre formulierten Sergej Eisenstein und Dziga Vertov die Notwendigkeit, Film für revolutionäre Zwecke zu rekrutieren. Bis heute einflussreich ist in diesem Kontext die von ihnen formulierte Montagetheorie, allen voran die von Eisenstein geprägte „Attraktionsmontage" oder auch „Montage der Attraktionen". Durch die Mittel des Schnitts sollten Assoziationsketten bei den Zusehenden ausgelöst werden, die dabei helfen, vom affektiven Erfassen des Gezeigten zum intellektuellen Verständnis der dargestellten Zusammenhänge hinzuführen. Die Liste an Dokumentarfilmen, die in dieser Tradition stehen, ist lang. Ein frühes Beispiel, welches ich hier exemplarisch anführen möchte, ist ein Film der amerikanischen Workers Film and Photo League, die Teil einer Kulturbewegung der amerikanischen Sektion der Internationalen

[Abb. 1] "The March of the Bonus Army": https://www.youtube.com/watch?v=mSC1lbfXfRQ
(letzter Zugriff: 13.12.2023)

Arbeiterhilfe war. Im Juni 1932 organisierte sie in Washington DC den sogenannten „Bonus March", an dem arbeitssuchende Soldaten des Ersten
Weltkriegs teilnahmen, um den Kongress zur Verabschiedung der Lohn-
zulagen zu drängen. 20.000 Menschen waren damals auf den Straßen,
unter ihnen Sam Brody und Leo Seltzer, die die Ereignisse mit mobilen
Kameras filmten (siehe Abb. 1). Bereits hier zeigt sich nicht nur, wie Jane
Gaines (1999) richtig konstatiert, die Verschränkung von politischer und
technischer Innovation (siehe auch Elisa Linseisens Ausführungen zum
Protodokumentarismus in diesem Band 45ff.). Es werden, wie ich finde,
auch zentrale Merkmale von populären Aufstandsbewegungen als mediale
Ereignisse deutlich: Wir sehen Menschenmassen auf der Straße; ein
Kollektiv, das im Aufbruch ist – hier verstärkt durch die nahe Einstellung auf
die Beine – und den klaren Appell an die Zusehenden, unterstrichen durch
Inserts und Großaufnahmen. Filme wie *Bonus March* entstanden im Kontext
strukturierter Parteien, die Demonstrationen wie diejenigen in Washington
DC organisierten und Menschen wie Sam Brody und Leo Seltzer mit dem
nötigen Equipment ausstatteten, um sie zu filmen. Gezeigt wurden solche
Filme oftmals wiederum im Kontext der Partei selbst: Die Workers Film and

Foto League organisierte zwischen 1930 und 1935 regelmäßig Filmabende für ihre Parteimitglieder.

Die heutige Situation einer medientechnisch induzierten Proliferation dokumentarischer Formen und Formate stellt sich etwas anders dar. Die Praxis eines ubiquitären „Dokumentarismus der Vielen" (Dressler 2016) nutzt die technischen Möglichkeiten etwa von Handykameras dazu, globale zeitgeschichtliche Ereignisse gewissermaßen beiläufig nicht nur vielstimmig und „von unten" zu dokumentieren, sondern sie unmittelbar in der weltweiten audiovisuellen Kultur der sozialen Medien zirkulieren zu lassen. Die digitalen Möglichkeiten führen nicht nur zu einer signifikanten Absenkung der Schwelle dokumentarischer Autorschaft (die nicht mehr an Parteien, Institutionen oder Auteurs gebunden ist), sondern entwerten auch die klassische Ontologie eines archivstabil vorliegenden Bild- oder Dokumentbegriffs.

Laut Friedrich Balke und Oliver Fahle (2014) unterhält der Dokumentarfilm seit jeher eine untergründige Verbindung zur Funktion und zum Status des Dokuments, das in so unterschiedlichen Institutionen wie der Wissensübermittlung, der politischen Rede oder vor Gericht eine Rolle spielt. Das Dokumentarische, wie es von der Fotografie und vom Film beansprucht wurde, reduziert sich allerdings nicht auf die Sammlung und Ausstellung eines vermeintlich dokumentierten Realen. „There is no such thing as documentary", schrieb Trinh Minh-Ha 1990 in einem Artikel der Zeitschrift *October*. Diese seit den Anfängen des Kinos virulente Debatte der Klassifizierung filmischer Praktiken nach Arten und Gattungen, in der klassischerweise der Dokumentarfilm dem Spielfilm gegenübergestellt und mit der Differenz von faktual vs. fiktiv legitimiert wurde, beschäftigt uns heute nach wie vor.

Bilder populärer Aufstandsbewegungen, wie sie uns mit der Grünen Bewegung 2009 in Iran und dem darauffolgenden „Arabischen Frühling" 2011 erreichten, nehmen hierbei eine besondere Rolle ein. Diese Bilder – allen voran Handyclips –, die in teils lebensbedrohlichen Situationen entstanden und meist unscharf, verpixelt und verwackelt waren, dennoch oder gerade deshalb aber als Zeugnisse von Authentizität medial reproduziert wurden, standen – so meine These – nicht ikonisch für ein Ereignis, sondern für eine Vielzahl von Ereignissen. Sie zeichneten sich durch eine geteilte Bewegtheit und Affizierung aus. Sowohl Affekte als auch Bilder zirkulierten und wurden ausgetauscht, und so potenzierte sich der Wert sowohl der Affekte als auch der Bilder. Dies brachte eine Reihe neuer Produktions,

Distributions- und Rezeptionsmodi hervor, die Hamid Naficy unter dem Konzept des „internet cinema" zusammenfasste:

> While Internet cinema's site of production in its initial phases was primarily public places, either in the streets or underground, its site of reception was chiefly private places and private viewing platforms. The exhibition venue vastly differed from that of other forms of cinema, for it shifted from the stationary movie houses in which people watched movies collectively according to a schedule, to the small and mobile handheld devices that could be viewed by any individual with Internet access at any time, and anywhere in the world. This meant that Internet cinema's exhibition was freed from both physical location and physical structure, becoming global, cellular, virtual, and networked. (2012, 353)

Und wie ich mit Jeremy Morris und Sarah Murray (2018) hinzufügen möchte, auch „appified" – das heißt von Apps abhängig. Das „internet cinema" hat immer noch Gültigkeit, ist vielleicht sogar aktueller denn je, aber längst nicht mehr nur als eine Frage der Trias Produktion, Distribution, Rezeption zu verstehen oder der Bildästhetik, wie Hito Steyerl 2009 anhand der Differenz von „rich" vs. „poor images" argumentierte. Der Reihe muss eine infrastrukturelle Dimension, die mit digitalen Plattformen und Verbreitungswegen durch Apps zusammenhängt, hinzugefügt werden: die Frage der Zirkulation, denn wie Elisa Linseisen richtig konstatiert: „Smartphone-Kameras ‚schießen' keine Bilder mehr, sie applizieren Bilder" (in diesem Band, 47). In den Blick gerät dadurch auch der entgegengesetzte Weg, nämlich wie Handyclips wieder zurück auf die großen Leinwände der Kinos und Festivals finden – also vom „internet cinema" zu dokumentarischen Langfilmen, die dadurch die exklusive Kopplung von Handyclip und sozialen Medien als die affektiven Orte derartiger Bilder aufheben.[1] Die Langfilme appropriieren und setzen das bild-dokumentarische Material der Handyclips neu zusammen, indem sie es kürzen, montieren und mit Zwischentiteln und/oder Voiceover versehen. So weit, so anschlussfähig an die klassische Dokumentarfilmtheorie, die die Aufgabe des Dokumentarfilms in der Gestaltung bzw. Formgebung dokumentarischer Spuren sieht. Bei dem Korpus aus ca. 30 Langfilmen

---

1   An dieser Stelle sei erwähnt, dass Videos der populären Aufstandsbewegungen nicht nur Eingang in Dokumentarfilme fanden, sondern auch in Kunstinstallationen, wie Rabih Mroués Lecture Performance *The Pixelated Revolution* von 2012; in gemeinnützige Medienkollektive, wie dem ägyptischen Mosireen- und den syrischen Abounaddara- und Bidayyat-Kollektiven; sowie in digitale Open-Access- und Open-Source-Archive, wie 858, Syrian Archive, Yemeni Archive und pad.ma.

der populären Aufstandsbewegungen aus der MENA-Region, den ich untersuche, handelt es sich nicht nur um Filme, die in der Dokumentar-filmtradition des Found-Footage-Films, des Essayfilms, des Kompilations-films u.a. stehen, sondern um Filme, die sich durch ihre Appropriation als eine Reflexion der medialen Erscheinungsformen beschreiben lassen. So können beispielsweise Handyclips durch die Aneignung in Langfilmen Ein-blicke in eine Vielzahl von Themen geben, die Unterschiede, Interaktionen und Knotenpunkte sichtbar machen, wie z.B. Sinngebungsnarrative, die sich aus dem kulturell „Eigenen" und dem „Geborgten" zusammensetzen; Parallelitäten und Verflechtungen von (g)lokalisierter Alltagspraxis; und die Verortung der eigenen Position und Zukunft in einem lokalen, regionalen und globalen Kontext. Damit schließe ich mich der spekulativen These von Elisa Linseisen an, dass in den von Kameras applizierten Bildern, „die aus Pixelrauschen entstehen, von Algorithmen gesehen werden und keinen Anspruch mehr auf Indexikalität erheben", das Potenzial für eine „inklusi-vere, diskriminierungsärmere und solidarischere Wirklichkeit sichtbar und möglich" (in diesem Band, 48) wird.

Zirkulation, Tunesien 2011

Damit komme ich zu meinem ersten Beispiel: zwei Videos, beide ent-standen am 14. Januar 2011 in Tunis als Präsident Zineddin Ben Ali seine Regierung auflöste und aus dem Land floh. Es handelt sich um dasselbe Ereignis, gefilmt aus zwei unterschiedlichen Perspektiven. Das Ausgangs-material hat – wie so oft bei Handyclips – eine niedrige Auflösung. Im ersten Handyclip hören wir mehr als wir sehen (siehe Abb. 2): Ein Mann geht auf der großen Avenue Bourguiba, einer Hauptverkehrsachse in Tunis, auf und ab und ruft euphorische Parolen. Doch *shaab* – das Volk – von dem und zu dem er spricht, ist nirgends zu sehen. Die Leere der Straße fungiert so als ironischer Kontrapunkt zu seinen triumphalen Worten, als würde das tunesische Volk im Moment seines größten Sieges einfach in der Dunkelheit der Nacht verschwinden. Im weiteren Verlauf scheint es sogar so, als würde er seine Existenz weniger voraussetzen, als vielmehr versuchen, es herauf-zubeschwören. Während er versucht, die Nacht mit den Schatten von *shaab* zu bevölkern, wird seine Einsamkeit durch die Anwesenheit dreier Frauen, die die Szene von ihrem Fenster aus filmen, und ihrer komplexen Reaktionen aus Rückzug und Teilhabe an der Szene sowohl unterstrichen als auch gestört.

Der Handyclip wurde mit dem Titel „Tunis 14-01-2011, night" anonym auf den YouTube-Kanal RevoTun2011 hochgeladen. RevoTun2011 hat lediglich

[Abb. 2 und 3] „tunis 14-01-2011, night": https://www.youtube.com/watch?v=vHT7zYiUSX4
und „abdenacer laouini 14_01_2011": https://www.youtube.com/watch?v=OKKvc4sxwfw
(letzter Zugriff: 13.12.2023)

251 Follower, 265 Videos und 7 Likes – das Video der tunesischen Frauen
hat hier 2.565 Aufrufe. Unter einem anderen Titel, nämlich „A Happy Man",
befindet sich das Video auch auf dem Vimeo-Kanal des Regisseurs Peter
Snowdon. Dieser hat nur 47 Follower, 66 Videos und 12 Likes – das Video
der beiden tunesischen Frauen hat hier nur 31 Aufrufe. Die Reichweite des
Videos ist also gelinde gesagt bescheiden. Weit größere Verbreitung fand
jedoch der zweite Handyclip, eine frontale, nahe bzw. halbnahe Aufnahme
des Mannes unten auf der Straße (siehe Abb. 3). Es wurde im arabischen
Fernsehen, auf Al-Jazeera, Al-Arabiya und ähnlichen Kanälen, quasi in
Dauerschleife gesendet. In diesem Handyclip wiederum sehen wir ebenso
viel wie wir hören: den Mann – es handelt sich um den Anwalt Abdenacer
Laouini – in lässiger Freizeitkleidung, der mit den Armen gestikuliert und
unter vollem Körpereinsatz die Freiheit des tunesischen Volkes feiert. Wer
es aufgenommen hat, wird aus dem Handyclip nicht ersichtlich – meine
Recherchen haben jedoch ergeben, dass es sich um einen Freund von
Laouini handelte. Die drei tunesischen Frauen hören wir in dieser Version
nicht.

Während der zweite Handyclip Laouinis Performance einfach nur aufnimmt, ist der erste Handyclip der drei Frauen auf eine ganz andere Art
und Weise performativ-affizierend. Zu nennen wäre hier beispielsweise,
dass der Handyclip der drei Frauen damit beginnt, dass theatral der
Vorhang am Fenster zu Beginn beiseitegeschoben und am Ende wieder
geschlossen wird. Im Hauptteil des Videos gibt es im Grunde nur zwei
Einstellungen: eine fast senkrechte Aufsicht auf den Bürgersteig darunter
und eine weitere in einem leicht flachen Winkel, die den Bürgersteig auf
der gegenüberliegenden Straßenseite einbezieht und – wenn der Vorhang

zurückgezogen wird – auch die Silhouette einer der Frauen erkennen lässt. Dann plötzlich (so scheint es), taucht die Polizei aus dem Nichts auf – tatsächlich aus einer Ellipse, die die letzten beiden Einstellungen trennt. In Dunkelheit gehüllt oder hinter Fenstern und Bildschirmen bleiben die Menschen aber konsequent im *hors-champ* bzw. im Off. Man spürt, dass eine der Frauen zurückhaltender reagiert, während die anderen impulsiver sind. Wir wohnen den unterschiedlichen Stimmen und Affekten der Frauen bei, während sie kommentieren, erzählen, diskutieren, lachen, weinen und feiern, und erleben so eine Reihe möglicher Reaktionen und Affekte auf das, was Laouini unten auf der Straße sagt.

Daher ist es wenig überraschend, dass es der Handyclip der drei Frauen ist, der, im Gegensatz zu der bekannteren Version von Laouinis Freund, Eingang in einen dokumentarischen Langfilm fand. Der 80-minütige Dokumentarfilm *The Uprising* des bereits erwähnten Regisseurs Peter Snowdon wurde mithilfe des Centre du Cinéma et de l'Audiovisuel de la Fédération Wallonie-Bruxelles produziert und auf vielen Festivals, an Universitäten und sogar im MoMA in New York gezeigt. Er folgt einer Gliederung in sieben Teilen, die durch Inserts eingeleitet werden: „7 days ago", „6 days ago" etc. Der Countdown – der im Kontext der weitgehend muslimischen MENA-Region durchaus kritisch zu sehen ist, da er die christliche Entstehung der Welt in sieben Tagen übernimmt – endet mit: „Today". Die Besonderheit ist, dass der Film ausschließlich aus Handy-clips der populären Aufstandsbewegungen der MENA-Region besteht und dadurch eine dezidiert transkulturelle Perspektive auf die populären Aufstandsbewegungen einnimmt. Er beginnt mit dem Satz: „The revolution that this film imagines is based on several real revolutions". Er verwendet keine Interviews, Kommentare oder Voiceover. Es handelt sich, in meiner Interpretation, weniger um einen Film über die populären Aufstands-bewegungen als vielmehr um einen Film über die Handyclips der populären Aufstandsbewegungen. Diese Handyclips zeigen Unterschiedliches: von friedlichen Demonstrationen und Interviews mit Aktivist:innen bis hin zu gewalttätigen und blutigen Auseinandersetzungen mit Polizei und Militär.

Durch ihre ganz besondere Anordnung, die Montage, und ihre große Anzahl – der Film versammelt in den 80 Minuten ca. 200 Handyclips – werden wir von den Handyclips mitunter stark bewegt. Mit ihnen sind also affektive Dynamiken verknüpft, die sich nicht nur in den sozialen Medien hoch-schaukeln, sondern auch im Kontext eines Langfilmes eine Rolle spielen. Es geht hier weniger um die Repräsentation der einen Realität, sondern um das mögliche Affizierungspotential multipler Realitäten. Dies bedeutet eine Wendung weg von der Frage nach den Formen der Zirkulation, hin zur Frage nach der Zirkulation der Formen. Letztere schließt auch andere Medien als Bewegtbild mit ein, wie Peter Snowdon auf der Webseite zu seinem Film erklärt:

> I have proposed that while I could not pay them, in return for using their footage in the film, I would recirculate the subtitled footage on YouTube for them to link to from their blogs and channels. I also promised that they would get full credit for their work, and that profits from screening the film, including my director's fee, would be donated to grassroots organizations supporting citizen journalism in the Arab world. [...] What is taken from the community should be given back to the community. It is for that reason that *The Uprising* will be made freely available throughout the world for streaming, download and non-profit public screenings under a Creative Commons license once its initial festival run and any broadcast transmissions are past. (Snowdon 2013)

Ein informeller Handel der Re-Zirkulation also, der Handyclips gegen übersetzte Untertitel tauschen möchte und Bewegtbild nicht nur als Austauschmedium, sondern auch als Tauschmedium, sprich als transkulturelle Währung ausweist.

Es ist unbestreitbar, dass digitale audiovisuelle Medien den Tausch bereits vorhandener Aufnahmen erheblich erleichtert haben, auch wenn es sich hierbei um keine ganz neue Praxis handelt: Die Collage ist seit Picasso ein wesentlicher Bestandteil der bildenden Kunst und das musikalische Sampling hat seine Wurzeln in der jamaikanischen DJ-Kultur der 1970er Jahre und im afroamerikanischen Hip-Hop. Die Wiederverwendung von bereits vorhandenem Filmmaterial geht auf die Anfänge des Kinos zurück. Schon als die ersten Filme in Umlauf kamen, wurden sie umgeschnitten und als neue Filme verpackt. Der sowjetischen Filmemacherin Esfir Shub wird die Produktion des ersten Kompilationsfilms zugeschrieben, *Der Fall der Dynastie Romanow*, in dem sie dokumentarisches Filmmaterial, das von und für Zar Nikolaus II produziert worden war und sein Regime ehrte, neu bearbeitete und in die Zelebration seines Untergangs verwandelte. Joseph Cornells *Rose Hobart* aus dem Jahr 1936 gilt allgemein als der erste experimentelle Found-Footage-Film.

In der Tat jedoch sind filmische Aneignungsprozesse heute eine Praxis, an der sich jede Person beteiligen kann, die Zugang zu einem Computer hat. Darüber hinaus haben digitale audiovisuelle Medien die Geschwindigkeit, mit der solche Aneignungen stattfinden, drastisch erhöht und, wie Elisa Linseisen richtig bemerkt, die Verpflichtung der

Kamera, die Wirklichkeit wahrheitsgetreu abzubilden, zugunsten einer konstruktivistischen Vorstellung von ihr ausgehebelt (in diesem Band, 51). Neben Amateur:innen, die sich mit Begeisterung dieser Praxis widmen, schaffen auch professionelle Experimentalfilm- und Videomacher:innen Werke auf diese Weise. Obwohl diese experimentellen Arbeiten andere Ziele verfolgen mögen als YouTube-Clips oder Memes, ist das, was beide verbindet, ein klarer Sinn für die Subversion von Bedeutung. Jaimie Baron argumentiert, dass jede Wiederverwendung einer bereits existierenden Aufnahme in gewisser Weise eine Zweckentfremdung darstellt – in dem Sinne, dass die neue Verwendung von den ursprünglichen Produzent:innen nicht beabsichtigt oder zumindest nicht vorhergesehen war. Natürlich können wir die ursprüngliche Absicht, die hinter der angeeigneten Aufnahme steht, nicht wirklich kennen, aber wir er-kennen, dass es einen anderen Zusammenhang gegeben haben muss. Jaimie Baron nennt das den „archive effect" (2014), einem Effekt der Perspektivverlagerung vom Standpunkt der Filmschaffenden zu dem der Zusehenden, die entweder durch die Wahrnehmung einer zeitlichen oder einer intentionalen Disparität bei der Verwendung von Archivmaterial innerhalb eines Films eintritt: „archival documents exist as ‚archival' only insofar as the viewer of a given film perceives certain documents within that film as coming from another, previous – and primary – context of use or intended use" (Baron 2014, 7).

Es geht Jaimie Baron um das Bewusstwerden der unterschiedlichen Zeitebenen von Produktion, Montage und Ansicht der Bilder, sowie der unterschiedlichen Bestimmungen, die die Bilder auf den unterschiedlichen Zeitebenen erfahren. Dabei spielt auch das extratextuelle Wissen der Zusehenden eine wesentliche Rolle. Im Sinne eines „archive effects" könnte man *The Uprising* also als eine Abfolge von Archivbildern interpretieren, die wir als solche erkennen, weil wir erstens – auch schon 2013 – eine zeitliche Distanz zu den Ereignissen der populären Aufstandsbewegungen in der MENA-Region haben, und zweitens eine Distanz zu deren „ursprünglich" intendierten Zweck, als Dokumente bzw. Zeugnisse dieser populären Aufstandsbewegungen zu zirkulieren. In dieser Lesart wären die sozialen Medien das digitale Archiv, aus dem Peter Snowdon sein Material bezieht und der Langfilm das Resultat seiner ästhetischen Auseinandersetzung mit diesem Material.

Ich möchte jedoch eine andere Lesart vorschlagen. *The Uprising* verhandelt die Handyclips der populären Aufstandsbewegungen nicht als vergangenes mediales Ereignis, sondern in Hinblick auf die Potenzialität zukünftiger medialer Ereignisse. Oder, um es in den Worten Dork Zabunyans zu sagen:

Images of a struggle captured as it unfolds in the present, also engage in future struggles […]. It's in this sense that images taken in the midst of an uprising are also addressed to other individuals who might become the bearers of the torch of revolt at a later as yet unspecified date (2019, 27).

Zabunyan bezieht sich in dieser Textpassage dezidiert auf Michel Foucaults Konzeption von Gedächtnis nicht als etwas In-die-Vergangenheit-, sondern als etwas In-die-Zukunft-Gerichtetes. Und auch die menschenleere Straße am 14. Januar 2011 in Tunis weist darauf hin: „Wenn es ein modernes politisches Kino gibt, dann auf der Basis, dass das Volk nicht mehr existiert oder noch nicht existiert… das Volk fehlt" (Deleuze 1991, 295). Für Gilles Deleuze bringen diese Worte auf den Punkt, was er als die Stärke der besten politischen Filme ansah: Während seiner Meinung nach das Mainstream-Kino ein zunehmend hölzernes und wenig überzeugendes Bild des Volkes als einheitliche Masse präsentierte, zeigte das Arthouse-Kino stattdessen die Abwesenheit des Volkes als mögliches Subjekt. Gleichzeitig wies Deleuze damit auch auf den alternativen Modus politischer Subjektivität hin, den er im Kontext der Unabhängigkeitskämpfe des globalen Südens sah. Die Abwesenheit des Volkes bezeugt also nicht das Fehlen, sondern die unmittelbar bevorstehende und zunehmend unvermeidliche Zukunft. Also quasi: „Die Ruhe vor dem Sturm". Über eine formalästhetische Untersuchung hinaus, die allzu enge ontologische Kategoriebildungen materieller Aneignung im Film oder Typologien filmischer Aneignungsstrategien nach sich ziehen könnte, eröffnet dieses Beispiel damit eine erweiterbare Kartographie möglicher Ausdrucksformen und entsprechender Begriffsfelder filmischer Aneignungsprozesse.

Verpixelung, Iran 2022

Die Frage nach hoher und niedriger Auflösung von Bildern populärer Aufstandsbewegungen ist dabei nicht nur vor dem Hintergrund des „internet cinema" (Naficy 2012) von großer Bedeutung. Die verschiedenen Definitionsgrade der Auflösung eines Bildes werden durch die spezifischen technischen Eigenschaften der Sensoren digitaler Kameras, den Codierungsformaten der Dateien sowie jenen der Anzeige- und Wiedergabegeräte gemessen. Doch die Unterscheidung zwischen hoch- und niedrigauflösenden Bildern hat auch eine ästhetische, epistemologische, wirtschaftliche und politische Dimension.

Ästhetisch, da das Vorhandensein oder Fehlen von Details in einem Bild sich direkt auf die Qualität unserer sinnlichen Erfahrung auswirkt – visuell wie akustisch. Epistemologisch, da hohe oder niedrige Auflösungen direkt die Formen des Wissens bedingt, auf die wir zugreifen, sowie die Werte und Konnotationen, die wir mit ihnen verbinden. Wirtschaftlich, da hohe und niedrige Auflösungen eine grundlegende Rolle in der industriellen Dynamik, die die technologische Entwicklung bestimmt, spielen: Eine Entwicklung, die seit mehreren Jahrzehnten durch einen immer schnelleren Wettlauf zu immer höheren Graden der Bild- und Tonauflösung gekennzeichnet ist, so dass die hohe Auflösung von heute unweigerlich dazu tendiert, die niedrige Auflösung von morgen zu werden. Politisch schließlich, weil alles, was bei der Regulierung der Unterscheidung zwischen sichtbar und unsichtbar, hörbar und nicht hörbar ins Spiel kommt, alles, was zu dem beiträgt, was man mit Rancière „le partage du sensible" (2000) bezeichnen könnte, immer einen politischen Wert hat. Hier sollte die Tatsache nicht vergessen werden, dass die Produktion von hochauflösenden Bildern häufig in Länder mit niedrigeren Arbeitskosten verlagert wird. In diesem Zusammenhang wird die Frage einerseits nach den technischen Prozessen der Produktion und des Umlaufs digitaler Bilder, und andererseits nach der Art der damit verbundenen Arbeit – einer häufig entmaterialisierten, unsicheren und aus-gelagerten Arbeit – von entscheidender Bedeutung.

Bilder sind, wie oben bereits erläutert, nie als isolierte Objekte zu sehen, sondern immer in Verbindung mit einerseits der Erfahrung, die sie bei ihren Betrachtenden hervorrufen – eine Erfahrung, die oft von Geräten eingerahmt wird, die wiederum hoch- oder niedrigauflösend sein können –, und andererseits der Kontexte und Umgebungen (physisch, technisch, kul-turell, künstlerisch), in denen Bilder entstehen und zirkulieren.

Nun ist die Tatsache, ob ein Bild hoch- oder niedrig aufgelöst ist, nicht nur eine Charakteristik der Kamera, sondern mittlerweile eine bewusste Technik, die vor allem durch Softwaremechanismen zur Verfügung gestellt wird. Die Verpixelung von Bildern ist eine davon und meint eine Praxis, die den Schärfegrad eines Bildes gänzlich oder teilweise reduziert, um das darin Dargestellte unsichtbar oder weniger sichtbar zu machen. Wird ein Teil eines Bildes verpixelt, wird der Bildausschnitt in kleine Quadrate unterteilt. Die Durchschnittsfarbe der jeweiligen Quadrate wird ermittelt und die Quadrate eingefärbt. Historisch gesehen sind digitale Pixelbilder mit der gesamten Geschichte der Punkt- oder Rasterbilder verknüpft: Sie stehen neben der Mosaiktechnik, bestimmten Arten von Maschinen- oder Handweberei (von den Lochkarten des Jacquard-Webstuhls bis zum Petit Point), malerischen Stilen wie dem neoimpressionistischen Pointillismus oder Drucktechniken wie Halbton- und Ben-Day-Druck. Sie sind somit Teil einer genealogischen Linie, die bis hin zu den Lichtpunkten von

Röhrenbildschirmen und Monitoren mit fester Pixelmatrix (wie Plasmabild-
schirme, Flüssigkristallbildschirme (LCD), LED-Bildschirme und Projektoren)
reicht. Da der technologische Fortschritt auf geplanter Obsoleszenz
basiert, erreichen Bildschirme immer höhere Auflösungsstufen – von der
Standardauflösung (SD) mit 720 × 576 Pixeln über High Definition (HD,
1.280 × 720 Pixel) bis hin zu Full High Definition (Full HD, 1.920 × 1.080) und
Ultrahochauflösung 4K oder 8K (UHD, 3.840 × 2.160 bzw. 7.680 × 4.320
Pixel). Die mehr oder weniger hohe Auflösung eines Bildes oder eines
digitalen Anzeigegeräts kann also als ein Zeichen seines zeitlichen Status
interpretiert werden, als sichtbare Spur seiner Zugehörigkeit zu einer
bestimmten Phase in der Geschichte der digitalen visuellen Technologien.
Man kann also die zeitlichen oder historischen Konnotationen eines Bildes
verändern, indem man seine Auflösung ändert, wie es heute mit Filtern in
sozialen Netzwerken möglich ist. Der Messengerdienst Signal beispielsweise hat im Zuge der Black-Lives-Matter-Proteste in den USA 2020 die
neuen Funktionen „blurring the lines" und „encrypt your face" eingeführt –
damit konnte die Verpixelung von Gesichtern selbst und direkt am Smartphone vorgenommen werden.

Doch wie lässt sich angesichts des Trends zu immer höheren Auflösungs-
graden von Bildern, Kameras und Bildschirmen, der von der Industrie,
dem Marketing und der Werbung gefördert wird und bei dem die hohe
Auflösung oft mit Werten wie optischer Präzision, technischer Leistung
und sensorischer Intensität in Verbindung gebracht wird, das Überleben
von Unschärfe und Pixel erklären? Wo sind – vor allem im Kontext von
populären Aufstandsbewegungen – die Werte und Konnotationen von
Realismus, Authentizität, Evidenz, Zuverlässigkeit und Zeugenschaft anzu-
siedeln: auf der Seite der hohen oder der niedrigen Auflösung?

Damit komme ich zu meinem zweiten Beispiel: Bilder der Proteste in Iran
2022. Sie begannen am 16. September 2022 nach dem durch Polizeigewalt
herbeigeführten Tod von Jina Mahsa Amini. Sie war von der islamischen
Sittenpolizei verhaftet worden, weil ihr Kopftuch nicht richtig saß. Die
Proteste richteten sich sowohl gegen das theokratische Regime in Iran als
auch gegen die durch das Regime diktierten Lebensbedingungen, insbesondere gegen die islamische Kleiderordnung. Als Zeichen der Solidarität
mit Amini und aus Protest gegen die Frauenrechtslage in Iran verstießen
Demonstrantinnen bewusst gegen die Kleiderordnung, indem sie ihre
Kopftücher abnahmen oder sich öffentlich die Haare abschnitten, wie das
Beispiel von Nasibe Samsaei, einer in der Türkei lebenden Iranerin, die
sich ihren Pferdeschwanz während einer Protestaktion vor dem iranischen
Konsulat in Istanbul am 21. September 2022 abschnitt, zeigt (siehe Abb. 4).

[Abb. 4] „Nasibe Samsaei in Istanbul", 21.09.2022 © Yasin Akgul / AFP/Archivos: https://www.
rfi.fr/es/m%C3%A1s-noticias/20221206-las-protestas-en-ir%C3%A1n-una-revoluci%C3%B3n-
que-sacude-la-rep%C3%BAblica-isl%C3%A1mica (letzter Zugriff: 13.12.2023)

Weitere Beispiele finden sich in den sozialen Medien, wo Iranerinnen
Videos hochladen, in denen sie die Protestaktion zu Hause durchführten.
So weit, so anschlussfähig an gängige Videoaktivismuspraktiken und
dem, was Kerstin Schankweiler „Bildproteste" nannte. Eine kleine Google-
Suche ergibt eine Vielzahl dieser Bilder und Videos und auch die üblichen
Bilder überfüllter Straßen und Plätze, die wir bereits 2009 bei der Grünen
Bewegung in Iran sahen. Diesmal stoße ich jedoch auch auf einen noch
nicht dagewesenen Bildtypus: Er zeigt eine junge Frau ohne Kopftuch, die
einen Stein in der rechten und ein Banner in der linken Hand hält – und
deren Gesicht verpixelt ist (siehe Abb. 5). Ihre Körperhaltung ist aufrecht
und stark, fast kämpferisch, das Banner hochgehalten, der Stein bereit
zum Wurf. Bei der Grünen Bewegung 2009 hat es ähnliche Bilder gegeben,
die Verpixelung des Gesichts jedoch ist neu. Sie korrespondiert mit dem
schwarz-weiß karierten Hemd der jungen Frau, ganz offensichtlich ging es
hier abseits ihrer Anonymisierung und Sicherheit auch um ein ästhetisches
Unterfangen.

Dasselbe wurde auf Videos angewandt. Eine Möglichkeit, Dinge unkennt-
lich zu machen, ist die Verpixelung, eine andere ist die Unschärfe. Für
die Unschärfe werden Filter innerhalb von Apps, wie beispielsweise dem
bereits erwähnten Messengerdienst Signal, verwendet. Diese können
bereits während des Filmens angewendet werden, womit Elisa Linseisens

[Abb 5] „Pixelated Woman", 22.09.2022: https://www.instagram.com/p/Ci0Uph4MUYPEiP-ZoibjqXblS4DEqnff2iyaftM0/?img_index=3 (letzter Zugriff: 13.12.2023)

Feststellung, „was ein Bild ist, entscheidet sich im Moment der Aufnahme durch die Kamera" (in diesem Band, 50), Rechnung getragen wird. In einem dieser Videos sieht man, dass der obere Teil des Bildes – der Himmel, die Bäume und Gebäude – scharf gestellt ist, während die Menschen und Gesichter unscharf sind (siehe Abb. 6). Die Verpixelung ist ein Modus, der nach der Aufnahme auf das Bild angewendet wird, während die Unschärfe bereits während der Aufnahme des Bildes oder Videos durch die entsprechende Software erstellt wird. In beiden Fällen hat die filmende Person die volle Kontrolle darüber, was sie zeigen oder verbergen möchte.

Das bewusste Changieren zwischen hoher und niedriger Auflösung via App ist eine Eigenschaft, die digitale Bilder bestimmt, d.h. die Veränderungen, die sie erfahren können, und die visuellen Artefakte, die sie in dem gerahmten Raum eines Bildschirms erzeugen können. Die Kontrolle der Auflösungsgrade jedoch ist im Kontext von populären Aufstandsbewegungen eine Möglichkeit, die Bedingungen der Sichtbarkeit zu beherrschen, das Sichtbare von dem zu trennen, was unsichtbar bleibt, unsere Aufmerksamkeit zu lenken und zu fokussieren und so an der Organisation der gesamten Ökonomie und Ökologie der Aufmerksamkeit und Ablenkung mitzuwirken, die für die zeitgenössische visuelle Kultur charakteristisch ist. In dieser Ökonomie und Ökologie der Aufmerksamkeit sind die hohe und die niedrige Auflösung nicht nur diejenigen der Bilder und Bildschirme, sondern auch diejenigen der Kontexte – der Räume, der Umgebungen, der

[Abb. 6] „Blurred Sky": https://www.instagram.com/manotoofficial/ (letzter Zugriff: 13.12.2023)

Milieus –, die sie umgeben und die ihre Rezeption bedingen. Mit anderen Worten: Hoch- und Niedrigauflösung sind nicht nur Eigenschaften des Signals, sondern auch der Erfahrung des Signals und der sinnlichen Umgebung oder des Sensoriums, in der diese Erfahrung stattfindet und die eine geteilte Bewegtheit und Affizierung kreiert. Affizierung ist hier als ein höchst dynamisches, relationales Geschehen zu verstehen, das weniger *in* Akteur:innen zu verorten ist als vielmehr *zwischen* ihnen.

In diesem Zusammenhang verstehe ich Verpixelung via App als Akt, der zwar verbirgt, da die Sicht auf den Inhalt eines Bildes verhindert oder erschwert wird, gleichzeitig jedoch immer auch die Bedeutung des verpixelten Bereichs unterstreicht und damit wieder in den Fokus der Aufmerksamkeit rückt. Verpixelung ist daher, so die These, immer performativ zu verstehen, weil sie in einem relationalen affektiven Verhältnis zu ihren Betrachtenden steht. Die Performativität von Software ist dabei, wie Elisa Linseisen herausstellt, „Handlungsmacht, um gegen Ausschlüsse und Diskriminierungen vorzugehen" (in diesem Band, 56). Während für Hito Steyerl die „reichen" Bilder für die „armen" Bilder das sind, was die Bourgeoisie für das Proletariat ist, deutet meine These eine komplexere Situation an: Sowohl die hoch- als auch die niedrigauflösenden Bilder tragen zu einem Mehrwert bei, der zur Zirkulation von politischen Botschaften genutzt werden kann. Der Grad der Auflösung und das Ausmaß der Zirkulation sind keine umgekehrt proportionalen Phänomene; im Gegenteil, sie führen zu verschiedenen Lösungen und auch zu verschiedenen Bildpolitiken. Viele Ansätze beleuchten, wie Medien oft nicht mit dem Kontrast zwischen hoher und niedriger Auflösung arbeiten, sondern mit deren Überlagerung. Dies gilt vor allem für filmische Aneignungsprozesse von Videos populärer Aufstandsbewegungen in Langfilmen. Ich plädiere hier für eine Analyse von Hybridkonfigurationen, die aufzeigt, wie sich hohe und niedrige Auflösung, Kamera und App gegenseitig definieren und sich oft sogar durchdringen.

Fazit

Der spezifische filmwissenschaftliche Blick ist in diesem Zusammenhang von großer Bedeutung, da er größere kulturelle Kontexte und transregionale Transformationsprozesse in den Blick nimmt, die weit über die MENA-Region hinausreichen (Naficy 2001; Berghahn 2010; Higbee 2014). Area Studies gehen davon aus, dass Regionen nicht als abgeschlossene Container zu betrachten sind, sondern als offene geographische und kulturelle Räume, die im Austausch mit anderen Regionen stehen, was z.B. Diasporaformationen mit einschließt (Strohmaier 2019). Die Kombination aus regional- und filmwissenschaftlichen Theorien und Methoden ermöglicht einen Ansatz, der Videos populärer Aufstandsbewegungen, jenseits des singulären Verbreitens über soziale Medien, durch die Aneignung in anderen filmischen Kontexten, sowie in Relation zu ihrer Softwarebedingtheit in Apps betrachtet. Durch diese filmischen Aneignungsprozesse, so meine Schlussfolgerung, entsteht ein neuer funktioneller Zusammenhang für die Videos. Wie und nach welchen Kriterien die Videos Bestandteil der Filme werden, ist dabei ebenso relevant, wie die narrativen und ästhetischen Strategien, die dabei angewandt werden. Der regionalfilmwissenschaftliche Ansatz nimmt hierbei eine dezidiert transkulturelle und historische Perspektive ein und möchte damit eine andere Filmgeschichte der MENA-Region ermöglichen, abseits von Narrativen rund um „Partizipation im Netz" und „World Cinema". Mein medienwissenschaftlich ausgerichteter Blick auf populäre Aufstandsbewegungen aus Perspektive der Filmwissenschaft berücksichtigt dabei sich darin manifestierende kulturelle und filmische Phänomene.

Literatur

Ajami, Fouad. 2012. „The Arab Spring At One". *Foreign Affairs* 92 (2): 56–65.
Balke, Friedrich und Oliver Fahle, Hgs. 2014. „Einleitung in den Schwerpunkt Dokument und Dokumentarisches". *Zeitschrift für Medienwissenschaft* 11 (2): 10–17.
Baringhorst, Sigrid. 1996: „Das Spektakel als Politikon – Massenmediale Inszenierungen von Protest- und Hilfsaktionen". *Forschungsjournal Neue Soziale Bewegungen* 1: 15–26.

Baron, Jaimie. 2014. *The Archive Effect: Found Footage and the Audiovisual Experience of History.* London/New York: Routledge.

Bayat, Asef. 2010. *Life as Politics: How Ordinary People Change the Middle East*. Stanford: Stanford University Press.

———. 2013. „The Arab Spring and Its Surprises". *Development and Change* 44 (3): 587–601.

Beck, Martin. 2013. „Der ‚Arabische Frühling' als Herausforderung für die Politikwissenschaft". *Politische Vierteljahresschrift*: 54 (4): 641–661.

Beinin, Joel und Frédéric Vairel, Hgs. 2011. *Social Movements, Mobilization, and Contestation in the Middle East and North Africa.* Palo Alto: Stanford University Press.

Berghahn, Daniela. 2010. „Diasporas, Film and Cinema". In *Diasporas: Concepts, Intersections, Identities*, herausgegeben von Kim Knott und Seán McLoughlin, 157–161. London/New York: Zed Books.

Bhabha, Homi K. 1994. *The Location of Culture.* London: Routledge

Boëx, Cécile. 2013. „La vidéo comme outil de publicisation et de coordination de l'action collective et de la lutte armée dans la révolte en Syrie". *Les Carnets de l'IREMAM*, 03. Dezember 2013. http://iremam.hypotheses.org/3662.

Bozarslan, Hamit. 2015. „The Arab World Between 2011 and 2014: From Revolutionary Configurations to the State of Violence". In *Authoritarianism in the Middle East Before and After the Arab Uprisings*, herausgegeben von Jülide Karakoç, 67–91. New York: Palgrave Macmillan

Castells, Manuel. 2012. *Networks of Outrage and Hope – Social Movements in the Internet Age.* Chichester, UK: Wiley.

Castells, Manuel und Gustavo Cardoso, Hgs. 2013. *Piracy Cultures: How a Growing Portion of the Global Population is Building Media Relationships Through Alternate Channels of Obtaining Content.* Los Angeles: USC Annenberg Press.

Dabashi, Hamid. 2012. *The Arab Spring. The End of Post-Colonialism.* London: Zed Books.

Dawisha, Adeed. 2013. *The Second Arab Awakening: Revolution, Democracy and the Islamic Challenge from Tunis to Damascus*. New York: Norton and CPIE.

Deleuze, Gilles. 1991. *Das Zeit-Bild. Kino 2*. Frankfurt a.M.: Suhrkamp.

Dressler, Iris. 2016. „Dokumente in Aufruhr. Über das Archivo F.X. des Pedro G. Romero". In *Ortsbestimmungen. Das Dokumentarische zwischen Kino und Kunst*, herausgegeben von Eva Hohenberger und Katrin Mundt, 217–231. Berlin: Vorwerk 8.

Eder, Jens, Britta Hartmann und Chris Tedjasukmana, Hgs. 2020. *Bewegungsbilder: Politische Videos in Sozialen Medien.* Berlin: Bertz + Fischer.

Ferjani, Riad. 2011. „L'économie informelle de la communication en Tunisie: De la résistance à la marchandisation". In *Piratages audiovisuels: Les voies souterraines de la mondialisation*, 76–99. Paris: De Boeck/INA Editions.

Gaines, Jane M. 1999. „Political Mimesis". In *Collecting Visible Evidence*, herausgegeben von Jane M. Gaines und Michael Renov, 84–102. Minneapolis/London: University of Minnesota Press.

Gerges, Fawad, Hg. 2014. *The New Middle East: Protest and Revolutions in the Arab World.* Cambridge: Cambridge University Press.

Green, Nile. 2014. „Rethinking the ‚Middle East' after the Oceanic Turn". *Comparative Studies of South Asia, Africa and the Middle East* 34 (3): 556–564.

Higbee, Will. 2014. *Post-Beur Cinema: North African Émigré and Maghrebi-French Filmmaking in France since 2000.* Edinburgh: Edinburgh University Press.

Hornuffs, Daniel. 2020. *Hassbilder. Gewalt posten, Erniedrigung liken, Feindschaft teilen.* Berlin: Verlag Klaus Wagenbach.

Jenkins, Henry, Sam Ford und Joshua Green, Hgs. 2013. *Spreadable Media: Creating Value and Meaning in a Networked Culture.* New York: New York University Press.

Jünemann, Annette und Anja Zorob, Hgs. 2013. *Arabellions. Zur Vielfalt von Protest und Revolte im Nahen Osten und Nordafrika.* Wiesbaden: VS Verlag für Sozialwissenschaften.

Khosrokhavar, Farhad. 2012. *The New Arab Revolutions that Shook the World.* Boulder: Paradigm.

Lawson, George. 2012. „The Arab uprisings: Revolution or protests?" In *After the Arab Spring: Power Shift in the Middle East*, herausgegeben von Nicholas Kitchen, 12–16. London: London School of Economics and Political Science.

Lynch, Marc. 2013. *The Arab Uprisings: The Unfinished Revolutions of the Middle East.* New York: Public Affairs.

Maestri, Elena und Annemarie Profanter, Hgs. 2017. *Arab Women and the Media in Changing Landscapes.* London: Palgrave Macmillan.

Mann, Michael. 2012. *The Sources of Power. Globalizations 1945-2011.* Band 4. Cambridge: Cambridge University Press.

Minh-Ha, Trinh T. 1990. „Documentary Is/Not a Name". *October* 52: 76–98.

Morris, Jeremy Wade und Sarah Murray, Hgs. 2018. *Appified: Culture in the Age of Apps.* Ann Arbor: University of Michigan Press.

Naficy, Hamid. 2001. *An Accented Cinema: Exilic and Diasporic Filmmaking.* Princeton: Princeton University Press.

———. 2012. *A Social History of Iranian Cinema: Volume 4: The Globalizing Era, 1984-2010.* Durham: Duke University Press.

Nagles, Angela. 2017. *Kill All Normies: Online Culture Wars from 4Chan and Tumblr to Trump and the Alt-Right.* London: Zero Books.

Ouaissa, Rachid, Friederike Pannewick und Alena Strohmaier, Hgs. 2021. *Re-Configurations: Contextualizing Transformation Processes and Lasting Crises in the Middle East and North Africa.* Wiesbaden: Springer International Publishing.

Perthes, Volker. 2015. *Das Ende des Nahen Ostens, wie wir ihn kennen. Ein Essay.* Berlin: Suhrkamp.

Rancière, Jacques. 2000. *Le partage du sensible. Esthétique et politique.* Paris: La Fabrique Éditions.

Richter, Carola und Asiem El Difraoui, Hgs. 2015. *Arabische Medien.* Konstanz: UVK.

Sassen, Saskia. 2011. „The Global Street: Making the Political". *Globalizations* 8 (5): 573–79.

Schankweiler, Kerstin. 2019. *Bildproteste: Widerstand im Netz.* Berlin: Klaus Wagenbach Verlag.

Schneider, Nadja-Christina und Carola Richter, Hgs. 2015. *New Media Configurations and Socio-Cultural Dynamics in Asia and the Arab World.* Baden-Baden: Nomos.

Snowdon, Peter. 2013. „The Material". *The Uprising.* Letzter Zugriff am 25. September 2023. https://theuprising.be/The-material.

Steyerl, Hito. 2009. „In Defense of the Poor Image". *e-flux* (10). https://www.e-flux.com/journal/10/61362/in-defense-of-the-poor-image/.

Strohmaier, Alena. 2019. *Medienraum Diaspora. Verortungen zeitgenössischer iranischer Diasporafilme.* Wiesbaden: Springer VS. Zugl. Dissertation Philipps-Universität Marburg.

Strohmaier, Alena und Angela Krewani, Hgs. 2021. *Media and Mapping Practices in the Middle East and North Africa.* Amsterdam: Amsterdam University Press.

Tedjasukmana, Chris. 2014. „Die Öffentlichkeit des Kinos. Politische Ästhetik in Zeiten des Aufruhrs". *Montage AV: Politik* 23 (2): 13–34.

Tripp, Charles. 2013. *The Power of the People: Paths of Resistance in the Middle East.* Cambridge: Cambridge University Press.

Wahlberg, Malin. 2003. *Figures of Time. On the Phenomenology of Cinema and Temporality.* Stockholm: Filmvetenskap.

Wallerstein, Immanuel. 2011. „The Contradictions of the Arab Spring". *Al Jazeera*, 14. November 2011. Letzter Zugriff am 3. Juni 2020. https://www.aljazeera.com/indepth/opin ion/2011/11/20111111101711539134.html.

Zabunyan, Dork. 2019. *The Insistence of Struggle: Images, Uprisings, Counter-revolutions.* Barcelona, Spain: IF Publications.

Film

Cornell, Joseph. 1936. *Rose Hobart*. USA.

RevoTun2011. 2011. *Tunis 14-01-2011, night*. Tunesien. https://www.youtube.com/watch?v=-vHT7zYiUSX4.Seltzer, Leo und Lester Balog. 1932. *Bonus March*. USA. https://www. youtube.com/watch?v=wHcA-TTySQk

Shub, Esfir. 1927. *Der Fall der Dynastie Romanov*. USSR.

Snowdon, Peter. 2013. *The Uprising*. Belgien.

Snowdon, Peter. 2015. *A Happy Man*. https://vimeo.com/122309594.

FILMKAMERA

PROTODOKUMENTARISMUS

KAMERA-APPS

SOFTWARE

COMPUTATIONAL PHOTOGRAPHY

APPLIZIEREN

Kamera-Apps statt Kamera-Hacks: Das Verhältnis von Software und Kamera

Elisa Linseisen

Der Beitrag lotet das Verhältnis von „Kameras" und „Apps", zwei Techniken mit eigenständiger Mediengeschichte und theoretischem Rahmen, in der Parallaxe der Kamera/App aus. Dabei wird die These getestet, Smartphone-Kameras als applizierende Bildgebungsverfahren zu bezeichnen. Aus der Perspektive der Softwaretheorie, der Software Studies und des Queer Computing wird herausgearbeitet, wie über digitale Bilder weiter nachgedacht werden kann, wenn das, was früher die Kamera leistete, nämlich Bilder durch optische Verfahren aufzunehmen, nun durch Software über Apps geschieht.

Bilderrauschen

Die Künstlerin und Medientheoretikerin Hito Steyerl kennt interessante Menschen. Zum Beispiel eine Softwareentwickler:in, die Smartphone-Kameratechnik programmiert. Steyerl (2014) gibt wieder, was die Person ihr erzählt hat, nämlich dass sich die neueste Kameratechnik stark von der Technik in „traditionellen" Kameras unterscheidet. Die Linsen der Smartphone-Kameras seien „tiny and basically crap". Dadurch entstehe aus den von den Kameras aufgenommenen Informationen weniger ein referenzierbares Abbild der Realität, sondern „actually noise". Um nun aber zu einem Bild zu kommen, das dem entspricht, was vor der Kamera existiert, bedarf es, so die Softwareentwickler:in weiter, eines Tricks: Es wird ein Algorithmus programmiert, der das Bild entrauscht, „or rather to discern the picture from inside the noise". Aus dem aufgezeichneten Informationsrauschen ein Bild zu gewinnen ist möglich, weil eine Software alle anderen auf dem Smartphone gespeicherten und über Social Media abrufbaren Bilder scannt und die fehlenden Bildinformationen anhand formaler Ähnlichkeiten (Gesichter, Formen, Muster) zu anderen, bereits vorhandenen Bildern ergänzt. Mit einer Smartphone-Kamera fotografieren bedeute folglich weniger, eine indexikalische Beziehung zur Wirklichkeit herzustellen und ist vielmehr eine hellseherische Angelegenheit: „the algorithm guesses what you might have wanted to photograph now" (Steyerl 2014).

Das Szenario,[1] das Steyerl in ihrem 2014 auf *e-flux* veröffentlichten Text „Proxy Politics" beschreibt, möchte ich zum Ausgangspunkt nehmen, um über ein Verhältnis nachzudenken, das im Diskurs um digitale Bilder und Computational Photography bisher vernachlässigt wurde, nämlich das Verhältnis von Kamera und Software. Nach Steyerls Beispiel ist dieses Verhältnis ein ganz grundlegendes in der Auseinandersetzung mit digitalen Bildern, wenn die Kamera nicht mehr ein repräsentatives Bild liefert, sondern nur noch eine mehr oder weniger willkürliche Pixelbasis für eine Software, die dann aus einem Datensatz von Bildern fehlende Bildinformationen interpoliert. Die Kamera hat hier eine andere Funktion als im fotografischen Pakt der optischen Bildgebung. In meinem Beitrag werde ich medientheoretisch, d.h. genauer aus der Perspektive der Softwaretheorie sowie der Critical Code Studies und des Queer Computing herausarbeiten, wie über digitale Bilder weiter nachgedacht werden kann, wenn das, was

---

1   An Hito Steyerls Problemstellung lassen sich andere Fragestellungen bei der Auseinandersetzung mit digitalen Bildern anschließen, z.B. inwiefern Ähnlichkeit zu einem Leitkonzept in digitalen Kulturen werden muss. Siehe dazu Linseisen 2022a in Anschluss u.a. an Chun 2018.

die Kamera früher geleistet hat, nämlich Bilder über optische Belichtung zu produzieren, nun – im Hinblick auf Smartphones zugespitzt – software-prozessiert abläuft: Was bedeutet es, wenn meine Kamera eigentlich eine App ist? Mein Text ist ein konzeptueller Vorschlag für die weitere Unter-suchung des Verhältnisses von Software und (Smartphone-)Kamera.

Kamera und Software sind zwei Techniken mit eigenständigen, aus-formulierten Mediengeschichten, die beide eine starke Theoretisierung erfahren haben. Sowohl Kameras als auch Software stehen für eine dezidierte Auseinandersetzung mit digitalen Bildern, beide durchaus in bildskeptischer Hinsicht, wie gleich deutlich werden wird. Ich versuche, beide historiographischen und medientheoretischen Stränge in groben und dementsprechend vereinfachten Zügen nachzuzeichnen, um sie in der folgenden These zusammenzuführen: Smartphone-Kameras „schießen" keine Bilder mehr, sie applizieren Bilder. Ich spreche von applizieren, weil mit diesem Begriff die technologischen Voraussetzungen digitaler Bild-gebung in den Blick geraten. Technologisch heißt, in Anschluss an Gilbert Simondon (2012)[2], Techniken in ihrer epistemologischen Wirksamkeit, als eigenständigen Logos zu verstehen, der über die Funktionsgebundenheit der Technik hinausgeht und dann spezifische Weltzugänge und Welt-erklärungsmodelle bereithält. Die Technologie, die zu den Smartphone-Bildern führt, sind Apps. „Apps" ist eine Abkürzung für „Applications" oder „Applikationen", also medientechnische Softwarepakete, die ihre Funktion im Operativwerden meist in mobilen Situationen ihrer Anwender:innen haben (Dieter et al. 2019). Apps markieren in einer Geschichte digitaler Medien einen exponentiellen Anstieg des Bedarfs an Software und die Ausrichtung auf individuelle Einsatzgebiete durch die Nutzer:innen, was gemeinhin mit dem Aufkommen dynamischerer mobiler Endgeräte, den Smartphones, zusammenfällt (Klemens 2010; Reid 2018). Der spezifische Fokus auf Apps, der meine Untersuchung des Verhältnisses von Kamera und Software leitet, ist, wie ich zeigen möchte, produktiv, weil Apps auf Interaktionen und Relationen des Digitalen verweisen und weniger als eigenständige mediale Objekte wahrnehmbar sind, obwohl sie gleichzeitig sehr konkrete Akkumulationspunkte einer digitalen Kultur markieren. Ich werde über Apps hinaus von Techniken, Praktiken und Ästhetiken des Applizierens sprechen, weil damit die Interaktionen und Relationen in ihrer prozessualen wie praxeologischen Dimension konzeptuell eingeholt

---

2   Eine technikphilosophische Ausrichtung, wie ich sie im Anschluss an Gilbert Simondon (2012) einnehme, ermöglicht, Kameratechnik über ihre reine Funktion, gleichzeitig aber auch jenseits ihrer ästhetischen Dimensionen, als eigenständige – technische – Erschließung von Wirklichkeit zu verstehen.

und eine kulturhistorische Perspektive eingenommen werden kann, die digitale Anwendungen mit anderen Kulturtechniken des Applizierens in ein produktives Verhältnis setzt. In Apps und den mit ihnen aufgerufenen Möglichkeiten des Applizierens verdichten und skalieren sich ökonomische, rechtliche, technische, ästhetische und praxeologische Dimensionen des Digitalen, die über die verschiedenen Ebenen der App greifbar werden. Am Ende meines Beitrags möchte ich dezidiert politische Aspekte digitaler Bildgebung diskutieren, die bereits in Steyerls Gespräch mit der:dem Softwareentwickler:in anklingen, nämlich die Frage, was eigentlich auf dem Spiel steht, wenn trotz des Einsatzes von Kameras (im Gegensatz zu rein computergenerierten Bildern) kein indexikalisches Verhältnis zwischen Aufnahme und Bild mehr zu bestehen scheint, Bildgebung algorithmisch die „Wahrnehmung" künstlicher Intelligenz nachahmt und Bilder aus einem Resonanzraum schon vorhandener Bilder hervorgehen. Mit der These, dass Kameras Bilder applizieren, möchte ich Kameras dezidiert als politische Orte einer digitalen Kultur bestimmen. Vorweg sei gesagt, dass ich hier nicht einer platonischen, dem Ideal der Präsenz oder den Ideen verpflichteten Metaphysik folge, sondern in der Anwendung von Bildern durch Smartphone-Kameras differenziert-affirmativ (Bee und Kandioler 2020) Potenziale des Digitalen bestimme, die ich gleichzeitig mit einem software- und einem queertheoretischen Zugriff, also Theorien, die sich dezidiert gegen Essentialismen und transzendente Metaphysik positionieren, näher erläutere. Vielleicht, so der spekulative Ausblick, den ich mit meinem Text zu geben versuche, wird in den von Kameras applizierten Bildern, die aus Pixelrauschen entstehen, von Algorithmen gesehen werden und keinen Anspruch mehr auf Indexikalität erheben, eine inklusivere, diskriminierungsärmere und solidarischere Wirklichkeit sichtbar und möglich. In einer begrifflichen Nähe des Applizierens zu Appropriieren und Hacking, aber auch zu Drag und Performativität sollen die modulierenden, reprogrammierenden Methoden und widerständigen Praktiken innerhalb einer kapitalisierten, plattformökonomisierten Digitalkultur thematisiert werden. Am Ende steht die Frage: Welche Kamera-Hacks sind mit Kamera-Apps möglich, wenn Bilder appliziert werden?

Kamera

Um meine Untersuchung des Verhältnisses von Kamera und Software kamerahistorisch zu verorten, konzentriere ich mich argumentativ auf folgende drei Aspekte: 1) Die Kamera als protodokumentarisches Vehikel; 2) die digitale Kamera; und 3) die Kamera als politischer Ort. Dabei leitet mich ein medientechnischer bzw. technikphilosophischer Blick, wie er bereits

mit der Bezugnahme auf Simondon angedeutet wurde: Die Kamera als
Technologie produziert spezifische Weltzugänge, die ich nun anhand der
drei genannten Punkte diskutieren und anschließend mit den Weltzugangs-
ansprüchen von Software in Beziehung setzen werde.

Die Kamera als dokumentarisches Vehikel

Die Geschichte des Dokumentarfilms ließe sich auch als Geschichte
der Kameratechnik erzählen: Die Ästhetiken und Praktiken, die in der
Theorie des Dokumentarfilms benannt werden, sind an die Kameras
gebunden, die sie überhaupt erst ermöglichen. Sei es die Mobilisierung
der Kamera, die es den Filmemacher:innen erlaubte, ihre Handschrift in
die Kamerabewegungen einzuschreiben und einen Kamerastil zu entwickeln; sei es die Flexibilität und Größe des Kamerakörpers und die
damit verbundene Möglichkeit, die Kamera dynamisch zu positionieren,
um das Geschehen klein wie eine Fliege an der Wand zu beobachten; sei
es die Aufnahme des synchronen Tons, die ein „echtes" Kino mit dem
Anspruch ethnographischer und soziologischer Empirie (durch Interviews
und Umfragen) hervorbrachte; sei es die Verfügbarkeit und Verbreitung
jenseits professioneller Kontexte, der Einzug der Kamera in die Privat-
sphäre und die daraus resultierenden (feministischen) Experimente der
Selbstdokumentation; sei es die Möglichkeit, Apparate abzugeben und zu
übergeben (siehe Florian Krautkrämers Beitrag in diesem Band), um die
eindeutige Autor:innenschaft der Bilder zu unterlaufen und die Kamera
möglicherweise sogar radikal von einem anthropologischen Blick zu
befreien – die Transformation dokumentartheoretischer Fragen findet im
Gleichschritt mit der Transformation der Kameratechnik statt.

Die Kameratechnik speist die Dokumentarfilmtheorie und umgekehrt
erfährt die Kamera ihre Aufwertung als Technologie, indem ihr ein
dokumentarisches Potenzial attestiert wird. Was sich in dieser engen Ver-
flechtung zeigt, ist ein Realitätsbezug. Die Kamera als fotografisches Werkzeug dient wohl grundsätzlich der „Errettung einer äußeren Wirklichkeit"
(Kracauer 1985). Das Aufstellen einer Kamera in einer Wirklichkeit kann
daher als ein „protodokumentarischer" Akt bezeichnet werden; als ein Akt,
der einen bestimmten dokumentarischen Zugang zur Welt überhaupt erst
in der Welt installiert, die „wahrheitsgemäß" und „wirklichkeitsgetreu" (Linseisen 2021) erfasst werden soll.

Die digitale Kamera

Der indexikalische Charakter der Kamera, ihr Protodokumentarismus, gerät mit dem Übergang zur digitalen Kameratechnik schlagartig in eine Krise. Die Skepsis gegenüber der realitätserhaltenden Kompetenz digitaler Kameras verdichtet sich in einer Hardware-Komponente, die den gesamten technischen Apparat zu verändern scheint: dem CCD-Chip. Auf ihn wird in einer frühen Theoretisierung des digitalen Bildes die gesamte Kameratechnik reduziert und mit ihr in strenger Analogie die Ontologie des Bildes (Hagen 2004; Pias 2003). Was ein Bild ist, entscheidet sich im Moment der Aufnahme durch die Kamera. Mit dem Übergang zur Digitaltechnik rechnet der CCD-Chip bei der Aufnahme die auf ihn einfallenden Lichtsignale in diskrete und disjunkte Informationen um, die als Bildpunkte ausgegeben werden. Dieser Vorgang führt Theoretiker:innen dazu, die digitale Belichtung als inkompatibel mit dem analogen Belichtungsprozess eines lichtempfindlichen Materials zu beurteilen, zumindest im Hinblick auf das dokumentarisch/indexikalische Potenzial: Es könne, so die zentrale Skepsis, nicht mehr von einem realitätsbezeugenden Kontakt zwischen Kamera und Welt ausgegangen werden. Das protodokumentarische Verhältnis ist, so die Annahme, aufgekündigt. Die Kamera nimmt nichts mehr von einer vermeintlich außermedialen Welt wahr und auf; sie ist vielmehr ein Computer, der Wirklichkeit unabhängig von ihr berechnet und in dieser Berechnung erst konstitutiv und generativ herstellt. Mit der Computational Photography, so ein wiederkehrendes Argument, verschiebt sich die Bildproduktion in die Postproduktion – eine nachträgliche Bildbearbeitung, die meist sehr schnell mit Manipulation gleichgesetzt wird.[3] Das von den Digitalkameras aufgenommene Bild ist dann nur noch ein illusionäres Spektakel, ein visueller Effekt, der Blick von Filterästhetiken absorbiert. Das Dargestellte tendiert zu einer hyperrealen Abstraktion der Wirklichkeit, die jede Form metaphysischer Präsenz und jeden Anspruch auf die „Rettung der äußeren Wirklichkeit" aufgibt.

Die Digitalkamera, so lässt sich aus dieser Mikro-Rekapitulation eines postmodernen Diskurses um Simulation und Hyperrealismus ableiten, steht unter Manipulationsverdacht, sowohl was die Hardware (CCD-Chip) als auch was die Software (Postproduktion, Filterästhetik) betrifft. Es ist zu vermuten, dass dies mit dem im ersten Punkt angesprochenen Aspekt

---

3   Dass Bildmanipulation mitnichten ein ausschließlich digitales Phänomen ist, zeigt die 2015 stattgefundene Fotoausstellung *Altered Images* des Bronx Documentary Centers, siehe: https://www.bronxdoc.org/exhibits/altered-images-150-years-of-posed-and-manipulated-documentary-photography/detail.

zusammenhängt, dass die Digitalisierung eine grundsätzliche Einordnung der Kamera als protodokumentarisches Vehikel boykottiert. Befeuert von kybernetischen Allmachtsphantasien, ist eine digitale Wirklichkeit wie ihre digitaltechnische Repräsentation dann immer nur ein berechnetes Modell, eine transformierbare Annäherung an die Wirklichkeit. Die Verpflichtung der Kamera, die Wirklichkeit wahrheitsgetreu abzubilden, weicht einer konstruktivistischen Vorstellung von ihr.

Die Kamera als politischer Ort

Dass solche Simulationsszenarien medienpessimistische Befürchtungen wecken, weil sie durch ihre Digitalisierung Wirklichkeit scheinbar suspendieren, hat in der Abkehr von einer protodokumentarischen Verpflichtung der Kamera politische Implikationen. Für Jacques Rancière ist das Politische, wenn die Spaltung der Wirklichkeit in Wahrnehmbarkeiten und Sinnlichkeiten – also wer oder was wahrnimmt und wer oder was wahrgenommen wird – auf ihre ausschließenden und diskriminierenden Dimensionen hin untersucht und kritisiert werden kann (Rancière 2008). Dass Kameras an einer Aufteilung des Sinnlichen, an der Zuweisung von Wahrnehmbarkeiten beteiligt sind, wird allein schon durch das Kamera-dispositiv – wer vor und wer hinter der Kamera steht – und die damit verbundenen ästhetischen Entscheidungen wie Bildausschnitt, Licht-empfindlichkeit und Farbwerte, Auflösung und Schärfe deutlich. Als politische Orte können Kameras, je nachdem in wessen Händen sie sich befinden, Gewalt ausüben oder widerständig gegen Gewaltausübung agieren (z.B. indem sie diese dokumentieren). Die Kamera als Waffe der Gewaltausübung stellt sich in Analogie zum Gewehr oder Revolver in der Frage, wer „die Bilder schießt" und von wem Bilder geschossen werden. Dieser Vergleich wurde von Theoretiker:innen auch gerade im Hinblick auf eine koloniale Geschichte (früher) Kameratechnik (Solnit 2004) und die damit zusammenhängenden Repräsentationen herausgearbeitet (Azoulay 2008, 2019). Generell wird ein „Mehr-Sehen" durch Kameras zum hegemonialen Sichtfenster machthabender Institutionen. Die allsehende Vogelperspektive hochauflösender Satelliten- und Drohnenbilder, aus der panoptisch Sinnlichkeiten ganz strikt aufgeteilt werden, ohne mit der eigenen Blickposition oder dem eigenen Blickkörper Teil des Gesehenen zu sein, wurde im jüngeren Surveillance-Diskurs immer wieder konstatiert (Bauman und Lyon 2018). Dass aber z.B. gerade die bildliche Hochauflösung eine dezidiert instabile Kategorie ist, die im Sinne Rancières politisch wirkt, weil es zu einer Verhandlung von Un/Sichtbarkeiten kommt, diskutiere ich an anderer Stelle mit meinem Konzept der „Potenziale der Hochauflösung"

(Linseisen 2020). Im Anschluss an diese Instabilität der Bildqualität und die politischen Interventionen der Kamera, auch in Bezug auf die ersten beiden Punkte – die wirklichkeitskonstituierende Funktion und ihre Infragestellung durch die Digitaltechnik – bleibt nun jenseits medienkritischer Stimmen zu klären, welche Verschiebungen in der Aufteilung des Sinnlichen stattfinden, wenn die Kameratechnologie mit Software gekoppelt wird.

Software

Ich stelle die dargelegten theoretischen Fragen zur Kamera hier kurz zurück, um mich nun der medientheoretischen Auseinandersetzung mit Software zuzuwenden und zu verdeutlichen, dass auch Software als Technologie zu verstehen ist. Das heißt, es sei noch einmal wiederholt, dass Software eigene, technikspezifische Erkenntnis- und Weltzugänge bereithält, die über die Funktion der Software und ihre vorgegebene Nutzung hinausgehen bzw. dass der Erkenntniswert der Software nicht in ihrer Funktionalität aufgeht. Mit dem Programm „Hello World!" kann eine solche Auseinandersetzung mit Software als Technologie beginnen. „Hello World!" ist häufig der erste Satz, der geschrieben und verwendet wird, um Software oder die Syntax eines Programms zu testen. Der Satz dient auch in Lehr- und Lernszenarien zur Einübung und Differenzierung verschiedener Programmiersprachen. Er steht damit sowohl praktisch als auch erkenntnistheoretisch am Anfang eines Programmierprozesses. Außerdem ist mit dem Satz eine spezifische Traditionslinie der Computer-geschichte aufgerufen, in die sich Programmierer:innen stellen und die sie aktualisieren, wenn sie das Basisprogramm bedienen. Der Gruß suggeriert, dass Software eine Art (Wieder-)Geburt in einer (neuen, anderen) Welt ermöglicht, d.h. einen spezifischen (einschließenden und ausschließenden) Zugang zur Welt, der der Technik inhärent ist, für diejenigen, die eine gewisse Literarität ihr gegenüber mitbringen. Diesen Weltzugang möchte ich nun anhand von zwei zentralen Dimensionen des medientheoretischen Diskurses um Software einholen: 1) Computational Order; und 2) Performativität und Hacking.

Computational Order

Das Verständnis, wie ein Programm ein Regelwerk interpretiert, Eingaben übersetzt und dadurch die Hardwarekomponenten eines Computers veranlasst, Befehle zu befolgen und Funktionen auszuführen, ist Gegen-stand der Software Studies. Ein Programmcode definiert ein Regelwerk in einer bestimmten Programmiersprache, aus dem sich Befehle ableiten lassen, die die Technik zur Ausführung definierter Funktionen veranlasst. Diese Linearität von Regelwerk und Funktion macht deutlich, dass eine bestimmte Ordnung notwendig ist, um Programme zum Laufen zu bringen. Mit der zunehmenden Operationalisierung von Kultur durch digitale Technik stellt sich dann die Frage, inwieweit Software mit einer solchen berechneten Ordnung bzw. Konstruktion von Wirklichkeit operiert. Die sich um die Jahrtausendwende formierende Disziplin der Software Studies steht mit ihrer Interpretation dieser Frage in einer kontradiktorischen Position zur Kybernetik der 1960er Jahre, die mit einer vollständigen Berechenbarkeit und im selben Atemzug auch Kontrollierbarkeit der Wirklichkeit kalkulierte – eine Vorstellung, wie sie oben bereits im Hinblick auf digitale Bilder angesprochen wurde. Software Studies gehen vielmehr von einer sozio-materiellen Konstitution von Software aus, d.h. das wissenschaftliche Interesse gilt nicht einer Großtheorie mit dem Anspruch, nun alles – auch das Leben – berechnen zu können und damit eine in der westlich-traditionellen Philosophie grundlegende Differenz von Technik und Natur hinter sich zu lassen. Vielmehr geht es um die dezidierte Kultur der Technik (und damit gar nicht um eine vorgelagerte Trennung möglicher Bereiche), um die Praxis des Programmierens, um grundlegende Einflüsse digitaler Technik auf banale Alltagsszenarien (Kitchin und Dodge 2011) und zentral auch um die Vorstellung, dass eine Computational Order als relationales Gefüge von interdependenten Akteur:innen, Maschinenkomponenten, Praktiken und Operationen gedacht werden muss. Software zu untersuchen bedeutet, die Prozessierung eines Codes, der in einer bestimmten Programmiersprache vorliegt, in den Blick zu nehmen und damit die Operationalität der Informationsverarbeitung und nicht etwa deren Repräsentation (Rieder 2020, 11). Wie Sybille Krämer verdeutlicht, ist das wichtigste Attribut von Operationen, Zusammenhänge u.a. durch Modulation und durch die Kombinierbarkeit einzelner Komponenten herzustellen und dies in automatisierbarer Unabhängigkeit von menschlichen Akteur:innen (Krämer 2015, 84). In einer rechnerisch erzeugten Ordnung der Wirklichkeit erhält Software damit die relationale Rolle des verbindenden Gliedes, das die einzelnen Komponenten eines Computers funktional koordiniert. Hardware ist dann ohne Software nur ein nutzloses technisches Element und umgekehrt: „Hardware and software are assembled in a way that each element is adjusted to the others. […] As part of an individual, each element binds and is bound at the same time." (Rieder 2020, 69)

Software wurde in der Theoriegeschichte aufgrund ihrer – vor allem im Vergleich zur Hardware – ephemeren und flexiblen Materialeigenschaften und ihrer Ausrichtung auf „kommunikative" Verbindungen innerhalb der Computational Order mit „dem Weiblichen" gleichgesetzt, auch weil vor allem Frauen* in einer frühen Phase der Computergeschichte, in den 1950er Jahren, diese relationale Operationalität noch manuell und analog ausführten. Die Verbindungen zwischen den Hardwarekomponenten wurden durch analoge Verdrahtung von Frauen* hergestellt (Plant 1998; Bergermann 1996; Krämer 2015).

In Abkehr von dieser vergeschlechtlichten Gleichsetzung bzw. der damit einhergehenden Aufwertung der Differenz von Hard- und Software (die Hardware als kalte Berechnung, die Software als weiche Vermittlerin) legen die Software Studies einen klaren Fokus auf relationale Operationalität und rücken in einer feministischen bzw. queeren Lesart die grundlegenden Glitches, Überhänge, Vagheiten, Abhängigkeiten und Referenzen der Programmierung in den Mittelpunkt der Untersuchung. Eine Computational Order unterliegt dann keiner abstrakten Berechnung und universellen Kontrolle, die ohne Übertragungsfehler auskommt. Im kulturellen und materiellen Gefüge, das durch Software entsteht, gibt es immer auch Bereiche, die sich der Kontrolle entziehen.

Dass Software aber trotz der Fokussierung auf Fehlberechnungen und Abweichungen durchaus auch ein ideologisches, weil lenkendes und verschleierndes Verhältnis zur Wirklichkeit herstellen kann, weil Software über Interfaces, Visualisierungen und Metaphern und damit im Uneigentlichen mit den Benutzer:innen in Kontakt tritt, ja: Benutzer:innen überhaupt erst durch diesen Kontakt in ihre Rolle und Nutzungspraxis einführt, macht Wendy Chun in ihrem Text „On Software" (2004) deutlich und lässt mich zu meinem nächsten Punkt überleiten: der Performativität.

Performativität und Hacking

Chun stellt Software unter Ideologieverdacht, weil sie immer nur in einer Verschiebung auf sich selbst, in ihrer Funktionalität, ihren Effekten und ihren meist visuellen Repräsentationen über Interfaces wahrnehmbar ist: Software ist nicht an und für sich, sondern in ihrer Anwendung und Ausführung – im Prozess. Damit wird eine wirklichkeitskonstitutive Eigenschaft von Software evident, die sie protodokumentarisch mit den oben genannten Eigenschaften der Kamera vergleichbar macht: Das, was durch die Kamera sichtbar wird – das Bild, der Film – materialisiert sich wirklichkeitskonstitutiv, weil die Kamera, die das Bild produziert, im produzierten Bild unsichtbar bleibt. Dass Software immer nur eine Verschiebung darstellt, so argumentiert Chun weiter, bedingt zwar die Vorherrschaft der visuellen Vermittlung, gleichzeitig aber auch die Möglichkeit, sich als Nutzer:in wie auch als Programmierer:in zu dieser Ideologie zu verhalten. In Abkehr von postmodernen Simulationsszenarien wird nicht mehr von einem fatalistischen Szenario der Realitätsverdrängung ausgegangen, sondern von einer produktiven Differenz zwischen Software und ihrer Anwendung, die überhaupt erst *agency* und kritische Potenziale hervorbringt. Chun und z.B. auch Adrian Mackenzie (2005) und Gerald Jackson (2017) sprechen daher von der Performativität von Software.

Mit diesem Zugeständnis beziehen sich alle drei Theoretiker:innen auf Judith Butlers (1997) Performativitätsbegriff und Jacques Derridas (1974) Dekonstruktion sowie auf die Annahme, dass sich eine Aktualität – eine Äußerung, ein Sichtbarwerden, ein Signaloutput – im Akt des Äußerns, des Sichtbarwerdens, des Outputs immer verdoppelt, ohne dabei selbst vollständig bzw. in einer Essenz äußerlich oder sichtbar zu werden. Wir befinden uns sozusagen in einem Universum von Kopien und Duplikaten, ohne dass es ein Original gäbe, auf das Bezug genommen werden könnte. Software in ihrer Performativität steht nicht in einem starren Verhältnis zu einem immer gleichen, unveränderlichen, nur auszuführenden Code. Sobald der Code von der Software angewendet wird, wird er performativ. Das heißt, er verdoppelt und verändert sich zugleich. Jede Software ist ein Konglomerat verschiedener Programmierpraktiken, die zu unterschiedlichen Zeiten entstanden sind – ein Archiv vorhandener Codes, die in jeder neuen Anwendung eine neue Ausrichtung, Zusammensetzung und Interpretation erfahren. In der Operationalisierung einer digitalen Kultur, d.h. in der exponentiell wachsenden Nutzung von Software, gibt es unendlich viele solcher Anwendungen, und Software nimmt in der Welt auf vielfältige Weise Gestalt an. Natürlich unterliegt Software einer starken Kommodifizierung und Zentralisierung, die durch die Plattformisierung des Digitalen vorangetrieben wird, und im Performativwerden stabilisieren sich bestimmte normative Vorgaben, die dadurch Autorität erlangen und zu Standards gerinnen. Anders aber als etwa Computerhardware, die aufgrund industrieller Infrastrukturen kommodifiziert produziert werden muss, ermöglicht die Performativität von Software und ihre ubiquitäre Nutzung, so Mackenzie (2005, 74–75), durchaus singuläre Abweichungen. Mackenzies eingängiger Beschreibung zufolge verbindet Software globale Standards und Konventionen mit subplattformspezifischen Dialekten und persönlichen Programmierstilen. Anarchisch konkurrieren polymorphe Innovationen ständig mit verfestigten Standardisierungen (Mackenzie 2005, 72). So liegt in einer „mittlerweile" eindeutig männlich geprägten Epistemologie des Codierens und Programmierens, die strukturell im Code verankert ist (Jackson 2017), das Potenzial, performativ Abweichungen und Widerstände gegen determinierte Vorgaben zu erzeugen, und diese sind, darin sind sich die Software-Theoretiker:innen einig, immer auch mit den vergeschlechtlichten, queeren Performativitäten der Computerkultur verbunden.

Dies zeigt sich sehr gut in der Dekonstruktion eines Ideals und eines Initiationsnarrativs, das u.a. auch mit dem „Hello World!"-Programm aufgerufen wird: Die Idee der Offenheit, der Zugänglichkeit für alle; eine radikale Open-Source- und Open-Code-Politik und ein Ethos der Kreativität und Freiheit, das sich gegen (staatliche) Systeme wendet und vor allem in anarchistischer Manier von einer besseren Welt jenseits von Restriktionen und Regulierungen ausgeht. Hacking und „der Hacker" sind die Praktiken und Subjekte dieser Vorstellung, und allein die Tatsache, dass ich hier nicht gendere, zeigt, dass es sich um eine Kultur des kategorischen Ausschlusses handelt. Offenheit und Zugänglichkeit gibt es nur für weiße, männliche Insider und Privilegierte aus dem globalen Norden, womit eine Open-Source-/Open-Code-Politik an die großen Erzählungen der europäischen Aufklärung und ihrer kolonialen Gewalt anknüpft.

Die Performativität von Software – und damit komme ich wieder auf die Kamera und das Verhältnis der beiden Technologien in Form der Smartphone-Kamera zurück – bedeutet aber gleichzeitig Handlungsmacht, um gegen diese Ausschlüsse und Diskriminierungen vorzugehen. Dies verdeutlicht Chun (2018) in ihrem Text „Queering Homophily". Es ginge darum, so Chun, die Differenz zwischen Regel und Realität, die durch den performativen Charakter der Software entsteht, als Handlungs- und Potenzialraum zu registrieren. Chun schreibt:

Wenn wir uns weigern, diese Muster zu analysieren und zu besetzen – wenn wir uns also weigern, die angeblich veralteten Schlüssel in unseren Taschen zu benutzen – dann schließen wir uns in einer Zukunft ein, die wir angeblich ablehnen. Die Zukunft liegt in den neuen Mustern, die wir gemeinsam erschaffen können – neue Beziehungsformen, die lebbare Muster der Indifferenz ermöglichen. (Chun 2018, 148)

Um diese neuen Beziehungen und produktiven Indifferenzen soll es im Folgenden gehen, und zwar in einem konkreten Anwendungsfall der Software: ihrem Einsatz in der Kameratechnik von Smartphones.

Die Geschichte der Smartphone-Kameras und ihrer Apps

Die Kombination von Kamera und Telefon ist in der Videotelefonie konzeptuell angelegt und ordnet die Kamera dem Kommunikationsdispositiv
unter. Der Schritt vom Ton zum Bild ist möglicherweise weniger irritierend,
als wenn die Verbindung vom Aufzeichnungsgerät her gedacht wird: Warum
sollte eine Kamera, die der audiovisuellen Aufnahme von Wirklichkeit
dient, (Fern-)Kommunikation ermöglichen? Erst wenn die Kommunikation
in und mit Bildern sowie deren Zirkulation relevant wird und Bilder dann
konsequent immer schon als ver- und geteilte Bilder erscheinen (Rothöhler
2018; Gerling, Löffler und Holschbach 2018), gewinnt diese Verknüpfung an
Bedeutung. Die Geschichte der Verknüpfung von Kamera und Mobiltelefon
beginnt 1999. In diesem Jahr kommt in Japan das erste Mobiltelefon mit
der Bezeichnung „Visual Phone" auf den Markt. Das Kyocera Visual Phone
VP-210 schoss Digitalfotos mit einer Auflösung von 110 Pixeln und einer
Speicherkapazität für 20 Bilder. Bemerkenswert ist die integrierte Front-
kamera, die bereits das erste Visual Phone Selfie-tauglich machte.

Anders als z.B. das Samsung SCH-V200, das zwar Bilder aufnimmt, aber
zum Betrachten und Versenden an einen Computer angeschlossen werden
muss, können die Bilder mit dem Kyocera Visual Phone VP-210 direkt gerä-
teintern per E-Mail versendet werden. Wo beim Samsung SCH-V200 Kamera
und Telefon noch als zwei getrennte technische Systeme verstanden
werden müssen, finden sie beim Kyocera Visual Phone VP-210 zusammen,
allerdings noch nicht softwaretechnisch. Das Visual Phone lief noch nicht
über ein Betriebssystem, d.h. ein hardwarenahes Programm, das in erster
Linie die Software verwaltet und die Systemabläufe koordiniert, die für
die Nutzung von Anwendungsprogrammen relevant werden. Bei dem
frühen Visual Phone gab es eine viel engere Verzahnung von Hardware
und programmbasierten Systemabläufen, so dass kein Betriebssystem als
Schnittstelle zu weiterer Software notwendig war. Doch schon wenige Jahre
später laufen Visual Phones auf Betriebssystemen – Symbian, Palm OS,
GEOS, Linux oder Windows CE – und erhalten dadurch ihre „Smartness".
Denn über die Betriebssysteme wandert die Software auf das Telefon, das
nun applikationsbasiert Funktionen ausführt, die über die ursprünglichen
Aufgaben des Betriebssystems hinausgehen. Diese Funktionserweiterung
geht in der Regel mit einer Erhöhung der „Smartness" eines Objekts einher.

Die Entwicklung der ersten Smartphone-Betriebssysteme mündet
aktuell in der Ausdifferenzierung vieler verschiedener Apps und deren

Ökonomisierung in App Stores. So ist es nicht verwunderlich, dass der Erfolg des ersten iPhones, das oft als das „wahre" Smartphone bezeichnet wird (Blahnik und Schindelbeck 2021), und der mit ihm forcierte Paradigmenwechsel einer digitalen Kultur an der Einführung des Apple App Stores gemessen wird. Nicht die Hardware ist das Besondere, sondern die vielfältigen Softwarelösungen, die Apps, stellen die eigentliche Innovation und die Erweiterung dessen dar, was unter dem Begriff „smart" in Bezug auf Mobiltelefone verstanden wird. Das Smartphone ist auf die Nutzung über Apps ausgerichtet und damit, um auf das Thema dieses Beitrags zurückzukommen, auch auf die eingebaute Kamera. Spätestens seit 2007 unterliegen Smartphone-Kameras (wie alle anderen Digitalkameras auch) also einer Computational Order der Software, die, um Blahnik und Schindelbeck (2021, 147) in ihrer technischen Abhandlung über die Entwicklung von Smartphone-Kameras zu folgen, auf „sensing, processing and connectivity" ausgerichtet ist. Die softwarebasierte Kamera wird durch die sensorbasierte Technologie, die Bildverarbeitung der Aufnahmen und eine plattformbasierte Konnektivität funktionsfähig, die Bilder als verteilte und geteilte in einer digitalen Kultur zirkulieren lässt.

Die Tatsache, dass Kameras über Apps laufen, führt im Diskurs zu digitalen Bildern meist zu der oben bereits angesprochenen Skepsis gegenüber der Illusionskraft und Manipulation des Abgebildeten, die meist in einem Atemzug mit der überästhetisierten Selbstdarstellungssucht z.B. auf Instagram-Feeds genannt wird. Die Hochglanzfilterästhetiken entstehen durch automatisierte Algorithmen und sind Postproduktionsschritte, die früher dezidierte Entscheidungsprozesse erforderten. Die Postproduktion ist den Nutzer:innen heutzutage häufig gar nicht mehr bewusst (Rothöhler 2018, 41; Gerling, Löffler und Holschbach 2018). Kamera-Apps bieten vorgefertigte Filter an, oft in nostalgischer Nachahmung einer analogen Medienästhetik (Schrey 2017) oder in der Gestaltung dramatischer Belichtungsszenarien wie High Dynamic Range. Dabei scheint die Differenz zwischen Aufnahme und Nachbearbeitung des Bildes verwischt und das Szenario, das ich zu Beginn meines Textes mit Steyerl eingeholt habe, weniger utopisch/dystopisch: Wie Blahnik und Schindelbeck (2021) darlegen, sind die Kameralinsen, die aus Kunststoff bestehen und aufgrund des geringen Platzes für den Einbau der Technik nicht groß sein dürfen, qualitativ nicht mit optischen Linsensystemen vergleichbar. Daher erfolgt bei jeder Kamerabedienung eine Justierung des optischen Systems und eine automatische Anpassung der Bildqualität an das Aufnahmeszenario durch Software. Auch wenn neuronale Netze noch nicht in der Lage sind, ganze Bildinhalte zu erahnen und damit eine verrauschte Aufnahme zu vervollständigen, so „erkennen" sie zumindest Gesichter, Objekte, Motive nach der Aufnahme oder verkennen sie, wie die Diskussionen um sexistische und rassistische KI immer wieder zeigen, z.B. durch fehlerhafte Annotationen der Bilder (Chun 2018, 2021; Bergermann 2019). Hier wird explizit deutlich, dass die Smartphone-Kamera ein politischer Ort im oben beschriebenen Sinne ist, und zwar in Bezug auf die spezifische Verbindung von Kamera und Software. Das Aufnehmen eines Bildes, das an sich schon politische Implikationen mit sich bringt, wird durch das softwarebasierte Operativwerden weitergetragen: in der Beziehung des Bildes zu anderen, durch seine Verbreitungsdynamik und Modulierbarkeit im Prozess. Mit diesen Übertragungs- und Anwendungsszenarien kann noch einmal wiederholt werden, dass die Computational Order Glitches produziert, die im Falle der voreingenommenen KI und der fehlinterpretierten digitalen Bilder schwerwiegende Folgen für die aufgenommenen Personen haben können. Darüber hinaus möchte ich politische Potenziale im Verhältnis von Kamera und Software nachzeichnen, und zwar anhand der Frage, was es bedeutet, wenn Bilder nicht mehr aufgenommen, sondern angewendet werden.

Bilder applizieren, Bilder appropriieren

Dazu möchte ich noch einmal auf die Performativität von Software zurückkommen. Chuns Ausführungen haben gezeigt, dass nicht von einer Fixierung oder Kontrolle der Wirklichkeit durch die rechnerische Ordnung des Digitalen ausgegangen werden kann. Die Berechnung der Wirklich- keit ist von der Wirklichkeit selbst zu trennen, und diese Differenz ist ein Möglichkeitsraum, der durch die Performativität der Technologie eröffnet wird, d.h. dass Software nicht einfach etwas über den Programmcode festlegt, sondern den Code, das Regelwerk der Anwendung, gleichsam in der Anwendung verändert. Rieder (2020, 33) formuliert den dadurch ermöglichten transformativen Weltbezug mit dem Begriff der Applikation: „The functional substance of ordering techniques cannot be separated from their application to the bits and pieces of the ‚real' world". Erst durch den Realitätsbezug werden die Rechentechniken relevant, werden sie zur Technologie. Die Nutzung von Software in digitalen Umgebungen findet immer lokal und in einem konkreten Anwendungsbereich statt, unterliegt aber den Intentionen und Zielen globaler Unternehmen der gegenwärtigen Plattformökonomie. Nirgendwo zeigt sich die Ambivalenz von sehr lokalem Realitätsbezug und globalen Verflechtungen deutlicher als bei Apps. Sie entsprechen damit jener g(lokalen) Dimension, auf die auch Alena Strohmaier in ihrem Text in diesem Band mit Blick auf die

Aneignungslogiken eines Internetkinos verweist, das den lokalen Blick von Handyvideos einer Protestkultur mit filmischen Mitteln in einen globalen Kontext einbettet.

Apps sind für den banalen Alltagsgebrauch und den pragmatischen Einsatz in allen Lebensstilen ausgelegt, für die „Anwendung auf die *bits* and *pieces* der ‚realen' Welt". Gleichzeitig sind sie durch den Vertrieb über App Stores immer auch in eine zentralisierte Datenökonomie eingebunden. In der Medienwissenschaft werden Apps daher – in Kombination mit mobilen Endgeräten wie Smartphones – aufgrund ihrer leichten Integrierbarkeit in die Alltagsroutinen der User:innen als exzessive, von einer Datenökonomie betriebene Bedürfnismaschinen diskutiert, die Bedürfnisse befriedigen, indem sie diese aber erst generieren. Mit Apps wird der Alltag scheinbar zu einem Verfügungsfeld, über das Systemexpertise erworben werden kann, wie vor allem sogenannte Selbstfürsorge-Apps zeigen (Ochsner 2018; Waitz 2007; Morris und Murray 2018). In einem solchen Kontext von Funktionalität und Problemlösung, einem „Solutionismus", wie Evgeny Morozov (2013) sagt, stehen nun auch die App-betriebenen Smartphone-Kameras. Der Realitätsbezug, der durch Kamera-Apps hergestellt wird, ist der einer operativen Relationalität der Computational Order auf eine ganz konkrete Alltagssituation.

Ausgehend von (Kamera-)Apps möchte ich das Szenario alltagsbezogener Problemlösung durch Medientechnik kulturhistorisch befragen. Ich spreche hier von einer Kulturtechnik des Applizierens, die symbolisch-semantische wie medientechnische Verfahren umfasst, wie z.B. die Vorgaben meiner App, aber auch die Vorgaben anderer Regelwerke, z.B. religiöser, auf meinen Alltag in einem praktischen, pragmatischen und situierten Kontext anzuwenden. Diese Verbindung von softwaretechnischen zu kulturellen Codes möchte ich auch über die Etymologie von *apps* zu *application* zu *applicatio* herstellen. Dabei versuche ich, konzeptuelle, ästhetische und praxeologische Bezüge zwischen verschiedenen Anwendungstechniken im Rahmen religiöser, philosophischer, medizinischer, politischer und neoliberaler Konzepte von Lebenspraxis aufzuzeigen. *Applicatio* bezeichnet die Anwendung religiöser Gebote auf den Alltag der Gläubigen im sogenannten protestantischen Nonkonformismus im England des 16. und im deutschen protestantischen Pietismus des 17. Jahrhunderts. Hans-Georg Gadamer benutzt den Begriff der *applicatio* für die Anwendung von Textwahrheiten auf das Leben der Leser:innen im Rahmen seiner Hermeneutik, ganz im Gegensatz zu Foucault, der darin die Techniken des Selbst seit der hellenistischen Antike erkennt (Linseisen 2022b). Applikationen und Praktiken des Applizierens, z.B. auch kunsthandwerkliche Appliken der Tauschierung oder gequiltete Appliqués, stellen die Lebenspraxis und die damit verbundenen subjektivierenden Identifikationsgesten unter die Anwendung einer strukturellen, symbolischen und technischen Ordnung, z.B. wenn ich einen Aufnäher, durchaus politischer Natur, auf meine Kleidung oder ein Ornament auf ein Möbelstück appliziere (Linseisen 2022b). Im Applizieren manifestiert sich eine performative, operative, aber auch ästhetische Differenz zwischen einer strukturellen Vorgabe und der situativen, alltäglichen Lebenswelt, in der diese Vorgabe zur Anwendung kommt. Inwiefern sich diese Differenz im Einsatz von Kamera-Apps auswirkt, werde ich gleich genauer ausführen.

Wie bereits der Begriff der Performativität mit seinem dezidierten Bezug auf Judith Butler und die Performativität von Geschlecht und Sexualität deutlich macht, kann das Verhältnis der Anwendung von Regel auf Leben analog als ein politisches Verhältnis im Sinne einer Umverteilung von Wahrnehmbarkeit und Sinnlichkeit verstanden werden. Dies zeigt sich beispielsweise in den von Alena Strohmaier in Ihrem Text beschriebenen Protestvideos und -fotografien, die auf Plattformen wie Instagram oder Facebook zirkulieren, also von Kamera-Apps aufgenommen und über Messenger-Apps verbreitet werden. Diese Bilder produzieren eine performative, operative und ästhetische Differenz der Aneignung über die medientechnischen Strukturvorgaben der Apps, die bei ihrer Produktion, Zirkulation und Rezeption in einem bestimmten soziokulturellen Kontext zur Anwendung kommen. Gerade der Aneignungscharakter der Videos macht nun die Anwendung des Materials in immer neuen situativen Kontexten befragbar; durch eine „relocation", wie Francesco Casetti (2015) für die kinematografische Erfahrung schreibt: Videos werden über Apps auf Smartphones aufgenommen, über Apps verschickt und im Sinne eines Internetkinos wieder über Apps auf Smartphones abgespielt. In künstlerischen Kontexten, z.B. filmischen Bearbeitungen und Wiederverwendungen der Bilder, wie sie Alena Strohmaier in ihrem Text beschreibt, können nun die dabei verwendeten Strukturvorgaben, die Computational Order der global-imperial agierenden Plattformökonomie der GAFAM-Tech-Unternehmen (Google/Alphabet, Amazon, Facebook/Meta, Apple und Microsoft) kritisch in den Blick genommen werden. Die Aneignungen der Handyvideos initiieren dabei Widerstand im doppelten Sinne – zum einen gegen politische und zum anderen gegen ökonomische Vormachtstellungen. Beide Machtdynamiken werden durch die Aneignung des Videomaterials unterlaufen. Über das Verhältnis von Aneignung und Nutzung lassen sich darüber hinaus Widerstandsformen im Umgang mit Videos und im Umgang mit Apps und Plattformen spezifizieren.

Mit der Frage, wie sich Widerstand in Handlungsmacht und Auto-
nomiegewinn übersetzen lässt, möchte ich mich noch einmal auf die Kultur-
und Begriffsgeschichte der *applicatio* konzentrieren. *Applicatio* bewegt sich
in der deutsch-protestantisch-pietistischen Lesart des 17. Jahrhunderts
noch im semantischen Feld von „zueignen" im Sinne von „geben" und
weniger von „aneignen" im Sinne von „nehmen". Durch die Verwendung
des Begriffs in so unterschiedlichen Kontexten wie der Hermeneutik und
dem Marxismus kommt es gleichsam zu einer Verschiebung der *agency* hin
zum „Aneignen" durch ein intelligibles, autonomes und dementsprechend
aneignendes Subjekt (Franz und Tramsen 2013). Applizieren scheint in
dieser semantischen Fluchtlinie gegen die Autonomie und Freiheit eines
Subjekts gerichtet zu sein, eine Vorstellung, die über Foucault bis hin zu
Auseinandersetzungen mit den schon angesprochenen Selbstfürsorge-
Apps und ihren Selbstoptimierungsnarrativen immer wieder auftaucht:
Die Regelvorgaben sprechen ihren Nutzer:innen scheinbar eine selbst-
bestimmte und damit gleichsam „freie" Existenz ab.

Was ich hier anschließen und produktiv machen möchte, ist nicht so sehr
eine Gegenüberstellung von unkritischer, weil strukturellen Zwängen
unterworfener Anwendung und widerständiger, ermächtigender Aneignung. Vielmehr möchte ich mit dem Bedeutungsspektrum der Aneignung
den instrumentellen und funktionalen Gebrauch von Apps, den ich vorhin
mit Morozov auf den Begriff des Solutionismus gebracht habe, in Frage
stellen und auf die bereits angesprochene performative Dimension des
Applizierens (auch im Sinne einer Performativität der Software) zurückführen. Dies zeigen die Forschungen von Saba Mahmood, die unter
Rückgriff auf einen Performativitätsbegriff von Butler ein feministisches
Potenzial in der Anwendung islamischer Glaubensregeln auf das Leben und
den Alltag von Musliminnen im Rahmen des Women's Mosque Movement in
Ägypten Ende der 1990er Jahre ausmacht. Mahmoods Ansatz ist für meine
Auseinandersetzung mit der Anwendung gerade deshalb relevant, weil er
subjektkonstituierende Erfahrungen, in Mahmoods Fall konkret: musli-
misches Frau*sein, nicht im Widerstand gegen hegemoniale Regelsysteme,
sondern in der Unterwerfung unter Struktur und Systemimmanenz heraus-
arbeitet und damit ein eng geführtes, auf Autonomie basierendes, west-
lich-koloniales Freiheitsverständnis kritisiert. Mit Mahmood kann auch
einem oben beschriebenen der Hacker:innen-Kultur zugerechneten Performativitätsbegriff der Software eine dekoloniale Perspektive entgegen-
gehalten werden.

Denn die Foucaultsche „Gretchenfrage", ob ein Subjekt Autonomie beansprucht oder nicht, muss mit Mahmood nicht gestellt bzw. umformuliert

werden, da Subjektivierung nicht automatisch mit Autonomie oder Aneignung gleichgesetzt wird. Die Anwendung der Glaubensgebote auf das Leben und den Alltag der Mulisma lässt die Regeln nicht vorprogrammiert, sondern individuell erfahrbar wirksam werden. Das Potenzial der Anwendung heißt dann, um Mahmood zu folgen, die durchaus als hegemonial einzuschätzenden Strukturen zu leben: „live these codes". Daran lassen sich postkoloniale Fragestellungen anschließen, die die offene Ambiguität von Aneignung und Zueignung betonen. Dominante Strukturen wie der Kolonialismus und ihre hegemonialen Verstrickungen sollen einerseits in ihrer Wirkung und ihrem Verhängnis offengelegt und andererseits emanzipatorisch unterlaufen werden.

Kamera-Apps statt Kamera-Hacks

Zusammenfassend lässt sich festhalten, dass der Einsatz von Kamera-Apps ein politischer Akt ist, der Handlungsmacht und kritisch-produktive Praktiken ermöglicht. Die Verbindung von Kamera und Software eröffnet neue politische Potenziale in Bezug auf Wahrnehmbarkeit und Sinnlichkeit, und zwar konkret in Form der App(likation). Anwendung ist damit ein produktiver, performativer und kritischer Umgang und geht über den instrumentellen und funktionalen Gebrauch eines Regelwerks hinaus. In der Zusammenführung der epistemologischen Fluchtlinien einer Kamera- und einer Softwaretheorie verweist der Begriff der App(likation) auf die Möglichkeit, Kameras – und die Bilder, die sie von der Wirklichkeit produzieren – ein protodokumentarisches Verhältnis von Wirklichkeit und Kamera unter performative Bedingungen zu stellen. Kamera-Apps sind softwarebasiert. Sie tendieren dementsprechend hin zu ihrer Anwendung.

In Abgrenzung zu einem Solutionismus der Software ebenso wie zu einem Autonomieverständnis vermeintlich freier und unbefangener Subjekte ist bei der Nutzung softwarebasierter Kameras von relationalen, situierten und kulturellen Verhältnissen auszugehen. Kamera-Apps funktionieren also im Sinne einer relationalen Operationalität, im Sinne einer feministischen, queeren Lesart.

Zu Beginn meines Textes habe ich gefragt, was auf dem Spiel steht, wenn die technologische Veränderung der Kamera über den fotografischen Pakt der optischen Abbildung hinaus in einer solchen softwarebasierten Anwendung besteht. Mit der begriffsgeschichtlichen Einordnung des Applizierens, auch im Gegensatz zum Hacking, vor allem anhand der Theorie von Saba Mahmood, habe ich versucht, der kultur- und ideengeschichtlichen Konnotation einer kolonialen, männlich-weißen, ausschließenden Dimension im modulierenden, veränderlichen Umgang mit Software ein feministisches, alltags- und kontextbezogenes Verständnis von Software-Performativität entgegenzusetzen.

In der Anwendung wird die Differenz zwischen Regelwerk und Lebenswirklichkeit zu einem medienwissenschaftlichen Problem, da Medien wie Kamera-Apps in diesem Dazwischen zum Einsatz kommen. In der Anwendung entsteht Handlungsmacht, um gegen regelhafte Ausschlüsse und Diskriminierungen vorzugehen. Dies zeigt sich in den appropriierten Handyvideos wie aus den Protestbewegungen, mit denen sich Alena Strohmaier auseinandersetzt. Der aktivistische Einsatz, der sich z.B. auch in der künstlerischen Verwendung von Smartphone-Kameras evident wird, wie sie z.B. das New Queer Cinema und u.a. Künstler:innen wie Charlotte Prodger vorgeben, eröffnet Möglichkeitsräume im softwareprozessierten Bild und Differenzen, die es weiter zu erforschen gilt.

Literatur

Azoulay, Ariella. 2008. *The Civil Contract of Photography.* New York: Zone Books.
———. *Potential History: Unlearning Imperialism.* United Kingdom: Verso.
Bauman, Zygmunt und David Lyon. 2018. *Daten, Drohnen, Disziplin: Ein Gespräch über flüchtige Überwachung.* Berlin: Suhrkamp.
Bee, Julia und Nicole Kandioler, Hgs. *Differenzen und Affirmationen: Queer/feministische Positionen zur Medialität.* Berlin: b_books.
Bergermann, Ulrike. 1996. „Science filzum: Eine Geschichte des Computers: Von Frauen und Weben". *Frauen in der Literaturwissenschaft* 48: 18–23.
———. 2019. „Shirley and Frida. Filters, Racism, and Artificial Intelligence". In *Filters + Frames: Developing Meaning in Photography and Beyond,* herausgegeben von Katja Böhlau und Elisabeth Pichler, 47–64. Weimar: Jonas Verlag.
Blahnik, Vladan und Oliver Schindelbeck. 2021. „Smartphone Imaging Technology and Its Applications". *Advanced Optical Technologies* 10 (3): 145–232.
Butler, Judith. 1997. *Körper von Gewicht: Die diskursiven Grenzen des Geschlechts.* Frankfurt am Main: Suhrkamp.
Casetti, Francesco. 2015. *The Lumière Galaxy: Seven Key Words for the Cinema to Come.* New York: Columbia University Press.
Chun, Wendy Hui Kyong. 2004. „On Software, or the Persistence of Visual Knowledge". *Grey Room* 18: 26–51.
———. 2018. „Queering Homophily: Muster der Netzwerkanalyse". *ZfM Zeitschrift für Medienwissenschaft* 10 (18): 131–48.
———. 2021. *Discriminating Data: Correlation, Neighborhoods, and the New Politics of Recognition.* Cambridge, MA/London, UK: The MIT Press, 2021.
Derrida, Jacques. 1974. *Grammatologie.* Frankfurt am Main: Suhrkamp.
Dieter, Michael, Carolin Gerlitz, Anne Helmond, Nathaniel Tkacz, Fernando N. van der Vlist und Esther Weltevrede. 2019. „Multi-Situated App Studies: Methods and Propositions". *Social Media + Society* 5 (2): 1–15.
Gerling, Winfried, Petra Löffler und Susanne Holschbach. 2018. *Bilder verteilen: Fotografische Praktiken in der digitalen Kultur.* Bielefeld: transcript Verlag.

Hagen, Wolfgang. „Es gibt kein ‚digitales' Bild: Eine medienepistemologische Anmerkung". Vortrag beim Symposium „Digitale Bildverarbeitung, eine Erweiterung oder radikale Veränderung der Fotografie?", 12. und 13. November, Museum Folkwang, Essen. Letzter Zugriff am 15. September 2015. https://www.whagen.de/PDFS/11017_HagenEsgibtkeindigital_2004.pdf.

Jackson, Gerald Stephen. 2017. „Transcoding Sexuality: Computational Performativity and Queer Code Practices". *QED: A Journal in GLBTQ Worldmaking* 4 (2): 1–25.

Kitchin, Rob und Martin Dodge. 2011. *Code/Space: Software and Everyday Life.* Cambridge, MA: The MIT Press.

Klemens, Guy. 2010. *The Cellphone: The History and Technology of the Gadget that Changed the World.* Jefferson, NC: McFarland.

Kracauer, Siegfried. 1985. *Theorie des Films: Die Errettung der äußeren Wirklichkeit.* Frankfurt am Main: Suhrkamp.

Krämer, Sybille, Hg. 2015. *Ada Lovelace: Die Pionierin der Computertechnik und ihre Nachfolgerinnen.* Paderborn: Wilhelm Fink.

Linseisen, Elisa. 2020. *High Definition: Medienphilosophisches Image Processing.* Lüneburg: meson press.

———. 2021. „Protodokumentarismus. Welterschließung mit National Geographic". *ffk Journal* 6: 166–185.

——— 2022a. „Mi(s)mesis, rassifizierende Apophänie und Black (W)holes: Vom Produzieren digitaler Ähnlichkeiten". In *Mimesis Expanded: Die Ausweitung der mimetischen Zone,* herausgegeben von Friedrich Balke und Elisa Linseisen, 295–323. Paderborn: Fink, Brill.

———. 2022b. „Wissen applizieren. Wissen transferieren: Für eine Mikropolitik des Anwendens und Zueignens". In *Wissenstransfer: Aufgabe, Herausforderung und Chance kulturwissenschaftlicher Forschung,* herausgegeben von Anda-Lisa Harmening, Stefanie Leinfellner und Rebecca Meier, 297–321. Darmstadt: wbg Academic.

MacKenzie, Adrian. 2005. „The Performativity of Code." *Theory, Culture & Society* 22 (1): 71–92.

Mahmood, Saba. 2012. *Politics of Piety: The Islamic Revival and the Feminist Subject.* Princeton: Princeton University Press.

Morozov, Evgeny. 2013. *To Save Everything, Click Here: The Folly of Technological Solutionism.* New York: PublicAffairs.

Morris, Jeremy Wade und Sarah Murray, Hgs. 2018. *Appified: Culture in the Age of Apps.* Ann Arbor: University of Michigan Press.

Ochsner, Beate. 2018. „Oikos und Oikonomia oder: Selbstsorge- Apps als Technologien der Haushaltung". *Internationales Jahrbuch für Medienphilosophie* 4 (1): 123–146.

Pias, Claus. 2003. „Das digitale Bild gibt es nicht: Über das (Nicht-)Wissen der Bilder und die informatische Illusion". *zeitenblicke* 2 (1). Letzter Zugriff am 15. Mai 2019. https://www.zeitenblicke.de/2003/01/pias/pias.pdf.

Plant, Sadie. 1998. *Zeros and Ones: Digital Women and the New Technoculture.* London: Fourth Estate.

Rancière, Jacques. 2008. „Die Aufteilung des Sinnlichen: Ästhetik und Politik." In *Die Aufteilung des Sinnlichen: Die Politik der Kunst und ihre Paradoxien,* herausgegeben von Maria Muhle, 21–74. Berlin: b_books.

Reid, Alan J. 2018. *The Smartphone Paradox: Our Ruinous Dependency in the Device Age.* Cham: Springer International Publishing.

Rieder, Bernhard. 2020. *Engines of Order: A Mechanology of Algorithmic Techniques.* Amsterdam: Amsterdam University Press.

Rothöhler, Simon. 2018. *Das verteilte Bild: Stream – Archiv – Ambiente.* Paderborn: Fink.

Schrey, Dominik. 2017. *Analoge Nostalgie in der digitalen Medienkultur.* Berlin: Kulturverlag Kadmos.

Simondon, Gilbert. 2012. *Die Existenzweise technischer Objekte.* Zürich: Diaphanes.

Solnit, Rebecca. 2004. *River of Shadows: Eadweard Muybridge and the Technological Wild West.* New York: Penguin Books.

Steyerl, Hito. 2014. „Proxy Politics: Signal and Noise". *e-flux journal* 60 (1). https://www.e-flux.com/journal/60/61045/proxy-politics-signal-and-noise/.

Franz, Michael, und Eckhard Tramsen. 2013. „Aneignung." In *Ästhetische Grundbegriffe: Band 1. Absenz bis Darstellung,* herausgegeben von Karlheinz Barck, 153–193. Hamburg: Junius.

Waitz, Thomas. 2007. *Lifehacking: Medien und Selbsttechnologien.* O.O.: o.V.

DIALOG 2: PARTIZIPATION / WIDERSTAND

DOKUMENTARFILM

KAMERA

PARTIZIPATION

Die übergebene Kamera: Partizipative Filmarbeit als Produktionsdispositiv

Florian Krautkrämer

Verfahren kollektiver und/oder partizipativer Filmarbeit sind im Dokumentarfilm so alt wie umstritten. Die Möglichkeiten variieren stark und sind dabei auch von der zur Verfügung stehenden Technik abhängig. Anhand historischer Beispiele wie der „shared anthropology" von Jean Rouch, Filmkollektiven wie der Groupes Medvedkine und zeitgenössischen Filmen wie *Les Sauteurs* oder *Selfie* werden verschiedene Verfahren analysiert und kritisch diskutiert. Technische Vereinfachungen wie leichter zu bedienende Kameras verändern dabei das Feld, entbinden aber nicht von einem verantwortungsvollen Umgang mit den zu filmenden Personen.

Im Oktober 2020 präsentierte Apple wie gewohnt seine neuen iPhone-Modelle. Und wie jedes Jahr wurden die technischen Neuerungen der Smartphone-Kamera wieder besonders herausgestellt. Für das Technologieunternehmen war die Kamera im iPhone 12 Pro diesmal so gut, dass sie den Kameramann und Oscarpreisträger Emmanuel Lubezki mit einem mehrminütigen Werbeclip beauftragten, der bei dem Apple-Event ebenfalls vorgestellt wurde. Darin sieht man Menschen in der Wüste und anderen eindrucksvollen Szenerien, teilweise in herausfordernden Lichtsituationen. Es wird suggeriert, dass die Bilder alle mit der neuen Kamera gedreht wurden und auf der Tonspur erzählt Lubezki, wie revolutionär es ist, dass man mit solch einer Kamera ohne Aufwand und professionelles Knowhow kinotaugliche Filme drehen kann:

> When I started shooting movies you had to rent a very expensive camera, buy film stock, pay for developing, special equipment for editing; now you can really go out with one of these devices and make a movie. The iPhone Pro will allow filmmakers all around the world to make films that other ways are impossible because they don't have the means or the cameras are too heavy or too complicated.[1]

Lubezki vergleicht damit die Apple-Kameras explizit mit professionellem Equipment. Was er damit implizit mitgibt, ist, dass nicht nur schwere Kameras das Filmemachen verkomplizieren, sondern auch, dass wer bis jetzt nicht Filmemacher:in geworden ist, vielleicht noch nicht das richtige, professionelle Equipment benutzt hat oder benutzen konnte. Lubezki und Apple führen damit einen Technikdiskurs fort, der die Ermächtigung an technische Standards knüpft. Im Vergleich zur 35mm-Technik sind „these devices" zwar günstiger, aber mit einem Preis von über 1.000 Euro für viele Menschen trotzdem zu teuer und damit ebenso unerreichbar wie die schwereren Kameras. Und was ebenfalls nicht automatisch mit dem Erwerb eines iPhone Pro 12 mitgeliefert wird, ist die Sichtbarkeit, da die Flaschenhälse der Aufmerksamkeitsökonomie, die nach wie vor die Zugänge zur Fachwelt des Films und zu den Diskursen regulieren – wie Festivals und Kritik – nach wie vor limitiert sind, und sich kaum öffnen werden, nur weil jemand ein Video ins Netz stellt, das mit einem iPhone 12 Pro aufgenommen worden ist.

Das Versprechen leichter und einfach zu bedienender Technik begleitet seit jeher vor allem den Amateurfilm. Vom 16mm- über den Super-8-Film bis hin

---

1   Der Clip „Shot in iPhone 12 Pro by Emmanuel Lubezki" von Apple ist u.a. hier zu sehen: https://www.youtube.com/watch?v=4SXRlogSrtA (30.10.2020, zuletzt gesehen am 31.1.2021).

zum Video: Jeder Formatwechsel und jede technische Neuerung wird als Erleichterung angepriesen, dank der der Apparat immer weiter ignoriert werden kann, ohne dass dabei große Qualitätsabstriche hingenommen werden müssten.[2] Und auch im Bereich des Dokumentarfilms finden sich ähnliche Annahmen, dass das leichtere Equipment zu mehr Unabhängigkeit und damit zu neuen Themen führen könne (Fahle 2020, 78) – Hoffnungen, die bis heute im Bereich des ethnographischen Films (Gruber 2022) oder des *citizen journalism* zu finden sind.

Wenn nun Filmschaffende wie auch Hersteller:innen betonen, dass Filmen immer einfacher wird und wirkliche jede:r die Filme machen kann, die er oder sie möchte; wenn also die einfache Zugänglichkeit zu den Werkzeugen kein Hindernis mehr darstellt, wie verhält es sich dann mit einer partizipativen Filmpraxis, die ebenfalls seit gut 60 Jahren versucht, mit Filmclubs, Kollektiven und Medienwerkstätten all jene beim visuellen Diskurs zu unterstützen, die weder Geld noch Zeit dazu haben, sich diese Fertigkeiten selbst anzueignen? Wie hat sich partizipatives Filmschaffen verändert und dabei technologische Entwicklungen aufgenommen? Und worin könnten heutzutage Möglichkeiten und Ziele solch partizipativen Filmschaffens bestehen, wo ubiquitäre Kameras in Smartphones tatsächlich zu einer bisher nie dagewesenen medialen Durchdringung des Alltags geführt haben?

Participatory Mode, Shared Anthropology und *Cinéma Vérité*

In seiner Einführung in den Dokumentarfilm kann Bill Nichols sechs Modi ausmachen, die unterschiedliche Arbeitsweisen, Konzepte und Stilmerkmale kategorisieren, meist aber nicht scharf voneinander zu trennen sind. Der partizipative Modus ist dabei am stärksten auf technologische Veränderungen bezogen. Bereits der erste Satz in dem Unterkapitel macht das deutlich: „The participatory mode also appeared around 1960 as a result of the new ability to record sync sound on location." (Nichols 2017, 137) Nichols verbindet den Wandel mit dem *direct cinema* und dem *cinéma vérité*, explizit wird von ihm *Chronique d'un* Été (Morin und Rouch 1960) erwähnt, der „Schlüsselfilm" des *cinéma vérité* (Fahle 2020, 81), bei dem die beiden Filmemacher ihre Protagonist:innen nicht nur in die Konzeption der Szenen mit einbeziehen, sondern ihnen auch

---

2   Zum Amateurfilm siehe Zimmermann 1995 und Schneider 2004. Zum Homevideo siehe Moran 2002.

stellenweise das Feld überlassen. Zwar sieht man dabei Morin und Rouch immer wieder auch in Diskussionen vor der Kamera; wichtig waren aber neben der beweglichen 16mm-Kamera auch die neuen Möglichkeiten des Synchrontons sowie der Lavalier-Mikrophone, die an den Protagonist:innen befestigt werden konnten (Rouch und Fulchignoni 2003, 167; Rouch 2003, 271). Für Nichols (2017) liegt die Wichtigkeit des Films vor allem im Unterschied zum beobachtenden Modus, der noch davon ausgeht, dass man durch das Hinzufügen einer Kamera Realität abfilmen könne. Mit *Chronique d'un Été* entsteht diese Realität überhaupt erst durch die Kamera: „If there is a truth here, it is the truth of a form of interaction that would not exist were it not for the camera." (143) Für Nichols zeigt der Film, wie es für die Filmschaffenden in der jeweiligen Situation ist: „Participatory documentary gives us a sense of what it is like for the filmmaker to be in a given situation and how that situation alters as a result." (139) Für David MacDougall (1975) und sein Konzept des „participatory cinema" steht hingegen die Wahrnehmung der Protagonist:innen im Zentrum: „Through such an exchange a film can begin to reflect the ways in which its subjects perceive the world." (119) Der Schlüssel zu solch einem Austausch ist die partizipative Kamera, als deren wichtigsten Vertreter MacDougall Jean Rouch ansieht (MacDougall 2006, 251). Rouch hatte dieses Konzept in seinem Aufsatz „The Camera and Man" (1974) ausgeführt und die „living cameras", die sich unauffällig anpassen können, den großen Teams der „professionals" (40) gegenübergestellt, deren technischer Apparat („tons of camera", (39)) ein Hindernis darstelle zwischen der Begegnung der Filmenden und der Gefilmten. Rouchs Konzept der „shared ciné-anthropology" (ebd, 43), das nicht bloß aus einem Perspektivwechsel bestand, sondern vor allem auch aus dem Blick zurück auf die Anthropolog:innen, skizziert dabei eine Technik, die erst mit dem Video abgeschlossen ist, wenn die neuen Kameras wie selbstverständlich in die Hände derjenigen wechseln, deren Platz sonst nur vor der Linse gewesen ist: „At that point anthropologists will no longer control the monopoly of observation; their culture and they themselves will be observed and recorded. And it is in that way that ethnographic film will help us to ,share' anthropology." (44) Rouchs Filme zeigen aber auch, dass partizipatives Filmschaffen zwar von technischen Entwicklungen profitiert, es vor allem aber auch eine entsprechende Haltung der Filmschaffenden voraussetzt. So war für seinen Film *Moi, un Noir* (1958) weder die bewegliche Kameratechnik noch die Möglichkeit des Synchrontons vorhanden, und dennoch hat er den Protagonisten im Film die Möglichkeit gegeben, selbst Einfluss auf die Repräsentation zu nehmen. Im Prolog des Films beendet Rouch seinen einführenden Kommentar mit dem

Satz „je lui passe la parole" und lässt anschließend seine Protagonisten auf der Tonspur die Bilder kommentieren.[3]

Kollektive Filmarbeit: Les Groupes Medvedkine

Technologische Entwicklungen ziehen Veränderungen in der (partizipativen) Filmpraxis nach sich, sind in der Regel aber nicht alleiniger Auslöser dafür. Vor allem kollektive Projekte der 60er und 70er Jahre profitierten enorm von einer leichter und günstiger werdenden Filmtechnik, haben in ihren Programmen aber auch versucht, diese technischen Hürden weiter abzubauen. Zu den bekanntesten kollektiven Projekten zählen die „Groupes Medvedkine", die in Frankreich auf der Struktur der Cinéclubs aufsetzten, die wiederum wie die Kommunalen Kinos in Deutschland[4] bereits eine didaktische Grundhaltung im Zeigen der Filme etabliert hatten. Die Arbeiter:innen der Rhodiaceta-Fabrik in Besançon hatten ihren kulturellen Schwerpunkt u.a. in einem Kulturzentrum, das im März 1967 den Regisseur Chris Marker einlud, Filme zu schicken, der daraufhin beschloss, selbst mit einer Kamera anzureisen (Stark 2012). Auch wenn diese Gründungsgeschichte die Ankunft des Regisseurs mit der Kamera im Gepäck, dank der die Arbeiter:innen anschließend befähigt wurden, selbst Filme zu produzieren, als Initiation betont, ist das Filmkollektiv auch bekannt dafür, dass es mehr als nur ein mediendidaktisches Projekt war. Die eigenen Filme dienten nicht nur dazu, die Situation der Arbeiter:innen sichtbar zu machen, sondern sollten als strukturelles Element auch dabei helfen, die eigene Situation zu reflektieren und anschließend zu transformieren. Film musste selbst Teil der Ereignisse sein, die damit dokumentiert werden sollten (Stark 2012, 136). Auf diesen Rückkopplungseffekt wurde bewusst auch im Namen der Gruppe Bezug genommen.[5]

Schon der erste Film der Groupe Medvedkine de Besançon, *Classe de lutte* von 1968 macht dies bereits am Anfang deutlich: Suzanne Zedet geht an einen Atlas 16mm-Schneidetisch im Centre culturel populare de Palente et des Orchamps, um sich dort wie selbstverständlich mit einer anderen Frau eine Aufnahme anzusehen, auf der sie selbst zu sehen ist. Die Kamera

3   Rouch hat mit den Protagonisten ein Prinzip entwickelt, bei dem sie den Rohschnitt kommentieren und damit Themen in den Film einführen konnten, die sonst keine Beachtung gefunden hätten (Feld 2003, 6).

4   Siehe hierzu bspw. Schulte Strathaus 2008.

5   Alexander Medvedkins Kinozug fuhr 1932 in die russischen Provinzen, um nicht nur Filme zu zeigen, sondern dort auch welche mit den Menschen vor Ort zu produzieren, die bereits am folgenden Tag aufgeführt werden konnten (Stark 2012, 129).

schwenkt nach links, wo an der Wand wie ein kommentierender, einleitender Zwischentitel zu lesen ist: „le cinéma n'est pas une magie, c'est une technique, et une science, une technique née d'une science et mise au service d'une volonté: la volonté qu'ont les travailleurs de se libérer."[6] Die Arbeiter:innen nehmen keine Filmkamera in die Hand, um Regisseur:in zu werden, sie eröffnen sich einen Raum. Zwar ist die Arbeit am Schneidetisch in der Filmindustrie eher eine Frauenarbeit, aber die Selbstverständlichkeit der Eröffnungsszene sowie die Kombination mit dem Motto an der Wand macht hier auch eine feministische Dimension deutlich, die in der Filmarbeit liegt.

Film spielt eine besondere Rolle und ergänzt den Raum des Streiks und des Arbeiter:innenkampfs um den Raum der Begegnung, um der Transformation der Verhältnisse zu dienen. Bemerkenswert an der Eröffnung des Films ist dabei, dass als Instrument der Filmproduktion zunächst nicht eine filmende Kamera gezeigt wird, sondern die Arbeit am Schneidetisch. Es geht zuerst um die Auseinandersetzung mit dem Material, daher auch der Dialog der beiden Frauen. Im Gegensatz zur Kamera, die eine Richtung vorgibt, vom Filmenden zur Gefilmten, und damit eine Trennung einzieht, die mit der Kamera und der ohne, ist man beim Schneidetisch gemeinsam auf derselben Seite und betrachtet dasselbe Bild. Die Schneidetisch-Szene wird unterbrochen von einer kurzen Naheinstellung, in der das Kollektivmitglied Géo Binetruy zu sehen ist, wie er mit einer 8mm-Kamera filmt. Zwar wird auch hier eine klassische Geschlechterteilung vollzogen: Der Mann filmt die Bilder, die die Frauen am Schneidetisch diskutieren. Allerdings wird die Reihenfolge umgedreht: Das Bild und der Diskurs kommen vor der Produktion, und diese wird auch nur mit einem kurzen Zwischenschnitt gezeigt, wie um zu demonstrieren, dass man über die verschiedenen Produktionsmittel verfügt.

Gegenüber der schwerfälligeren und teureren 35mm-Technik bot 1967 die 16mm- und 8mm-Technik eine Möglichkeit, die Nutzung des Films auf eine breitere Basis zu stellen.[7] In einem Interview mit *Libération* griff Chris Marker 2003 das angebliche Versprechen der Demokratisierung der Werkzeuge nochmal auf, das bei jeder neuen Vereinfachung für den Amateurmarkt Teil der Kommunikation der neuen Möglichkeiten war. Die angebliche

6   „Das Kino ist keine Zauberei, es ist eine Wissenschaft, eine Technik geboren aus einer Wissenschaft und dem Wunsch zur Verfügung gestellt, dass die Arbeiter:innen sich befreien" (eigene Übersetzung).

7   Für Jean Rouch waren die Möglichkeiten des 16mm-Films eine „Revolution", wodurch die Vision des „caméra stylo", die Alexandre Astruc entwickelt hatte, überhaupt erst Wirklichkeit werden konnte (Rouch 2003, 269).

Demokratisierung der Werkzeuge, so Marker, mag einige Aspekte der Filmarbeit erleichtern, entbindet aber nicht von der eigentlichen Aufgabe: „To
try to give the power of speech to people who don't have it, and, when it's
possible, to help them find their own means of expression." (Film Comment
2003)

Marker skizziert einen Raum, der vor allem aus Arbeit besteht – und in
diesem Fall aus Arbeit, die nach der Lohnarbeit verrichtet wird. In diesem
Sinne waren die Groupes Medvedkine damit Vorläufer der Videowerk-
stätten und Medienzentren, die sich in Deutschland in den 70er und 80er
Jahren gründeten und neben der Distribution und Präsentation inhaltlich
passender Filme auch die technische Infrastruktur bereitstellten, um zur
Produktion eigener Videos anzuregen und diese anzuleiten. Der Gedanke
der kommunalen Selbstverwaltung sowie des Kollektivs und der Transformation der Gesellschaft war bei den meisten Einrichtungen dabei ein
mindestens ebenso wichtiges Anliegen wie das Ausbilden zur Handhabung
der Technik, die mit dem Video günstiger und einfacher geworden war
(Eder, Hartmann und Tedjasukmana 2020, 53–54).

Solche medienemanzipatorischen Projekte sind aufgrund ihrer gesellschaftlichen Anliegen von Angeboten zu unterscheiden, die sich allein
an das Vermitteln von Technik und ästhetischen Arbeitsweisen richten.
Marker spricht in seinem Kommentar nicht nur davon, den Arbeiter:innen
durch den Zugang zu technischen Möglichkeiten eine Stimme zu geben,
sondern auch, dass sie dadurch explizit an Orten gesehen und gehört
werden können, an denen sonst nur über sie gesprochen wird, ohne
dass sie selbst dort einen Platz hätten. Neben der Aneignung filmischer
Praxis war ein wichtiger weiterer Aspekt der Zugang zu Zirkulationswegen.
Markers Kollektiv S.L.O.N. (*Société pour le lancement des oeuvres nouvelles*)
übernahm die Distribution des Films *Classe de lutte* und ermöglichte den
Groupes Medvedkine somit sicherlich eine größere Sichtbarkeit. Insbesondere beim Medium Film, so lässt sich hier noch zusammenfassend
feststellen, bedeutet Ermächtigung nicht nur Unterstützung bei der
Produktion, sondern auch bei der Sichtbarkeit der Bilder. Damit Menschen
die Filme von Arbeiter:innen sehen, die sonst keinen Zugang zu ihrer Welt
haben, genügt es nicht, den Arbeiter:innen eine Stimme zu verleihen; man
muss diese auch zu den Augen und Ohren einer interessierten Öffentlichkeit bringen, um Formen der Teilhabe dort zu ermöglichen, wo man sie
eventuell nicht erwartet. Dies ist heutzutage, wo der Aspekt der Technik-
vermittlung weitgehend wegfällt, umso wichtiger, denn Sichtbarkeit
kommt nicht automatisch mit dem Zugang zu Produktionsressourcen und
Onlineplattformen – ein Punkt, auf den auch Simone Pfeifer in ihrem Text

„(P)Reenactments der Gewalt" aufmerksam macht, indem sie aktivistische Videos beschreibt, die aufgrund ihres politischen Inhaltes viral gehen; allerdings erst, nachdem ein wichtiger Influencer darauf aufmerksam gemacht hat (siehe Pfeifer in diesem Band, 99ff.).

China Village Self-Governance Project

Das „China Village Self-Governance Project", das im Rahmen des EU-China Training Programme on Village Governance finanziert wurde, nimmt in dieser Entwicklung eine Zwischenstellung ein. Unter der Leitung des chinesischen Dokumentarfilmers Wu Wenguang wurden zehn Personen aus ländlichen Regionen Chinas ausgewählt, die eine Mini-DV-Kamera bekamen, um ihren Alltag in ihrem Dorf aufzunehmen. Zwar gab es Workshops für die Teilnehmenden und jeder 10-minütige Beitrag wurde in der 90-minütigen Gesamtschau *Villager's Documentary Film* (2006) mit einem kurzen Clip eingeführt, in dem die Filmenden sich mit ihrer Kamera vorstellen konnten. Doch im Unterschied zu den zuvor genannten Projekten blieben die Filmenden eher für sich und waren weitgehend ohne die Initiatoren oder professionelle Filmleute unterwegs. Allerdings hat das Projekt auch eine andere Ausrichtung, die nicht auf den kollektiven Austausch während und mit der Produktion zielte, sondern vielmehr versuchte, unterschiedliche, verstreute Stimmen zu sammeln und dort zu Gehör zu bringen, wo sie sonst nicht vernommen worden wären.

So stand bei dem Projekt weniger die Selbstermächtigung der Dorfbewohner:innen im Vordergrund, sich am visuellen Diskurs zu beteiligen. Sie durften zwar im Anschluss die Videokamera behalten, das Ziel war aber eine Sichtbarmachung der Lebensumstände in ländlichen und weit entfernten Regionen. Die Dorfbewohner:innen gaben daher ihr Material an den Regisseur nach dem Dreh ab, welches im Anschluss für den eineinhalbstündigen Kompilationsfilm montiert wurde. Die Schwierigkeit, sich in diesem Rahmen frei äußern zu können sowie auch die spezielle Erwartungshaltung an die filmenden Dorfbewohner:innen ist durchaus kritisch thematisiert worden (Braester 2017, 37). Da das Ziel bestand, durch die Methode ein möglichst unverfälschtes Bild aus den ländlichen Regionen zu bekommen, versuchte Wu sich gegen die Intention einiger Teilnehmer:innen durchzusetzen, die in ihren Filmen das Programm des staatlichen Fernsehens nachahmen wollten. Yomi Braester (2017, 37) kommt daher zum Schluss, dass es aufgrund der Zustände und des ideologischen Apparatus für den:die „diceng"[8] unmöglich ist, für sich selbst zu sprechen. Erst in der zweiten Phase des Projekts bekamen die Filmenden einen größeren Freiraum und konnten über einen längeren Zeitraum Filme über ihren dörflichen Alltag realisieren, die sie auch selbst fertigstellten – und in denen sie teilweise deutlich selbstreflexiver und intimer vorgingen, indem sie beispielsweise auch über eigene Wünsche und Hoffnungen sprachen.[9] Das Dokumentieren der Begegnung zwischen Anthropolog:innen und Subjekten, das für Jean Rouch noch eines der vorherrschenden Ziele der „shared anthropology" gewesen war, bleibt aber aufgrund der nur in eine Richtung zielenden Intention des Projekts weitgehend aus, da die Dorfbewohner:innen über sich selbst zu den anderen (der EU, der chinesischen Regierung, dem Publikum internationaler Dokumentarfilmfestivals) sprechen. Doch auch hier entstand ein teilweise sichtbarer Raum der Begegnung: Immer wieder gibt es Szenen, in denen aufgrund der im Dorfkontext ungewohnten Kamera Gespräche zwischen dem Raum vor und hinter der Kamera ausgelöst werden und Situationen allein durch die Anwesenheit des Apparates entstehen. Das Filmen dient dann nicht allein der Sichtbarmachung, sondern auch der Reflexion des eigenen Lebens und Handelns, da Situationen gesucht und überlegt werden müssen, die als repräsentativ für das Projekt gelten könnten. Die Performanz der Mise en Scène des eigenen Alltags entfaltet dann auch eine affizierende Wirkung, da die Bilder zwar alleine gemacht werden, sich aber in einem größeren Gruppenzusammenhang verorten; etwas, das Kerstin Schankweiler in Bezug auf aktuelle Protestkulturen als ein „Netzwerk von Relationen" beschrieben hat, das nicht bloß zwischen Menschen und Menschen, sondern auch zwischen Bildern und Bildern entstehen kann (Schankweiler 2019, 60; siehe dazu auch Pfeifer in diesem Band). Gleichzeitig entsteht in der Tätigkeit aber auch eine Resonanz[10] mit anderen, die sich nicht nur aufgrund der gemachten Bilder, sondern vor allem aufgrund des Bildermachens ergibt.

---

8   Der oder die „diceng" sind Angehörige der unterprivilegierten Schichten. Braester schlägt hier durchaus beabsichtigt eine Verbindung zu Spivaks Frage, ob der:die Subalterne sprechen kann (Spivak 2020).

9   Es sind insgesamt acht dieser längeren Filme entstanden, die teilweise unter dem Titel *My Village 2006* firmieren (Johnson 2010, 471).

10   Für die Bezeichnung, dass bei dem Umschriebenen die Resonanz die Repräsentation ersetze, bin ich Elisa Linseisen dankbar.

Les Sauteurs

Die Verschiebungen, die sich bei der partizipativen Filmarbeit ergeben
– weg vom kollektiven Filmen, hin zu einer stärkeren Fixierung auf die
Filmenden[11] sowie auf das Berichtete – hängen zum Teil mit den Möglichkeiten der Videotechnik zusammen. Mit der 16mm-Technik wären Projekte
wie der *Villager's Documentary Film* oder *Les Sauteurs* (Sidibé, Siebert und
Wagner 2016) kaum möglich gewesen. *Les Sauteurs* dokumentiert die
Situation von Geflüchteten in einem Camp auf dem Monte Gurugú in
Marokko vor der spanischen Enklave Melilla. Die Menschen dort warten
auf einen günstigen Zeitpunkt, um den mehrfach gesicherten und
bewachten Grenzzaun zu überwinden und so Zutritt auf europäischem
Boden zu bekommen, ohne das Mittelmeer überqueren zu müssen. Für die
Dokumentation haben die beiden Regisseure Moritz Siebert und Estephan
Wagner sich dazu entschieden, die Kamera nicht selbst zu führen, sondern
sie einem der Geflüchteten zu geben: Abou Bakar Sidibé. Der Film besteht
fast ausschließlich aus den Bildern, die er filmt, sowie Aufnahmen der
Überwachungskameras an der Grenze. Die beiden Autoren geben die Kontrolle der Bilder ab und übertragen sie mit der weitergegebenen Kamera
auf den Protagonisten des Films. Sidibé filmt den Alltag im Camp, von
wo aus er gemeinsam mit anderen Versuche unternimmt, die Grenze zu
überwinden.

Das Konzept ist nicht unproblematisch, wird doch die Kamera abgegeben,
um Bilder aus prekären Verhältnissen zu bekommen, zu denen die europäischen Filmemacher sonst nicht ohne Weiteres Zugang hätten. Zudem
ist die spekulative Jagd nach dramatischen Bildern aus der Migrationskrise
zu kritisieren: Die Geflüchteten werden nicht nur dazu gezwungen, ihr
Leben beim Versuch, Asyl in Europa zu finden, zu riskieren – sie werden
auch als Bilderlieferanten zur Bebilderung der Krise benutzt. Allerdings
haben Siebert und Wagner versucht, dieser Problematik an verschiedenen
Stellen des Films entgegenzuwirken. Am deutlichsten zunächst dadurch,
dass Sidibé einen Credit als Regisseur des Films bekommen hat, was in der
Kommunikation des Films entsprechend aufgeführt wird. Zudem wurde
Sidibé für seine Arbeit bezahlt. Siebert und Wagner trafen sich über einen
Zeitraum von drei Monaten regelmäßig alle vier Wochen mit ihm, um das
Material zu übernehmen, aber auch, um über Einstellungen zu sprechen
und kleinere Übungen zu machen. Es gab verschiedene Vorgaben und
Erwartungen der beiden europäischen Regisseure an den Partner aus Mali,
aber man war offen gegenüber den Abweichungen und selbst entwickelten

11   Es sind tatsächlich meist Männer, denen die Kamera übergeben wird.

Szenen.[12] Außerdem wurde Sidibé auch an der Montage und der Post-produktion beteiligt. Und wie die Protagonisten in Jean Rouchs *Moi, un Noir* bekam er die Möglichkeit, den Film im Off zu kommentieren. *Les Sauteurs* macht mit dem Off-Kommentar gleich in den ersten Minuten deutlich, wessen Bilder wir sehen, wie sie zustande gekommen sind und wie sein Protagonist in den Produktionsprozess eingebunden worden ist.

Das Camp sowie die gesamte Situation stehen in dem Spannungsverhältnis missglückter Überwindungsversuche und der Hoffnung auf eine erfolg-reiche Ankunft auf europäischem Boden; im Film selbst nimmt das kon-krete Überwinden aber nicht den Hauptteil ein. Zu sehen sind diese Szenen zudem nur in den Aufnahmen der Überwachungskameras. Sidibé konzen-triert sich dagegen hauptsächlich auf den Alltag des Camps: Besorgungen, der Verkauf und die Zubereitung von Lebensmitteln, das Fußballspielen, die langen Fußmärsche, Musikhören. Auch fängt er immer wieder in Gesprächen mit den anderen die Wünsche, Träume und Hoffnungen ein, die sich mit dem Leben hinter dem Zaun verbinden. Das Anrennen gegen den Grenzzaun ist auf Sidibés Aufnahmen nicht zu sehen, dafür aber das Wegrennen vor der Polizei, die regelmäßig in das Camp einfällt und es zerstört – denn das ist es, was die Leute sehen sollen, wie einer sagt, als sie vor der anrückenden Polizei flüchten müssen. Sidibé kann die überge-bene Kamera benutzen, um von dem zu erzählen, was seiner Meinung nach wichtig ist, und das ist die Ungerechtigkeit, der er sich gegenübersieht, die der alltäglichen, aber auch die der globalen Repressionen.

Les Sauteurs ist ein Film über aktuelle Migrationszustände und -bewegungen, über den spezifischen Ort vor Melilla und über Abou Bakar Sidibé, aber er ist auch einer über Sidibés Sicht und sein Verhältnis zur Umwelt. Und dazu gehört nicht nur seine Perspektive auf seine Mit-menschen, das Camp und die Lage, in der er sich befindet, sondern auch jene auf seine Entwicklung als Filmemacher. Während der drei Monate, die er filmt, kann man beobachten, dass das Filmen für ihn wichtig geworden ist, unabhängig davon, für wen er es tut und ob es gesehen wird. Neben der Inszenierung für die Kamera scheint es, als ob das Filmen, das Blicken durch den Sucher und das Konzipieren von Aufnahmen und Szenen ein wichtiges Element seines Alltags geworden ist, das ihn motiviert und mit dazu beiträgt, die schlimme Zeit zu überstehen. Bei einer Aufnahme, die im Schwarz beginnt und langsam zurückzoomt und das Bild freigibt auf das nächtlich beleuchtete Melilla sagt Sidibé im Off:

---

12 Siehe das Filmblatt vom Forum der Berlinale 2016, wo *Les Sauteurs* seine Uraufführung hatte: https://www.arsenal-berlin.de/assets/Legacy/user_upload/forum/pdf2016/forum_deutsch/D_Les_Sauteurs.pdf. Letzter Zugriff am 13.12.2023.

> Quand on regarde le monde au travers une caméra on commence à percevoir l'entourage différent. J'ai commencé à prendre plaisir à la création des images. Lentement j'y ai trouvé la beauté. Elles ont un sens pour moi. J'ai commencé à m'exprimer avec des images. Je sens que j'existe car je filme.[13]

Les Sauteurs ist damit nicht nur ein Film über die Situation von Geflüchteten im Norden Marokkos, es ist auch einer über den Aneignungsprozess der Bildproduktion[14] – und damit, durchaus im Sinne der „shared anthropology", auch über die europäische Perspektive auf diese Situation und unsere Erwartungshaltung an diese Bilder. Denn was an dieser Stelle im Film deutlich wird, ist, dass Sidibé nicht nur für ein potenzielles Publikum filmt, sondern auch für sich – diese Bilder sind seine Bilder. Im fertigen Film wird der westliche Blick durch die Aufnahmen der Überwachungskameras dargestellt. Sie lassen die Flüchtenden entindividualisiert zu kleinen schwarzen Punkten (oder zu weißen, je nach Tageszeit und Kamera) in der Landschaft werden und zeigen uns den Sturm auf die Zäune unaufgeregt und aus der übersichtlichsten Perspektive. Der Film eröffnet mit den beinahe abstrakten Überwachungsaufnahmen und schneidet danach direkt auf die Bilder aus der subjektiven Kamera: Sidibé filmt seine Füße. Von der maximal entpersonalisierten Übersicht springen wir direkt in die Subjektive des Filmenden. Er fragt seinen Freund, ob er Angst habe, dann gehen sie einen Weg entlang. Als sie auf einen höheren Stein klettern müssen, wird die Kamera nach oben gereicht, sein Freund filmt Sidibé, wie er nachkommt und gibt ihm dann die Kamera wieder zurück. Der Kontrast, aber auch das Programm des Übergebens der Kamera wird direkt zu Beginn des Films gezeigt. Diese Szene, in der die beiden einen steilen und felsigen Weg entlanggehen, ist dabei emblematisch für die Art, wie die Kamera hier übergeben wird. Weil man an einer Stelle beide Hände benötigt, um weiter nach oben zu kommen, reicht Sidibé sie seinem Freund, der ihn beim Klettern filmt und ihm danach die Kamera wieder zurückgibt. Das Filmen wird nicht als spezialisierte, individuelle Tätigkeit gezeigt, sondern als Akt der Kooperation. Hier wird aber auch deutlich, welchen Einfluss die Art der Kamera auf das Konzept des Übergebens hat. Sidibé hat einen Camcorder, mit dem man nur filmen kann, wenn man ihn in der Hand hält.

13   „Wenn man auf die Welt durch eine Kamera blickt, beginnt man, die Umgebung anders wahrzunehmen. Ich finde Gefallen daran, Bilder aufzunehmen. Langsam habe ich die Schönheit dabei entdeckt. Sie ergeben für mich Sinn. Ich habe angefangen, mich mit den Bildern auszudrücken. Ich fühle, dass ich existiere, weil ich filme" (eigene Übersetzung).
14   Siehe dazu auch die performativen Aneignungspraktiken in Form von Reenactments bei Pfeifer (in diesem Band).

Mit einer GoPro, die er am Kopf oder Oberkörper befestigen könnte, hätte Sidibé nicht nur mühelos diese kleine Kletterpartie filmen können, sondern auch jeden Versuch der Zaunüberwindung. Hätten Siebert und Wagner eine GoPro übergeben, wäre das vermutlich aus dem Grund geschehen, die spekulativen Bilder aus der Todesgefahr aufzunehmen. Mit dem Camcorder waren diese Bilder unmöglich. Zudem ist die Kamera auch im Camp sichtbar, sie steht somit nicht im Zusammenhang von Überwachung, sondern stellt eine Einladung dar.

Innerhalb eines Konzepts mit ausreichend Selbstbestimmung und individueller Freiheit kann die übergebene Kamera zu einem Instrument der Ermächtigung werden. Wenn nicht bloß der Apparat selbst übergeben wird, sondern mit ihm auch ein Netzwerk und die Möglichkeit zur Zirkulation, entsteht ein Raum der Begegnung, innerhalb dessen die übergebene Kamera performativ agieren kann, und ihre bloße Präsenz zum Auslöser verschiedener Entwicklungen wird. Dann wird der Film auch nicht nur ein Dokument der damit gefilmten Bilder, sondern auch eines über diesen Begegnungsraum und das Konzept der übergebenen Kamera. In *Les Sauteurs* kann man die Entwicklung Sidibés vom geflüchteten Lehrer zum Filmemacher verfolgen, und der Film ist damit zugleich auch Kritik all jener Filme, die über Migration bloß aus einer westlichen Perspektive für ein westliches Publikum berichten. Dass dies im Falle von *Les Sauteurs* gelungen ist, zeigt sich u.a. auch daran, dass Sidibé drei Jahre später mit *Ma Nouvelle Vie Européene* einen weiteren Kurzfilm realisieren konnte, bei dem auch Siebert als Co-Regisseur aufgeführt wird, und der eine filmische Reflexion seines momentanen Lebens in einem bayrischen Flüchtlingszentrum zeigt.[15] Auch wenn mit diesem Kurzfilm deutlich wird, dass Sidibé nicht bloß ein „menschliches Stativ" für einen europäischen Film über Fluchterfahrung gewesen, sondern Regisseur geworden ist, zeigt sich gerade auch damit die Grenze des Konzepts. Sidibé wurde die Kamera übergeben, weil er ein Geflüchteter auf dem Monte Gurugú war. Er wird aufgrund des Konzepts des Films und seiner Möglichkeiten zum Regisseur, aber er bleibt Geflüchteter. Sidibé hat ein Instrument bekommen, mit dem er sich ausdrücken kann, und seine Stimme wird damit nun auch weltweit gehört,[16] letztendlich bleibt er aber auch wie bei einem konventionellen Dokumentarfilm zugleich Protagonist des Films, und dieser kann an seiner sozialen Situation nichts ändern.

---

15   Auch hier gibt es eine Parallele zu Jean Rouch: Oumarou, der Protagonist aus *Moi un Noir* wird später selbst Filmemacher (Feld 2003, 6 und 19).

16   *Ma Nouvelle Vie Européene* gewann 2019 in Oberhausen den Hauptpreis des Deutschen Wettbewerbs.

Selfie

Durch die autonomer werdende Technik verändert sich das Konzept der partizipativen Filmarbeit. Damit steigt die Gefahr, dass Kameras beliebig abgegeben und die Aufnahmen verallgemeinernd als Perspektivwechsel verkauft werden. Jede neue Kamera und Gebrauchsweise setzt neue Möglichkeiten frei, aber so lange Menschen auf das Übergeben angewiesen sind, muss man davon ausgehen, dass eine emanzipierte Teilhabe noch nicht erreicht ist.

In dem Film *Selfie* (2019) hat sich der italienische Regisseur Agostino Ferrente bewusst dazu entschlossen, nicht einfach eine Kamera, sondern Smartphones zu übergeben, und damit darauf zu referenzieren, dass das Übergeben des Apparates aufgrund der Ubiquität der in Smartphones verbauten Kameras eigentlich hinfällig wird. Ferrente wollte ein Portrait der Jugendlichen in Rione Traiano drehen, einem Viertel in Neapel, in dem der 16-jährige Davide Bifolco von der Polizei erschossen wurde, weil sie ihn fälschlicherweise für einen Drogendealer gehalten hatte. Bei einem längeren Aufenthalt im Viertel lernte Ferrente die beiden Jugendlichen Alessandro und Pietro kennen, die er nicht nur zu den Protagonisten seines Films machte, sondern auch zu seinen Kameramännern, mit dem Auftrag, jede Einstellung im Selfie-Modus zu filmen, mit sich selbst im Vordergrund. Dieses spezielle Konzept ist kein Anbiederungsversuch an die mediale Praxis der Jugendlichen, sondern schafft eine Situation, bei der sich die Protagonisten nicht hinter die Kamera zurückziehen können. Auch Alessandro und Pietro werden im Verlauf des Films zu Filmemachern, entwickeln ein Interesse für den visuellen Ausdruck, experimentieren mit der Form und überlegen, wie sie ihren Alltag zeigen können. Durch den Selfie-Modus bleiben sie aber auch im Bild und der Film kann zeigen, um was es dabei geht: um das Portrait zweier Jugendlicher in einem für sie nicht ungefährlichen Viertel in Neapel. Im Vergleich zu *Les Sauteurs* zeigt sich der Unterschied des speziellen Konzepts: Die performative Praxis des Selfie-Modus und das kleine Gerät verleiten in stärkerem Maße zum Experiment und zur Integration in die verschiedensten alltäglichen Tätigkeiten – was auch an der deutlich weniger existenziellen Situation liegt, in der sich die beiden Jugendlichen befinden. Wir sehen Alessandro und Pietro beim Essen, Einkaufen, Arbeiten oder bei intimeren Szenen wie beim Schlafen und auf dem Klo. Viele der Aufnahmen beeindrucken durch die Koordination, die angewandt werden muss, um die entsprechende Tätigkeit im Selfie-Modus aufnehmen zu können, wenn sie beispielsweise Rollerfahren oder sich gegenseitig die Haare waschen. Durch das Konzept des Films müssen sie sich immer wieder in Bezug zum Ort und Anlass der Aufnahme setzen. Der Selfie-Modus ist ein Zeige-Gestus, das Zeigen wird deutlich ausgestellt (Krautkrämer und Thiele 2018; Frosh 2019, 121). Die Filmenden sind immer als Markierung mit im Bild, das Gezeigte kann nicht direkt dem Publikum des Films *Selfie* vermittelt werden, sondern immer nur über den Umweg, dass jemand es (und sich) ihm zeigt. Der Regisseur von *Selfie* allerdings bleibt unsichtbar, allerdings war er anders als Siebert und Wagner bei *Les Sauteurs* in den meisten Szenen anwesend. Wie bei einem Dokumentarfilm konzipierten sie gemeinsam die Szenen, und während die beiden Jugendlichen filmten, beobachtete Ferrente das Geschehen. Um das Bild zu kontrollieren, hatte er die Handys auf der Rückseite mit einem Monitor ausgestattet, auf dem das gefilmte Bild zu sehen war. Der Unterschied zu einem konventionellen Dokumentarfilm liegt darin, dass die Kameramänner nicht nur in jeder Einstellung auch im Bild sind, sondern zugleich auch die Protagonisten. *Selfie* sei kein klassisch partizipatives Projekt, bestätigte mir der Regisseur auf Nachfrage,[17] da er die beiden Jungen nicht auch mit der konzeptionellen Filmarbeit belasten wollte. Dafür wurden beide für die Kameraarbeit bezahlt und im Abspann als Kameramänner aufgeführt, nicht aber als Regisseure.

Ferrente gelingt damit das Paradox, dass er einerseits wie beim *direct cinema* die Person des Autors versteckt und so die Illusion entstehen lässt, wie ein unbeteiligter Beobachter den Ereignissen beizuwohnen. Gleichzeitig stellt er aber auch die Filmarbeit aus. Die Selfie-Einstellung betont den medialen Apparat, evoziert aber gleichzeitig auch das Gefühl von Nähe und Intimität, das dazu verleitet, anzunehmen, dass sich hinter der Kamera wie beim Selfie auch kein:e kontrollierende:r Autor:in befände. Nicht sichtbar oder thematisiert im Film ist zudem, dass die beiden Jugendlichen bezahlt wurden, denn mit der Entlohnung ist die alltägliche Medienpraxis Arbeit und Alessandro und Pietro sind keine Medienamateure mehr, sondern Kameramänner.

Die Gefahr partizipativer Filmarbeit ist, dass die Arbeit selbst unsichtbar wird, sowohl die der ersten Instanz, die das Projekt initiiert, sowie derjenigen, an die die Kamera übergeben wurde. Und je nahtloser sich Kameras in den Alltag integrieren lassen, desto verschwindender sind die Widerstände, die sie sichtbar machen könnten.

Wie in *Les Sauteurs* ist auch in *Selfie* die Kamera Anlass für viele Szenen und Gespräche, sie ist aber in viel stärkerem Maße konkreter Anlass zur geteilten Medienpraxis. Wenn Pietro seine Freunde in der Billardhalle filmt,

---

17   Filmgespräch an der Hochschule Luzern Design & Kunst am 31. Mai 2022.

übernehmen diese kurzerhand seine Kamera, um weiterzufilmen. Wird in *Les Sauteurs* vor allem vor und für die Kamera performt, wird in *Selfie* mehr *mit* der Kamera performt. Sidibé gibt die Kamera weiter, um die Hände freizuhaben, wohingegen in *Selfie* die Kamera zur Selbstinszenierung übernommen wird. Das liegt zum einen sicher an den gänzlich verschiedenen Hintergründen, findet seine Entsprechung aber eben auch in der konzeptionellen Vorgabe des Selfies.

Unabhängig davon, ob die Protagonisten wie in *Selfie* die meiste Zeit vor der Kamera zu sehen sind oder wie Sidibé sich eher hinter der Kamera befinden, ob sie wie bei *Les Sauteurs* in die Postproduktion eingebunden sind oder nicht – in beiden Filmen ist es möglich, einen doppelten Blick auf die Bilder zu werfen und sie einerseits als das Produkt der Protagonisten zu sehen und damit wie bei einem Tagebuchfilm mit ihnen zu verknüpfen, gleichzeitig sind sie aber auch Teil eines Dokumentarfilms über die Realität von Jugendlichen in einem armen Viertel von Neapel oder über Geflüchtete in einem Camp vor Melilla.

Übergeben statt abgeben

Ob die Person, die die Kamera empfängt, diese nun im Selfie-Modus[18] nutzt oder nicht, sie erhält die Kamera mit einem Auftrag. Und indem dieser Auftrag im oder mit dem Film kommuniziert wird, geht es auch um das doppelte Zeigen. Der Regisseur des Films zeigt uns jemanden, der oder die uns seinen Alltag zeigt. Der Selfie-Modus macht nur nochmal deutlicher, was insgesamt für das Konzept der übergebenen Kamera gilt, denn das Selfie ist eine Geste der Selbstermächtigung, bei der die filmende Person selbst entscheidet, wie sie sich darstellt.

Mit der Kamera und dem *gaze*[19] geht eine Macht und ein Blick einher, dem man sich als Objekt nur schwer entziehen kann (Fischer-Lichte 2012, 149). Besonders in Bezug auf den Apparat der Kamera hat Kaja Silverman unter Bezug auf Roland Barthes diese „Ideal-Ich"-konstituierende Konstellation beschrieben (1996, 150). Der Blick zurück ist zwar möglich, aber kaum ein Gegenblick, da bereits gerahmt und dem Blickregime eingeordnet. Was es laut Silverman (1996, 193) hingegen bräuchte, wäre ein „cinema of the productive look", bei dem sich der Blick („look") nicht der Kamera

---

18   Auch Sidibé filmt einzelne Passagen im Selfie-Modus.

19   Der „gaze" bezeichnet in der Filmwissenschaft im Gegensatz zum Sehen oder Schauen eine Art gezieltes Blicken oder Starren, das auch als „Blickregime" übersetzt wird (Elsaesser und Hagener 2011, 130). Ich bevorzuge aufgrund der Eindeutigkeit des Begriffs die englische Vokabel.

unterordnen würde. Die Bilder der Kamera, die sieht, was das Auge (des:der Regisseur:in und des Publikums) nicht hätten sehen können, sollten dabei solcher Art bearbeitet und präsentiert werden, dass sie nicht die durch den *gaze* gegebene Objektivität und Autorität ausstrahlen. Dieser „productive look" wird durch einen Umgang mit den Bildern erreicht sowie mittels eines bestimmten Filmkonzepts, das zu einem selbstreflexiven Hinterfragen führt, wie man Dinge und Menschen betrachtet. Der „productive look" konfrontiert uns mit unserer Erwartungshaltung. In *Les Sauteurs* und *Selfie* wird dieses Sehen durch den performativen Rahmen erreicht, der das Blicken ausstellt, so dass jedes Bild, jede Aufnahme mir zum einen zeigt, was ich bei einem Dokumentarfilm zu diesem Thema erwarte, gleichzeitig aber auch darüber hinaus geht und mir ebendiese Erwartungshaltung präsentiert. Davon auszugehen, dass mit der übergebenen Kamera ein Gegenblick, Handlungsmacht oder Selbstermächtigung automatisch einhergingen, wäre naiv. Die Kamera wird mit einem Auftrag übergeben: Film dein Lager, filmt euren Alltag! Das Übergeben geht mit einer Erwartungshaltung einher: Die Menschen in Europa müssen sehen, wie es euch geht. Der „productive look" von *Les Sauteurs* liegt in den nicht gedrehten Bildern der Zaunüberwindung. Das Konzept der übergebenen Kamera sowie der konkrete Apparat verhindern gerade das Filmen ebendieser Bilder und zeigen stattdessen den Alltag eines Mannes, der sich einer Kamera bedient, um damit sein Leben im Camp zu reflektieren. In *Selfie* ist der „productive look" in den kleinen, experimentellen Passagen zu finden, die die beiden drehen oder wenn Alessandro in einer Sequenz davon spricht, dass er aufgrund der Erfahrung, die er beim Filmen für diesen Film macht, beschlossen hat, Regisseur zu werden. Er liegt auch in den stummen Passagen, in denen sie zu sehen sind, wenn sie uns einen Ort zeigen wollen. Dabei schwenken sie beispielsweise einen Platz ab, sind dabei aber immer im Bild. Protagonist:innen sieht man in Dokumentarfilmen selten schweigend vor der Kamera. In *Selfie* ist das aufgrund des Konzepts häufiger der Fall: Alessandro und Pietro blicken auf eine Art und Weise tatsächlich zurück, wenn sie filmen.

Sidibé, Alessandro und Pietro wird es ermöglicht, selbst die Kamera auf etwas zu richten und dorthin zu blicken. Produktiv wird diese filmische Intention aber, weil die Filmenden diese innerhalb eines performativen Rahmens ausleben und die Produktion des *gaze* somit ausgestellt wird. Die übergebenden Regisseure braucht es dabei vor allem für diesen doppelten Rahmen und weniger für die konkrete technologische Hilfestellung. Das Entscheidende der übergebenen Kamera bei diesen beiden Beispielen ist nicht die andere Perspektive, sondern die Abgabe der Kontrolle, die Lösung der Kamera vom Autor:innensubjekt.

Die Kamera zu übergeben ist daher auch kein Konzept, das für sich alleine stehen kann. Es darf nicht dazu führen, die Verantwortung mit der Kamera abzugeben und darauf zu vertrauen, dass die Protagonist:innen authentische Bilder liefern, die das Filmteam selbst nicht hätte finden können. Deswegen übergibt der Dokumentarfilmer Philip Scheffner in seinem Film *And-Ek Ghes...* (Scheffner und Velcu 2016) Kameras an seinen Protagonisten Colorado Velcu, um einen filmischen Raum zu eröffnen, der es als politischer Raum für Velcu ermöglicht, einen eigenen Film zu realisieren. Scheffner hatte Velcu und seine Familie ein paar Jahre zuvor in Rumänien kennengelernt, als er dort seinen Film *Revision* (2012) über den 1992 beim Grenzübertritt nach Deutschland getöteten Grigore Velcu drehte. Nun ist Colorado Velcu mit Familie in Deutschland, erst in Essen, dann in Berlin. Scheffner schenkt ihm einen kleinen Fotoapparat, mit dem man auch Videos aufnehmen kann, später kommen für die anderen Familienmitglieder noch weitere dazu. Den Reiz des Films machen genau diese vielen Perspektiven aus, die nicht nur aus einer, sondern aus vielen übergebenen Kameras entstehen.

Bei einem Großteil der Szenen lässt sich der Versuch beobachten, den neuen Alltag zu inszenieren. Velcu kommt von der Arbeit nach Hause, spricht mit seinen Kindern, die Familie macht Picknick im Park. Das Inszenierte der Szenen bleibt dabei häufig sichtbar: Das Ein- und Aus-schalten der Kameras wird noch gezeigt, Szenen, in denen jemand zu lachen beginnt, fallen nicht dem Schnitt zum Opfer und da von Scheffner wohl kein Stativ übergeben wurde, wird die Kamera immer irgendwo hingestellt, wo sie gerade noch Platz hat. Damit wird nicht nur das Amateur:innenhafte betont, sondern auch das Ringen um „die richtige Szene". Velcu möchte nicht nur einen Zustand dokumentieren, er möchte gezielt etwas zum Ausdruck bringen, das grundlegend ist, um „ein normales Leben zu führen" (Velcu 2019, 17). Wie in einem Mosaik setzen sich ver-schiedene von unterschiedlichen Leuten gefilmte Szenen zu einem Film zusammen, der aber seine Heterogenität erhält. So gibt es inszenierte Szenen, die keinen narrativen Anschluss haben und unabgeschlossen für sich stehen.

Für Scheffner war die Kamera vor allem ein wichtiges Instrumentarium der Kommunikation zwischen ihm und Velcu; was und ob dabei konkret gefilmt wurde, stand für Scheffner dabei zunächst nicht im Vordergrund. Im Interview beschreibt er mehrfach, dass sie sich mit und durch die Kamera getroffen haben und freier sprechen konnten, als wenn Scheffner nur ein Besucher gewesen wäre. Scheffner beschreibt, dass die Anwesenheit des Apparates und seine Möglichkeiten bereits einen Kommunikationsraum schaffen konnten (Wagner 2016). In diesem Raum ist die Kamera nicht aufgrund von sozialkritischen Fragestellungen auf Colorado und seine Familie gerichtet, und allein diese Tatsache verändert die anwesende Kamera und schafft damit einen politischen Raum, da die Aufteilung, wer zu wem warum spricht und wer wen filmt, von Beginn an verhandelbar scheint. Scheffner selbst ist im Film zwar kaum zu sehen, beschrieb aber im Nachhinein, dass die Arbeit nicht nur im Tauschen der Rollen lag, sondern eine neue Basis schaffen sollte:

> Dieser herzustellende Film [...] wird mehr und mehr zu einem Filter, durch den wir uns und unsere Wirklichkeit anders wahrnehmen und neu interpretieren können. [...] Es entsteht etwas, auf das wir uns gemeinsam beziehen und in dem wir uns auf Augenhöhe begegnen können: Ein Raum, der nun, nachdem der Film fertig ist, nicht einmal mehr eine Kamera braucht (Scheffner 2019, 19).

Für den bereits etablierten Filmemacher wird das Filmen selbst unwichtig, ist eher ein Nebeneffekt. Die Kamera soll dabei helfen, etwas zu erreichen, das man im besten Fall dann ohne den Apparat fortsetzen kann. Der Akt des Filmens selbst wird mindestens so wichtig wie die Bilder, die dabei entstehen. Den von Scheffner beschriebenen Raum sieht man im Film kaum, er wird auch eher in den Texten und Interviews zum Film thematisiert als in *And-Ek Ghes...* selbst, wo er sich am ehesten in dem Rollenwechsel und den Szenen vor dem Laptop zeigt. Auch wenn der Initiator dabei nicht sichtbar anwesend ist, erinnern sie doch an *Chronique d'un* Été, wenn Morin und Rouch am Ende des Films die gedrehten Szenen im Kino mit den Protagonist:innen sichten und diskutieren. Auch die Beschreibungen von den gemeinsamen Essen und Unternehmungen, während die Filmidee entwickelt wurde, liest sich wie eine Reminiszenz an den Film: „Das Filmen schafft eine Zeiteinheit, strukturiert die Begegnung. Genau da knüpfen wir jetzt wieder an: Das Davor und Danach wird mit dem gemeinsamen Schauen von Bollywoodfilmen, mit Essen und Reden gefüllt" (Scheffner 2019, 18).

Sven Seibel spricht in seinem Aufsatz zur übergebenen Kamera daher in Anlehnung an Jean Rouch auch von der „Praxeologie der geteilten Kamera" (2019, 164). Wovor Scheffner und Seibel hingegen warnen, ist, sich zu sehr auf die Geste des Übergebens (oder Teilens) zu verlassen, anstatt im Sinne des „productive looks" danach zu fragen, wie eine neue Art des

Sehens hergestellt werden kann. Diese liegt eben nicht in vermeintlich authentischen Bildern oder einem Perspektivwechsel begründet, sondern in der Sichtbarkeit des Filmens mit dem Apparat. Um das Konzept weiter zu schärfen, wird im Folgenden zwischen einer übergebenen und einer abgegebenen Kamera unterschieden.[20]

Wichtigstes Element innerhalb des Konzepts der übergebenen Kamera ist die Entkopplung der Kamera von der Produktion des initiierenden Filmteams. Damit die empfangende Person autonom filmen kann, wird mit der Kamera auch Technikkompetenz übergeben, die in Form von Einführungen, Workshops und Anleitungen erfolgt. Etwaige Aufträge und Erwartungshaltungen werden transparent kommuniziert. Die übergebene Kamera erfordert einen Austauschprozess, innerhalb dessen die Aufnahmen besprochen und reflektiert werden können. Nur so kann die Kamera an einem neuen Ort in einem neuen Zusammenhang neue Verbindungen schaffen und als Werkzeug der Ermächtigung reflektiert werden. Dafür ist es notwendig, dass die Übergabe innerhalb des Films präsent bleibt. In einem nächsten Film kann die Person mit der Kamera dann auch eigenständig und ohne den Rahmen der initiierenden Produktion arbeiten, aber innerhalb des Konzepts der übergebenen Kamera ist der Austausch wichtig, um ebenjenen Begegnungsraum zu schaffen, innerhalb dessen sich sowohl die Person mit der Kamera als auch die ohne weiterentwickeln kann. Andernfalls bestünde die Gefahr, dass die Person mit der Kamera nur zum Sammeln von Aufnahmen degradiert werden würde, die das Filmteam sonst nicht machen könnte. Sidibé tritt in einen gleichberechtigten Dialog ein, in dem bestimmte Themen ebenso verlangt, wie auch Abweichungen akzeptiert werden. Der performative Rahmen der initiierenden Produktion schafft die Möglichkeit, um die Arbeit des Filmens auch sichtbar zu machen. Nur innerhalb dieser praxeologischen Untersuchung ist das Konzept der übergebenen Kamera für den Dokumentarfilm überhaupt sinnvoll. Die vielen unterschiedlichen Arten von Selfie-Aufnahmen und das mitunter Spielerische, das Alessandro und Pietro bei *Selfie* einsetzen, zeigt genau diesen Prozess der schrittweisen Annahme des Apparates. Im Zusammenhang mit dem Dokumentarfilm wird damit zum einen die Veränderung der Technik reflektiert und ihr Einfluss auf die Produktion von Bildern. Die übergebene Kamera beinhaltet auch das Versprechen, mit der Kamera die Funktion ändern zu können, nicht nur als Flüchtende:r im Camp Aufnahmen zu machen, sondern Regisseur:in zu sein und dem europäischen Publikum seine Meinung mitzuteilen; nicht nur als arbeitslose:r Jugendliche:r in

---

20   In einem früheren Aufsatz habe ich das Konzept allgemein noch als „abgegebene Kamera" bezeichnet (Krautkrämer 2022), es inzwischen aber weiter differenziert.

Neapel angesehen zu werden, sondern als jemand, der um das richtige Bild aus seinem Viertel ringt.

Die *abgegebene* Kamera hingegen hängt in viel stärkerem Maße mit technologischen Veränderungen zusammen und sieht auch nicht den Funktionswechsel der filmenden Person vor. Es ist wichtig, mit Blick auf den Akt der Über- und Abgabe sowie den über- bzw. abgegebenen Apparat zu differenzieren, um beispielsweise nicht die Body-Cam als übergebene Kamera zu beschreiben. Die Body-Cam, die die Polizei bei Einsätzen trägt, wird durch übergeordnete Interessen bestimmt. Ihre Nutzung sowie die des Materials unterliegt genauen Bestimmungen, so dass kaum Spielraum in der Gestaltung der Bilder oder der Auswahl des Motivs besteht. Die Aufnahme folgt auch nicht ästhetischen Interessen, sondern allein denen der besseren Übersicht sowie denen von Überwachung und Kontrolle. Der Körper der Polizist:innen wird auf ein bewegliches Stativ reduziert, das dazu dient, das Sichtfeld zu erweitern. Zwar bekommen Polizist:innen die Kamera aufgrund ihrer speziellen Expertise und der Perspektive, die sie dadurch mitbringen, aber es ist nicht vorgesehen, dass die Polizist:innen ihre Funktion wechseln und Regisseur:innen werden.

Ein ähnliches Beispiel aus dem zivilen Rahmen wären die Red Bull X-Alps, ein von Red Bull gesponsertes Gleitflugwettrennen über die Alpen, bei dem die Teilnehmer:innen mit GoPro-Kameras ausgerüstet werden.[21] Der Service umfasst auch das tägliche Auswechseln der Speicherkarten und Hochladen des Materials in den Kanälen der Filmenden als auch jenen von RedBull. Auch hier kann festgestellt werden, dass ein Merkmal der abgegebenen Kamera ist, dass damit Aufnahmen angefertigt werden sollen, die ein Kamerateam sonst nicht ohne Weiteres hätte machen können. Die abgegebene Kamera steht im Spannungsfeld von technologischer Optimierung, Überwachung und spektakulären Bildern. Das Besondere an den Aufnahmen aus *Les Sauteurs* und *Selfie* hingegen ist, dass man ihnen das Eigenständige und Einzigartige auf den ersten Blick gar nicht ansieht. Das Interesse am Alltäglichen sowie die Möglichkeit, selbstbestimmt über die Definition des Alltäglichen zu verfügen, ist ein wichtiger Baustein im Konzept der übergebenen Kamera. Erst im performativen Rahmen alltäglicher Situationen wird es möglich, dass sich die ästhetischen und inhaltlichen Entscheidungen der Protagonisten durchsetzen können und sichtbar werden.

---

21 Den Hinweis auf das Beispiel verdanke ich dem Vortrag von Karina Kirsten auf dem Workshop „Deine Kamera ist eine App" am 9. Juli 2021: „Technonatürliche Appropriationen im alpinen Raum: Zur Mobilität und Situiertheit selbstdokumentarischer Action-Aufnahmen".

Die Problematik der abgegebenen Kamera wird besonders deutlich in Filmen, die aus einer Mischung von Aufnahmen bestehen, die sowohl von einem professionellen Kamerateam angefertigt wurden, als auch von Menschen in prekären Situationen, die sonst nicht für Film und Fernsehen filmen und von denen es aufgrund der ubiquitären und robusten Kameras immer mehr gibt. In *We Are Zama Zama* (Morris 2020) wird das Leben und die Arbeit von Menschen dokumentiert, die nach Gold in verlassenen Minen von Südafrika suchen. Während die Arbeiter und ihre Frauen professionell von Ebrahim Hajee gefilmt werden, entstand das Material unter Tage von den Arbeitern selbst, wozu die Website ausführt: „In harrowing POV footage shot by the miners, we follow three men into the underground where they spend days, seeking gold and friendship while fearing accident and violence." (The Zama Zama Project 2021) In diesen Projekten wird eine einfach ersichtliche Aufteilung vorgenommen, nach der nur diese Sequenzen von den Protagonist:innen gefilmt werden, bei denen ein professionelles Kamerateam sich in dieselbe lebensgefährliche Situation begeben hätte. Außerhalb dieser Situationen sei man dann jedoch nicht mehr an der Bildproduktion dieser Personen interessiert.

Für Pooja Rangan ist das auch einer der Gründe, partizipativen Film-projekten besonders kritisch gegenüberzustehen. Beim Übergeben der Kamera sieht sie nicht Ermächtigung oder Autonomie im Vordergrund, sondern viel mehr eine Taktik, mit der sich Filmschaffende das Anliegen der Protagonist:innen zu eigen machen, anstatt sich gegenseitig bei Produktion und Diskurs zu unterstützen. In den von ihr untersuchten Beispielen stellt sie daher eine Verfestigung des Abstandes fest, der sich zwischen Regisseur:in/Publikum auf der einen und den Protagonist:innen auf der anderen Seite aufmacht. Diese Taktik verortet sie in einem Feld verschiedener Authentifizierungsstrategien des Dokumentarischen, zu der auch lange Einstellungen oder eine betonte Handkamera gehören und die sie „Immediations" nennt, Methoden, die das Unvermittelte als strategischen Effekt einsetzen (Rangan 2017). Rangans Kritik muss nicht nur angesichts der Fülle und Unterschiede partizipativer Filme hervor-gehoben werden, sondern auch, weil mit der Geste des Übergebens nicht nur gefilmt, sondern auch nach Fertigstellung des Films argumentiert und begründet wird.

Ein Argument, auf das man dabei immer wieder trifft, und das auch im Zusammenhang von *Les Sauteurs* häufiger benutzt wird, ist das des

Perspektivwechsels,[22] des Sehens mit den Augen der anderen, wenn durch die übergebene Kamera ein möglichst unverstellter und damit authentischer Blick wiedergegeben werden soll. Beispiele wie *Born into Brothels* (Briski und Kaufman 2004), in dem Kindern von Prostituierten Kameras gegeben wird, seien dabei eher an der Darstellung des Problems interessiert als an einer Zusammenarbeit, die zu nicht kalkulierbaren oder vorhersehbaren Ergebnissen führt (Rangan 2017, 26). Für solche Projekte müssen die Medienamateur:innen Laien bleiben, damit ihr Blick als authentisch gelten kann (Rangan 2017, 45). Diese Kritik ist wichtig und berechtigt, da die Argumentation solcher Beispiele die Übergabe und den Perspektivwechsel bereits als Lösung proklamieren, anstatt als Werkzeug im Finden filmischer und außerfilmischer Herangehensweisen.

In den letzten Jahren sind viele verschiedene Dokumentarfilme entstanden, die ganz unterschiedliche Konzepte geteilter und partizipativer Kamera- und Filmarbeit demonstrieren und das Übergeben der Kamera an Konzepte der Offenheit für andere Formen und Formate sowie an medienpädagogische Vorgehensweisen knüpfen.[23] Aufgrund der entstandenen Projekte über den jeweiligen Raum der Begegnung zu urteilen, ist schwierig, wenn nicht unmöglich, da sich dieser nicht zwingend in den Filmen niederschlägt und wenn überhaupt nur in Differenz zu vergleichbaren Projekten festgestellt werden kann. Gleichzeitig sind der Realisierung durch die Situation, den Apparat oder die formulierten Aufgaben und Erwartungen Grenzen gesetzt. In Filmen wie *Les Sauteurs* und *Selfie* wird dieser Angleichungsprozess sichtbar ausgehandelt. Im Hinblick auf die einfachere Verfügbarkeit und Bedienbarkeit der Kameras ist im Zeitalter digitaler Bildaufzeichnung die Forderung nicht nur nach dem Übergeben der Technik sowie dem Anlernen, sondern auch der Teilhabe am sozialen Prozess naheliegend. Dann können westliche Medienschaffende ihre Erfahrung und ihren Einfluss nutzen, um alternative Sichtweisen einem größeren Publikum beizubringen. Prozesse der Selbstermächtigung können ebenso angestoßen werden, wie auch alternative Lebenswege aufgezeigt werden

---

22 Siehe dazu z.B. die Programmankündigung beim Arsenal: https://films.arsenal-berlin. de/index.php/Detail/Object/Show/object_id/13675. Letzter Zugriff am 03.04.2022.

23 Exemplarisch seien hier kurz folgende Projekte erwähnt: *Rabo de Peixe* (Leonel und Pinto 2015), bei der anfangs Jugendliche Bilder von Arbeit liefern, die sich von den zu erwartbaren deutlich unterscheiden; *Fonja* (Zacher 2019) ist ein medienpädagogisch ausgerichtetes Projekt in einem Jugendgefängnis auf Madagascar, die Website des Films listet zudem die Jugendlichen als Regisseure und Kameramänner: https://www. fonjafilm.com/crew, zuletzt gesehen am 31.12.2021; und mit *Eine Filmschule in Moria* (2021) hat Katja Riemann eine ARTE-Dokumentation über ein medienpädagogisches Projekt in dem griechischen Flüchtlingslager Moria gedreht, das die dort verfolgten Ansätze vorstellt.

oder es kann auch einfach nur darum gehen, die Beteiligten zum Sprechen zu bringen, zum Austausch und ihnen somit auch Mut und Vertrauen zu geben, um in ihrer prekären Lage die nächsten Schritte planen zu können.

Die Gefahr der übergebenen Kamera besteht nicht nur darin, dass der Akt des Übergebens zu einer Geste verkommt und die übernehmende auf eine empfangende Person und letztendlich auf ein „menschliches Stativ" reduziert wird. Anders als es sich Rouch vorgestellt hat, wird die Kamera nicht umgedreht, um die übergebende Person zu filmen, sondern in den meisten Fällen filmt die übernehmende Person ihren Alltag für die übergebende Person. Es ändert sich also weniger die Richtung und die Perspektive als der Blickpunkt und die Distanz. Die Betonung des Performativen der übergebenen Kamera, des *doing documentary,* ist gerade so wichtig, weil jedes mit der übergebenen Kamera realisierte Projekt das Risiko eingeht, Teil der Suche nach authentischeren und distanzloseren Bildern zu sein. Letztendlich ist die übergebene Kamera auch eine kritische Haltung dazu. Denn mit der Über- oder Abgabe folgt nicht automatisch eine Ermächtigung. Die somit produzierten Bilder können immer auch vereinnahmt oder zu einer bloß humanistischen Geste werden, die den Produzent:innen der Filme mehr hilft als den Protagonist:innen.

Partizipatives Filmschaffen ist Teil des Diskurses um die Politik der Repräsentation. Wer spricht, wer ist zu sehen, wer bestimmt das? Die übergebene Kamera ist ein Instrument, um diese bestehenden Ordnungen zu verändern, die „Aufteilung des Sinnlichen" zu hinterfragen, das „Gesetz, das die Formen des Teilhabens bestimmt, indem es zuerst die Wahrnehmungsweisen festlegt, in die sie sich einschreiben" (Rancière 2008, 31). Die übergebene Kamera markiert aber auch Abhängigkeiten zwischen übergebender und empfangender Person. Wenn die Partizipation bloß humanistische Geste bleibt, folgt daraus nicht automatisch auch Ermächtigung und Emanzipation, sondern kann auch weiterhin bloß über eine Person gesprochen werden, anstatt mit ihr zusammen. Und das Dilemma wird durch eine Pluralisierung der Zugänge und Herabsetzung technologischer Hürden nicht zwingend besser. Gayatri Chakravorty Spivaks Überlegungen zur Frage, wie man für und mit jemandem spricht, der oder die nicht gehört wird, sind so grundlegend, dass sie auch trotz der Verschiebungen durch YouTube und Smartphone-Kameras noch ihre Gültigkeit behalten. Zwar bieten sich hier neue Wege, die Stimme zu erheben, Bilder zu machen und anderen diese mitzuteilen, gleichzeitig ist diese Diversität und Beteiligung am Diskurs aber auch zu einer Machttechnik geworden (Steyerl 2008, 14), wenn jede weitere Stimme das allgemeine Rauschen nur noch verstärkt, aus dem sich die wenigen sicht- und vernehmbaren Clips auf YouTube und anderswo hervorheben. Die Umkehrung, dass wer sich nicht artikulieren kann, subaltern ist, gilt nicht mehr. Vielmehr müsste man fragen, ob den Subalternen zugehört wird. Das ist auch der Schluss, zu dem Spivak (2008, 106) kommt, wenn sie schreibt, dass Repräsentation nicht abgestorben sei, sondern die Intellektuellen die Aufgabe haben, für (und nicht über) die Subalterne zu sprechen.

Die Frage ist also nicht bloß, ob jemandem die Möglichkeit zur Äußerung gegeben wird, sondern vor allem, ob ihm:ihr auch zugehört wird. Wie werden die Bilder aus der übergebenen Kamera aufbereitet, eingebettet und gezeigt? Diese Fragen bleiben virulent auch trotz der Verschiebungen, die mit den technologischen Veränderungen einhergehen. Sie verschärfen sich möglicherweise sogar, da die Möglichkeiten einfacher Bewegtbildproduktion und Zirkulation über das Internet allzu leicht zu der Annahme verführen, dass das Problem der Beteiligung gelöst sei. Das Übergeben der Kamera bleibt wichtig, da es durch die beiden Pole des Übergebens und Empfangens einen Raum eröffnet, innerhalb dessen gesprochen und zugehört werden kann. Anders als häufig betont, ist das Entscheidende der übergebenen Kamera nicht die Ermöglichung und Ermächtigung, die wiederum nur in der Realisierung neuer zu hörender Stimmen und zu sehender Bilder resultiert, sondern vor allem der Prozess des Austauschs. Die Kamera wird dann zu einem Anlass und ihre Rolle der Bildaufzeichnung ist weniger entscheidend. Für das Publikum mag die Performativität der übergebenen Kamera sich im Schweigen ausdrücken und in nichtgesehenen Bildern; für die Beteiligten entsteht im Idealfall aber ein Raum, in dem ihnen zugehört wird. Welche Kamera dann diesen Raum filmt, um diese Möglichkeit des Austauschs zu verbreiten, spielt vielleicht gar nicht mehr eine so große Rolle.

Literatur

Braester, Yomi. 2017. „For Whom Does the Director Speak?: The Ethics of Representation in Documentary Film Criticism". In *Filming the Everyday. Independent Documentaries in Twenty-First-Century China*, herausgegeben von Paul G. Pickowicz und YingJin Zhang, 33–52. Lanham/Boulder/New York/London: Rowman & Littlefield.

Eder, Jens, Britta Hartmann und Chris Tedjasukmana. 2020. *Bewegungsbilder. Politische Videos in Sozialen Medien*. Bd. 8: Texte zur Zeit. Berlin: Bertz + Fischer.

Elsaesser, Thomas und Malte Hagener. 2011. *Filmtheorie zur Einführung*. Hamburg: Junius.

Fahle, Oliver. 2020. *Theorien des Dokumentarfilms zur Einführung*. Hamburg: Junius.

Feld, Steven. 2003. „Editor's Introduction". In *Ciné-Ethnography / Jean Rouch*, herausgegeben von Steven Feld, 1–28. Minneapolis: University of Minnesota Press.

Film Comment. 2003. „Marker Direct: An Interview with Chris Marker". *Film Comment*, May-June. Letzter Zugriff am 8. Dezember 2021. https://www.filmcomment.com/article/marker-direct-an-interview-with-chris-marker/.

Fischer-Lichte, Erika. 2012. *Performativität. Eine Einführung.* Edition Kulturwissenschaft. Bielefeld: transcript.

Frosh, Paul. 2019. *The Poetics of Digital Media.* Cambridge: Polity.

Gruber, Martin. 2022. *Sharing the Camera: A Guide to Collaborative Ethnographic Filmmaking.* Herefordshire: Sean Kingston.

Johnson, Matthew D. 2010. „China Independent Documentary Film Archive". *American Anthropologist* 112 (3): 473–475.

Krautkrämer, Florian. 2022. „Die Kamera abgeben. Über die Veränderungen von Zeugenschaft und Kamera im Dokumentarfilm". In *Bezeugen. Mediale und kulturelle Praktiken der Zeugenschaft*, herausgegeben von Zeynep Tuna, Mona Wischhoff und Isabelle Zinsmaier, 49–68. Stuttgart: Metzler.

Krautkrämer, Florian und Matthias Thiele. 2018. „The Video Selfie as Act and Artifact of Recording". In *Exploring the Selfie. Historical, Theoretical, and Analytical Approaches to Digital Self-Photography*, herausgegeben von Julia Eckel, Jens Ruchatz und Sabine Wirth, 239–260. Cham: Palgrave Macmillan.

MacDougall, David. 1975. „Beyond Observational Cinema". In *Principles of Visual Anthropology*, herausgegeben von Paul Hocings, 109–124. Berlin: De Gruyter Mouton.

———. 2006. *The Corporeal Image: Film, Ethnography, and the Senses.* Princeton: Princeton University Press.

Moran, James M. 2002. *There's no Place like Home Video.* Minnesota: University of Minnesota Press.

Nichols, Bill. 2017. *Introduction to Documentary.* Bloomington: Indiana University Press.

Rancière, Jacques. 2008. *Zehn Thesen zur Politik.* Zürich, Berlin: Diaphanes.

Rangan, Pooja. 2017. *Immediations: The Humanitarian Impulse in Documentary. A Camera Obscura Book.* Durham: Duke University Press.

Rouch, Jean. 1974. „The Camera and Man". *Studies in Visual Communication* 1 (1): 37–44.

———. 2003. „The Cinema of the Future?" In *Ciné-Ethnography*, herausgegeben von Steve Feld, 266–273. Minneapolis: University of Minnesota Press.

Rouch, Jean und Enrico Fulchignoni. 2003. „Ciné-Anthropology". In *Ciné-Ethnography*, herausgegeben von Steve Feld, 147–187. Minneapolis: University of Minnesota Press.

Schankweiler, Kerstin. 2019. *Bildproteste: Widerstand im Netz. Digitale Bildkulturen.* Berlin: Verlag Klaus Wagenbach.

Scheffner, Philip. 2019. „Ich filme dich, und due filmst mich". *DVD-Booklet*: 17–19. Berlin: Filmgalerie 451.

Schneider, Alexandra. 2004. Die Stars sind wir. Heimkino als filmische Praxis. Marburg: Schüren.

Schulte Strathaus, Stefanie. 2008. „Andere Filme anders zeigen. Kino als Resultat filmischen Denkens". In *„The Art of Programming". Film, Programm und Kontext*, herausgegeben von Heike Klippel, 89–103. Münster: LIT.

Seibel, Sven. 2019. „Die Kamera übergeben. Montage und kollaboratives Filmemachen in LES SAUTEUERS". In Cutting Edge! Aktuelle Positionen der Filmmontage, herausgegeben von Martin Doll, 157–185. Berlin: Bertz + Fischer.

Silverman, Kaja. 1996. The Threshold of the Visible World. New York: Routledge.

Spivak, Gayatri Chakravorty. 2020. Can the Subaltern Speak?: Postkolonialität und subalterne Artikulation. Wien: Verlag Turia + Kant.

Stark, Trevor. 2012. „‚Cinema in the Hands of the People': Chris Marker, the Medvedkin Group, and the Potential of Militant Film". October: Art, Theory, Criticism, Politics 139: 117–150.

Steyerl, Hito. 2008. „Die Gegenwart der Subalternen". In Can the Subaltern Speak? Postkolonialität und subalterne Artikulation, herausgegeben von Gayatri Chakravorty Spivak, 5–16. Wien: Turia + Kant.

The Zama Zama Project. 2021. „We Are Zama Zama. The Film". *Offizielle Webseite*. Letzter Zugriff am 31. Dezember 2021. https://www.wearezamazama.com/new-page.

Velcu, Colorado. 2019. „Niemand bestimmt seine Herkunft selbst". *DVD-Booklet*: 16–17. Berlin: Filmgalerie 451.

Wagner, Brigitta. 2016. „A Shared Space at Eye Level: An Interview with Documentary Film-maker Philip Scheffner – Senses of Cinema". Letzter Zugriff am 14. April 2022. https://www.sensesofcinema.com/2016/feature-articles/philip-scheffner-interview/.

Zimmermann, Patricia R. 1995. *Reel* Families. *A Social History of Amateur Film*. Bloomington: Indiana University Press.

Film

Briski, Zana und Ross Kaufman. 2004. *Born into Brothels*. USA und Indien.

Ferrente, Agostino. 2019. *Selfie*. Frankreich und Italien.

Groupe Medvedkine. 1968. *Classe de lutte*. Frankreich.

Ke, Nong et al. 2006. *Villager's Documentary Film*. China.

Leonel, Nuno und Joaquim Pinto. 2015. *Rabo de Peixe*. Portugal.

Morin, Edgar und Jean Rouch. 1960. *Chronique d'un* Été. Frankreich.

Morris, Rosalind. 2020. *We Are Zama Zama*. Südafrika.

Riemann, Katja. 2021. *Eine Filmschule in Moria*. Frankreich.

Rouch, Jean. 1958. *Moi, un Noir*. Frankreich und Elfenbeinküste.

Scheffner, Philip. 2012. *Revision*. Deutschland.

Scheffner, Philip und Colorado Velcu. 2016. *And-Ek Ghes…* Deutschland.

Sidibé, Abou Bakar, Moritz Siebert und Estephan Wagner. 2016. *Les Sauteurs*. Dänemark.

Zacher, Lina. 2019. *Fonja*. Deutschland und Madagascar.

PREENACTMENT

WIDERSTAND

DIGITALE ÖFFENTLICHKEIT

POLITISCHE GEWALT

IS-HINRICHTUNGSVIDEOS

(P)Reenactments der Gewalt: Aneignung und widerständige Praxis?

Simone Pfeifer

In diesem Beitrag untersuche ich Reenactments von IS-Hinrichtungsvideos in deutschsprachigen digitalen Kontexten. Am Beispiel von Videos der aktivistischen Gruppe 12thMemoRise in Düsseldorf und der Identitären Bewegung in Wien verdeutliche ich, wie die mediale Vermittlung des Körpers nicht nur durch Kameraeinstellungen und Schnitt, sondern auf spezifische Weise durch Kameraapplikationen und die Einbindung in Social-Media-Netzwerke stattfindet. (P)Reenactments vermitteln dabei nicht nur zwischen verschiedenen Kontexten, sondern sie können gleichzeitig eine transformierende Wirkung haben: Der ursprünglich referenzierten Gewalt wird etwas entgegengesetzt oder sie wird im neuen Kontext umgedeutet. Auch der Vermittlung zwischen Vergangenheit,

Gegenwart und möglichen Zukünften kommt besondere Bedeutung zu, da Vorahnungen, Vorhersagen oder Heraufbeschwörungen bereits Teil der (P)Reenactments der Gewalt sind.

In einem Gespräch und Spaziergang durch die Düsseldorfer Innenstadt im Juni 2019 schilderte Hassan Geuad, einer der Gründer der seit 2014 bestehenden aktivistischen Gruppe 12thMemoRise, die Aktionen, die er mit seinem Bruder und seinen Freund:innen in verschiedenen deutschen Städten in Fußgängerzonen durchgeführt hatte. Dabei äußerte er sich wie folgt: „Wir wollten etwas machen, um das Islambild in Deutschland zu verändern"; etwas, das „die Leute trifft, ja die Aufmerksamkeit auf sich zieht". In lebhaften Worten beschrieb Hassan Geuad die Theater- und Kunstaktionen, die er mit seiner Gruppe auch in Düsseldorf aufgeführt hatte, um sie aufzunehmen, in Videos zu verarbeiten und in sozialen Medien zirkulieren zu lassen. Durch das Nachspielen einer IS-Hinrichtung und eines Attentats in der Fußgängerzone in Essen im Oktober 2014 und der YouTube-Veröffentlichung des Videos im Dezember 2014 (12thMemoRise 2014) erlangte die Gruppe in der deutschsprachigen Presse- und Medienlandschaft hohe Aufmerksamkeit (z.B. Gohlke 2014; Weuster 2014). Hassan erinnerte sich bei unserem Spaziergang daran, wie aufregend es war, als er das erste Mal in „seiner" Stadt eine Performance aufführte. Es war keine IS-Hinrichtung wie zuvor in Essen, sondern eine Prozession mit Sarg durch die Innenstadt Düsseldorfs mit einem inszenierten Prozess zum Tod des Islams am Burgplatz. Das Video trägt den Titel „Der Islam ist tot" (12thMemoRise 2015). Er meinte im Gehen: „Das war etwas anderes, die Leute kennen dich, hier kennen die mich". Er deutete auf die Straßenecke, an dem sie mit der Performance begonnen hatten: „Da haben wir uns umgezogen und einfach angefangen. Ohne große Ankündigung. Wir haben echte Waffen besorgt, hatten alles dabei. Wir waren alle sehr nervös, aber als es dann losging, da war es ok, dann war man drin."

Hassan Geuads intensives Nacherleben bezog sich damals vor allem auf das körperliche Nachstellen und Empfinden während der Performance der Prozession, in der unterschiedliche Ereignisse mit dem Ort und der Zeit der Performance verbunden wurden. Häufig ist genau dieses körperliche Nachstellen und Nachempfinden, das durch echte Requisiten und Kleidung unterstützt wird, eines der wichtigsten Merkmale für die Definitionen von Reenactments (z.B. Agnew 2004) und führt oftmals zu einem „kathartischen" Effekt. Für diesen Beitrag dient das Merkmal des körperlichen Nachstellens jedoch lediglich als Ausgangspunkt, um genauer zu betrachten, welche Dynamiken und Veränderungen bei Reenactments für die Kamera und für spezifische digitale Öffentlichkeiten greifen. In diesem Kontext gilt es danach zu fragen, inwiefern dieses körperliche Nacherleben und Nachstellen für die Kamera eine spezifische Form der Aneignung ist, was mit dieser Form des Nacherlebens durch die medialen Vermittlungsschritte, Ästhetik und Zirkulation in unterschiedlichen Öffentlichkeiten und Kontexten passiert und welchen Einfluss diese Formen der Vermittlung wiederum auf das Nacherleben haben.

Um den aufgeworfenen Fragen nachzugehen, fokussiere ich mich auf künstlerische und aktivistische Reenactments von IS-Hinrichtungsvideos als digitale Aneignungsformen und widerständige Praxis, die mimetische Praktiken als integralen Bestandteil beinhalten. In diesen Beispielen geht es also nicht um das Nacherleben eines bestimmten historischen Ereignisses, sondern eine Reinterpretation oder auch widerständige Auseinandersetzung mit Hinrichtungen in IS-Videos. Der Referenzpunkt ist also immer ein bereits medialisiertes Ereignis, das selbst als performative Aneignung betrachtet werden kann. Die Beispiele in diesem Beitrag – die Videos von 12thMemoRise und der Identitären Bewegung um Martin Sellner – verdeutlichen, dass Aneignungsformen in Bezug auf Reenactments der Gewalt ganz unterschiedlich interpretiert und aufgefasst werden, je nachdem in welchem Kontext die Aneignung und Betrachtung vollzogen und dadurch die physische Gewalt durch das Reenactment in einen komplexen Zusammenhang unterschiedlicher Formen von Gewalt eingebettet wird.

In meinen Ausführungen beziehe ich mich auf die gemeinsame Arbeit mit meinen Kolleginnen Larissa-Diana Fuhrmann und Patricia Wevers (2020) und erweitere davon ausgehend den Fokus auf räumliche, zeitliche und technische Aspekte der Praktiken der Aneignung und ihren medialen Vermittlungen als widerständige Praxis. Die Auseinandersetzung mit „Reenactments der Gewalt" und den ikonischen Merkmalen der Aneignung von IS-Hinrichtungsvideos verweist auf eine Bandbreite von Beispielen im arabischsprachigen wie nicht-arabischsprachigen digitalen Raum. In Abgrenzung dazu fokussiere ich in diesem Beitrag vor allem auf deutschsprachige digitale Kontexte, soweit dies bei der Betrachtung von Reenactments und Aneignung überhaupt auf spezifische sprachliche Grenzen zugespitzt werden kann. Darüber hinaus stellt dieser Beitrag eine Aktualisierung der temporalen Dimensionen dar, da die Reenactments der Gewalt nicht nur im deutschsprachigen Kontext als Preenactments (Oberkrome und Straub 2019) immer auch auf mögliche zukünftige gesellschaftliche Szenarien verweisen. Mit den Preenactments gehen nicht nur Vorahnungen von möglichen gesellschaftlichen Entwicklungen einher, sondern diese Vor-hersagen können wiederum konkrete Auswirkungen auf gesellschaftliche Zukünfte haben.

(P)Reenactments der Gewalt als Aneignung

Reenactments verstehe ich in Anlehnung an Dreschke et al. (2016) als per-formative Praxis und kreative Medienaneignung, die auf eine andere (his-torische) Zeit, einen anderen Raum und auf andere Formen der medialen Vermittlung wie Filme, Videos oder auch Apps hindeuten. Reenactments sind selbst immer auch mediale Vermittlung und Medienaneignung und beziehen sich auf mediale Formen. Aneignung wird hier also nicht nur im wörtlichen Sinne von „sich zu eigen machen" verstanden, wie beispiels-weise Lila Abu-Lughod in ihrer Studie (2005) zeigt, in der sie alltägliche diskursive und interpretative Aneignung von Fernsehserien in Ägypten untersucht. Aneignung bezieht sich hier in erster Linie auf das materielle oder ästhetische Ergebnis einer lokalen Interpretation (Krings 2015, 7). Diese Medienpraktiken des Nachspielens, Nacherlebens, des Wieder-aufführens und der Revision sind nicht nur zeitlich und räumlich situiert, sondern auch in den vermittelten Spurenträgern, den Körpern und Objekten. Körperlichkeit und Materialität spielen dabei in ihrer Vermitt-lung eine besondere Rolle. Materialität und Körperlichkeit der Spuren-träger des Nachspielens verstehe ich dabei als ein Medium innerhalb der Medienkette[1] im Sinne von Heike Behrend (2003). Dabei geht es nicht nur um die Verbindung, die diese „media chains" beispielsweise im Kontext von rituellen Praktiken herstellen, sondern vor allem darum, was durch diese im rituellen, magischen oder eben auch politischen Bereich „getan" wird. Im Kontext der Beispiele in diesem Beitrag sind genau diese Formen des Umleitens, Veränderns oder des Widerständigen relevant, die versuchen, sich mit der medial vermittelten Gewalt des IS durch die Nachahmung und Aneignung auseinanderzusetzen, ihr etwas entgegenzusetzen, oder sie für einen anderen Kontext nutzbar zu machen, beispielsweise indem andere Gewaltformen wie Rassismus im postmigrantischen Kontext miteinbezogen werden. Wichtig ist dabei zu betrachten, wie diese Aneignungen räumlich,

1   Den Begriff „media chain" entwickelte Heike Behrend (2003, 138) im Kontext von Fotografie und rituellen Praktiken des Heilens und Schadens in christlichen Kirchen Ostafrikas. Sie fokussiert dabei nicht nur darauf, wie die Fotografie ihre repräsentative Funktion verliert und Teil einer Medienkette im rituellen und magischen Bereich wird, sondern auch darauf, was durch diese Medienkette „getan" wird.

zeitlich und sozial situiert sind und in der Zirkulation wiederum auf sehr unterschiedliche Resonanzen stoßen.

Bei der Betrachtung von Reenactments der Gewalt geht es zunächst um eine Aneignung medial vermittelter physischer Gewaltdarstellungen. Diese Aneignungen verbinden sich dabei mit anderen Formen der Gewalt bzw. mit ihren Zusammenhängen. Mittels Humor, Satire, Überspitzung oder pädagogischer Handreichung wird auf andere Gewaltformen, beispielsweise imperialer und kolonialer Gewalt, rassistischer und kapitalistischer Gewalt oder auch geschlechtsspezifischer Gewalt verwiesen. Besonders muss hier auch die temporale Verbindung von Vergangenheit und Zukunft betrachtet werden. Während Reenactments klassischerweise vor allem auf vergangene Geschehnisse verweisen (Agnew, Lamb und Tomann 2019), rückt bei der Betrachtung des (P)Reenactments (Oberkrome und Straub 2019) Zeitlichkeit mit Bezug auf die Zukunft ins Zentrum. Hier geht es vor allem darum, zwischen Vergangenheit, Gegenwart und möglichen Zukünften zu vermitteln und diese auch in Relation zu Medialität und Affektivität zu betrachten. Gerade mit Blick auf die Potentialität von Zukunft sind bei den (P)Reenactments der Gewalt immer auch Vorahnungen, Vorhersagen oder Heraufbeschwörungen Teil der Reenactments, da bereits eine mögliche Zukunft im Reenactment aufgeführt wird.

Dimensionen des Reenactments

Die aktivistische Gruppe 12thMemoRise aus Düsseldorf wurde mit dem Video „IS-Hinrichtung in Essen" (2014) bekannt. Die Gruppe stellte das Video im Dezember 2014 auf YouTube online, kurz vor den Anschlägen auf die Satirezeitschrift Charlie Hebdo und einen koscheren Lebensmittelladen in Paris am 7. und 8. Januar 2015. Das etwas über 6-minütige Video startet mit der Überblendung von drängenden Schlägen in der Musik und einer zerrissenen Weltkarte in warnenden Orange- und Rottönen. Darüber ist in weißer und teilweise roter dicker Schrift gesetzt „ISIS ist der Krebs, der unsere Menschlichkeit angreift und entfernt werden muss." Dieser Eröffnung folgen Schlagzeilen aus verschiedenen deutschen Zeitungen und Nachrichtensendungen und einer Ansprache des damaligen Innenministers Thomas de Maizière zum Verbot von IS-Symbolen, unter anderem der schwarzen IS-Flagge. Nach dieser Einführung folgen Aufnahmen des Reenactments und der Performance in der Essener Innenstadt, begleitet von Kommentaren der Aktivist:innen, warum die Aktion durchgeführt wurde.

Hassan beschreibt die Verwirrung, die der Auftritt der Gruppe bei den Zuschauer:innen vor Ort auslöste, die im Video jedoch nur in Spuren, beispielsweise den ängstlichen Ausrufen eines Kindes, deutlich wird:

> Dann haben wir uns hingestellt am Limbecker Platz, die stille Szene hat angefangen, eigentlich wollten wir nur so stehen, zwei kniend einer steht mit dem Messer, einer mit Pistole; steht da und das war's. Nach fünf Minuten kam die Polizei, und die meinten, „ihr müsst jetzt sofort aufklären, weil es mehr als 200 Anrufe gab"; die Zahl ist glaube ich übertrieben aber er meinte, eine große Anzahl von Anrufen kam bei uns ein, es findet gerade ein Anschlag in Essen statt.' Die Menschen hatten sich schon versammelt, eine große Menschenmenge, und [die Polizei fragte:] „also wer ist für das Chaos hier verantwortlich?" und dann bin ich vorgetreten, hab meine Anmeldung gezeigt. Das Problem bei der Anmeldung war, wir hatten nur eine Theaterszene angemeldet, die wussten nicht, was wir planen. (Hassan Geuad, 12. Juni 2019)

Da die Aktivist:innen zunächst keine Erklärung oder Kontextualisierung zu ihrer Aktion gaben, konnte die verkörperte Nachstellung der Enthauptungen von vielen Menschen in der Fußgängerzone nicht eindeutig eingeordnet werden und es blieb für viele die Vermutung, dass es sich tatsächlich um eine bedrohliche Situation handeln könnte. Auf die Aufforderung der Polizei hin improvisierten die Mitglieder des Kollektivs die Ansprachen und schrieben mit Kreide auf den Boden, um ihr Handeln zu erklären. Diese Szenen bilden auch im Video den narrativen Höhepunkt. In der nachgestellten Szene knien zwei Personen in orangenen Anzügen vor zwei schwarz gekleideten stehenden Personen mit Sturmhauben und werden von diesen erschossen. Die nachgespielt erschossenen Personen sacken nieder auf einem der IS-Flagge nachempfundenen schwarzen Banner mit der Aufschrift: „Ausgebildet in Bonn, Braunschw., Wuppertal." In einer abschließenden Ansprache vor dem Abspann wird das Publikum dazu aufgefordert, darüber nachzudenken, was mit den in Deutschland ausgebildeten IS-Kämpfer:innen passieren sollte und auch, nicht alle Muslim:innen mit Terror gleichzusetzen.

Interessant ist bei diesem Beispiel, dass das Reenactment sich auf sehr unterschiedlichen Ebenen vollzieht und wichtige Charakteristika von mimetischen Aneignungen beinhaltet (Pfeifer, Fuhrmann und Wevers 2020). Gerade die Ikonographie, der Wiedererkennungswert und die Möglichkeit der Kontextualisierung der in IS-Videos inszenierten Hinrichtungen laden dazu ein, als Reenactments nachgespielt zu werden. Das körperliche Nachstellen und intensive (Nach-)Erleben während der Performance, das auch Gestik, Mimik und Choreografien beinhaltet, ist eine erste Dimension. Diese zeichnet sich vor allem dadurch aus, dass spielerisch mit „echt" („echten" Requisiten) und „nachgespieltem" Erleben umgegangen wird, und diese Unterscheidung geradezu verschwimmt bzw. als reinigend und befreiend empfunden wird:

> Also, das kann ich nicht beschreiben, wenn ihr das Video euch angeschaut habt, am Ende haben wir uns so gefeiert, als hätten wir wirklich Gebiete befreit. Aber das ist nicht gespielt, das ist wirklich so eine Befreiung, wir haben das gemacht. (Hassan Geuad, 12. Juni 2019)

Hassans Erzählung bezieht sich auf das, was andere Autor:innen als „Wissen durch Erfahrung" bezeichnet haben (Agnew 2004; 331). Zunächst vergleicht er sein Gefühl der Freude und Erleichterung mit vermeintlich militaristischen Gefühlen der Befreiung von Gebieten vom IS, um dann die Frustration und den Druck zu beschreiben, die er im Alltag in Deutschland erfährt, wenn er sich als im Irak geborene Person ständig zu den Geschehnissen in Syrien und im Irak positionieren, ja auch immer distanzieren muss oder möchte. Auch wenn es sich bei diesen „wiedererlebten" Gefühlen um eine persönliche Erfahrung und körperliches Wissen handelt, ist im Kontext der Nachstellung der Hinrichtung das Publikum auf der Straße ein integraler Bestandteil der affektiven Erfahrung der Performer:innen. Im Sinne von Kerstin Schankweiler (2019, 8) kann „Affizierung" hier als „höchst dynamisches, relationales Geschehen verstanden [werden], das weniger in Akteuren zu verorten ist als vielmehr zwischen ihnen". Ohne Zeug:innen vor Ort, Personen aber auch Kamerabildern, die im digitalen Raum zirkulieren, wäre die erheiternde, kathartische und motivierende Wirkung der Aktion nicht so tiefgreifend – die Intensität der Bewegtheit nicht so anhaltend, auch über einen längeren Zeitraum.

Hassan Geuad unterscheidet klar zwischen der Bedeutung der Performance für diejenigen, die sie live gesehen haben, und dem Video sowie den Botschaften, die seine Gruppe über die sozialen Medien verbreitet hatte. Im Vergleich zu den Enthauptungen in IS-Videos, die vor allem für die Kamera inszeniert sind (Klonk 2017, 26) und der Etablierung einer Marke dienen (Winter 2018), geht es in der Performance von 12thMemoRise darum, durch die Provokation ins Gespräch mit dem Publikum vor Ort zu kommen.[2]

Eine zweite Dimension betrifft die symbolischen Ebenen der Requisiten, der Kleidung und deren farblichen Kodierung in schwarz und orange.

---

2   Ich danke Florian Krautkrämer für diesen wichtigen Hinweis.

Gerade die orangenen Anzüge der Gefangenen sind mehrfach symbolisch aufgeladen und verweisen auf verschiedene Systeme der Dominanz und des Widerstands. In den IS-Videos sind sie eine Referenz auf die Unterdrückung, Folterungen und unrechtmäßigen Gefangennahmen von Personen durch die US-Regierung in Guantánamo und Abu Ghraib (Richey und Edwards 2019). Gleichermaßen deuten sie allerdings auch auf den Gefängniskomplex den USA und staatliche Systeme der Regulierung hin. Im Video „ISIS-Hinrichtung in Essen" werden vielschichtige Bedeutungsebenen gleichermaßen aufgerufen und mit dem deutschen Kontext verbunden.

Auch die gestalterischen Merkmale des Videos können als eine weitere Dimension von Nachahmung, als ästhetisches Reenactment verstanden werden. Spezifische Einstellungsgrößen, Kamerabewegungen, Musik und Schnitt wurden den IS-Videos nachgeahmt und mit dem Ziel des Gegennarratives weiterverarbeitet:

> Damals waren YouTube und Facebook nicht gesperrt. Man brauchte nur auf Arabisch auf YouTube zu suchen, dann fand man schon was. Dann haben wir uns ein paar Videos angeschaut, das war nicht so einfach, manche Videos waren einfach zu krass. Wir haben darauf geachtet, welche Mittel verwenden sie, warum jetzt diese Musik, warum Hollywoodszenen, warum dieses Drama. Da waren sehr viele Details, diese Szenen, die Close-Ups, Gewehre. Auch die Emotionen des Opfers. Dann haben wir versucht, das aufzuschreiben und haben gesagt, wir machen was ähnliches, aber mit 'ner anderen Botschaft. Man sagt ja so, den Feind kann man mit den eigenen Waffen schlagen, dann haben wir einfach gesagt wir machen das jetzt [...].

> Also die Videos hab' ich noch im Kopf, weil die waren für mich auch persönlich krass. Einmal waren es drei arabische Videos. [...] Also wir haben uns das einfach auf dem Fernseher angeschaut. Ein Video war das mit dem jordanischen Piloten, der verbrannt wurde.[3] Das war ein Video. Das Video war wirklich hollywoodreif, wie das gefilmt wurde und dargestellt wurde; dann war ein Video mit Ertränken von vielen Menschen in einem Käfig[4] und ein Video war das Durchtrennen von

---

3   Das Video „shifā'' al-,udūr" („Healing of the believers' chest") mit dem jordanischen Piloten Moaz al-Kasasbeh wurde durch die IS-Medienstelle *al Furqan* am 3. Februar 2015 online verbreitet, einige Monate nach der Veröffentlichung von „ISIS-Hinrichtung in Essen".

4   Vermutlich handelt es sich um ein ähnliches Video wie das berüchtigte „wa-in 'uddtum 'udanā" („If you return [to sin], we shall return [to punishment]", Quran 17:8), das vom Medienbüro des IS in der Provinz Ninive im Juni 2015 veröffentlicht wurde und in dem angebliche „Spione" in einem Schwimmbad ertränkt werden.

einem irakischen Mann, das war kein Migrant oder so. Das Video,
ich hab's immer noch im Kopf die Szene, aber die Sache ist, bei dem
Video haben wir komplett was anderes angeschaut, nicht mehr diese
filmischen Einzelheiten; wir haben geguckt, was haben die an, wie steht
der, was macht der, wie ist die Bewegung. Denn genau das interessierte
uns dann später in dieser Szene. (Hassan Geuad, 12. Juni 2019; siehe
auch Geuad 2021, 73–75)

Die IS-Videos waren Ausgangspunkt für die Aktionen auf der Straße. In der
Produktion des Videos durch die Aktivist:innen wurde das IS-Video selbst
zum Reenactment. Das Ziel war jedoch stets, durch das Narrativ im Video,
den Kommentar und das Framing, ein Gegennarrativ gegen den IS und
Unterstützer:innen in Deutschland herzustellen und gleichzeitig die eigene
Positionierung als Muslim:innen in Deutschland deutlich zu machen. Die
ursprünglichen Hintergründe und Settings wie beispielsweise die wüsten-
artige Landschaft, die sich in Darstellungen von IS-Videos und Reenactments gleichermaßen wiederholen, werden im Video bewusst gebrochen
und in den öffentlichen Raum deutscher Fußgängerzonen übertragen.
Andere Merkmale wie das Einfügen von Karten in einer spezifischen
Ästhetik am Anfang des Videos, der Sound von Pistolenschüssen, aber
auch die Einbettung von Nachrichtenbeiträgen in das Narrativ des Videos
können als nachahmendes Reenactment auf der Schnittebene verstanden
werden.

Zuletzt soll hier noch auf die Dimension der Kameraapplikationen und der
Kameratechnik eingegangen werden. Ein Stilmittel, das im Video der Reenactments aufgenommen wurde, war die auf dem Videobild aufgedruckte
Aufzeichnungsinformation. Die Zuschauer:innen sollten so selbstreflexiv
auf die Tatsache aufmerksam gemacht werden, dass sie eine Aufzeichnung
sehen, spezifische Camcorder-Kameratechnik und Kamerapersonen bei
der Aufnahme anwesend sind. Die Einblendungen im Bild verweisen
nicht nur auf die gerade stattfindende Aufnahme, sondern auch auf eine
bestimmte Zeit und ein spezifisches Datum, markieren die Szene als Video-
aufzeichnung und unterbrechen die Erzählung. Ähnlich zum Beispiel aus
dem Video werden in vielen Reenactments, die als Bild-Memes zirkulieren,
auch Filter der Handykamera oder des GIF-Formates angewandt, um die
Hochformatbilder der Handykamera in ein Querformat zu bringen. Dieses
Umwandeln des Formats stellt eine Visualisierung der Kamerapplikation
dar und dadurch wird auch die Körperlichkeit der dargestellten Personen
verändert. Die abgebildeten Personen füllen in Wiederholung eines Bild-
teils den Bildrand, um den im Format fehlenden Teil zu ergänzen. Diese
Ergänzung wird automatisiert von der Kameraapplikation hinzugefügt und

unscharf gezeichnet und führt so zu einer ganz eigenen ästhetischen Form.
Der Angriff auf die körperliche Unversehrtheit der dargestellten Opfer wird
hier geradezu auf der ästhetischen Ebene wiederholt (Dörre, Günther und
Pfeifer 2021).

Alle drei Dimensionen des Reenactments tragen für die aktivistische
Gruppe 12thMemoRise dazu bei, Aufmerksamkeit zu generieren und
dadurch Teilhabe am Diskurs zu politischer Gewalt und ihrer Medialisierung
sowie der eigenen Positionierung als Muslim:innen in Deutschland zu
erlangen. Ähnlich zur Teilhabe an der Bildproduktion oder gar Autor:innen-
schaft in den Beispielen aus Florian Krautkrämers Beitrag (in diesem
Band), folgt aus den aktivistischen und widerständigen Aneignungen nicht
automatisch Partizipation und Empowerment. Wichtig ist immer auch
zu schauen, wo und wie der Beitrag aufgenommen und gehört wird. Als
Teil der „politics of listening" (Bassel 2017; Spivak 1988) können Machtdynamiken zwar kurzzeitig unterbrochen werden, häufig ist es jedoch nur
möglich unter bestimmten Perspektiven wie beispielsweise als „Opfer"
oder „muslimische aktivistische Gruppe" und nicht gleichberechtigt mit
eigenen Anliegen gehört zu werden.

Öffentlichkeiten und Gewalt des (P)Reenactments

Wie bereits eingangs von Hassan Geuad erwähnt, sollte das Video der
Aktivist:innen (mediale) Aufmerksamkeit erregen, auf die Verbindungen
des sogenannten Islamischen Staates in Deutschland verweisen, aber
auch unterschiedliche Publika ansprechen, beispielsweise auch muslimische Gemeinschaften, die Hassan Geuad als „radikal" oder „Salafisten"
bezeichnete. Als im Januar 2015 der Essener Rapper Sinan-G das Video
auf seiner Facebook-Seite erwähnte, wurde es innerhalb weniger Stunden
von mehr als 1.500 Personen gesehen und kommentiert und auch in
vielen TV-, Radio- und Presseberichten erwähnt. Angesichts einer Vielzahl
an Follower:innen von Sinan-G und seinem Status als Influencer wurde
die Reichweite des Videos über die Fangemeinde der Gruppe hinaus
erhöht. Infolge der Medienaufmerksamkeit begleitete der Filmemacher
Till Schauder die Gruppe ein Jahr und produzierte den Dokumentarfilm
Glaubenskrieger (2017), der auf verschiedenen deutschen TV-Sendern aus-
gestrahlt wurde.[5]

---

5   Aus seiner eigenen Perspektive hat Hassan Geuad (2021) gemeinsam mit seinem
     Bruder seinen Kampf für Vielfalt, Toleranz und Freiheit in dem biografischen

Obwohl sich die Rezeption des Reenactments und des Videos in sozialen Medien und etablierteren Medienformaten gegenseitig beeinflussten, wurde es in den verschiedenen Öffentlichkeiten doch sehr unterschiedlich aufgenommen. Für das Publikum vor Ort in Essen, das die Performance live miterlebte, war das Reenactment wie bereits erwähnt zunächst nicht eindeutig als Inszenierung zu identifizieren, wie beispielsweise im Film an den erschrockenen Rufen und der Reaktionen eines Kindes oder den Polizeieinsatz deutlich wird. Hassan Geuad beschreibt, dass er sich durch die Reaktionen des Publikums auf der Straße besonders angesprochen fühlte und dies für die Unmittelbarkeit des Reenactments unabdingbar war. Bevor das widerständige „Kontern" stattfinden konnte, musste die nahezu perfekte Nachahmung das Original erfolgreich evozieren. Das Spiel mit der „Echtheit" des Ereignisses war nicht nur Teil des Nachspielens, sondern auch Teil des Videos, um Aufmerksamkeit zu generieren, aber auch um durch die Ereignisse „wach zu rütteln". Den Bildern des IS etwas entgegen-zusetzen, sollte dadurch erreicht werden, dass das Reenactment vor Ort mit neuen Narrativen verbunden wurde, beispielsweise durch die Bereit-stellung von sprachlicher Rahmung im öffentlichen Raum und Kreideauf-schriften auf dem Boden, sowie innerhalb des Videos durch die Textein-blendungen, Zitate aus Medienberichten und den Schnitt.

Auch die Reaktionen auf die Veröffentlichung des Videos in sozialen Medien waren sehr unterschiedlich, neben den eher positiven Bewertungen bei-spielsweise in der Berichterstattung und auf sozialen Medien, gab es auch sehr kritische Stimmen, die sogar Drohungen beinhalteten. Bemerkens-wert waren auch die Reaktionen aus den muslimischen Gemeinschaften. Vor allem führende schiitische Vertreter (einige der Mitglieder von 12thMemoRise waren Schiit:innen) missbilligten die Aussagen, die die jungen Menschen über den Islam und gegen konservative religiöse Auto-ritäten äußerten und gingen intensiv mit einigen Mitgliedern der Gruppe ins Gespräch.[6] Zudem kam es zu tätlichen Angriffen auf einzelne Mit-glieder der Gruppe, ohne dass die Verantwortlichen dafür zu Rechenschaft gezogen werden konnten.

Eine Folge der Online-Kritik einiger muslimischer Gemeinschaften an den Aktionen von 12thMemoRise war, dass in sozialen Medien Anhänger:innen von rechtsextremen Bewegungen positiv auf die Videos reagierten, wie

Sachbuch *Möge Allah dich in die tiefste Hölle schicken: Warum ein Muslim für Vielfalt, Toleranz und Freiheit kämpft* beschrieben.

6   Einige der Äußerungen von 12thMemoRise schürten Konflikte zwischen schiitischen und sunnitischen Gemeinschaften in Deutschland. Eine intensive Auseinanderset-zung mit diesen Debatten geht über den Rahmen dieses Kapitels hinaus.

beispielsweise die PEGIDA („Patriotische Europäer gegen die Islamisierung des Abendlandes") in Deutschland oder auch die Identitäre Bewegung in Wien. Gerade dass die Videos von 12thMemoRise auch von Anhänger:innen rechtsextremer Bewegungen wahrgenommen und positiv kommentiert wurden, führte wiederum zu Kritik aus muslimischen Kontexten.

Einige Mitglieder der Identitären Bewegung um Martin Sellner in Wien hatten sogar Kontakt mit Hassan Geuad aufgenommen und angefragt, ob sie nicht zusammen eine Aktion durchführen wollten. Nachdem Hassan Geuad abgelehnt hatte, stellte der Wiener Zweig der Identitäre Bewegung ohne die Beteiligung von 12thMemoRise am 21. Dezember 2015 eine IS-Enthauptung in einer der wichtigsten Einkaufsstraßen Wiens nach. Am selben Tag lud der YouTube-Kanal „Esterreicherr" (2015) ein Video des Ereignisses auf seinem Kanal hoch.[7] „Esterreicherr" wird von einer anonymen Person betrieben, die regelmäßig Videos von Polizei- und Feuerwehreinsätzen, (gewalttätigen) Demonstrationen und Fußballspielen veröffentlicht. Während der gesamten 2 Minuten 48 Sekunden des Videos ist der Urheberrechtsstempel des YouTube-Kanals in der rechten unteren Ecke zu sehen.

Nach einer Schwarzeinblendung beginnt das Video mit Handkamera-Aufnahmen, die zwischen Fußgänger:innen und Polizist:innen hindurchgehen und den Schauplatz einführen. Eine laute Stimme schreit „Lass los!", dann ertönt der englischsprachige *Nasheed*, von Männern gesungene A-Cappella-Gesänge, „For the Sake of Allah". Die wackelige Handkamera bewegt sich in die Szene hinein und wieder heraus, während eine Gruppe von Aktivist:innen versucht, das Reenactment zu stören, aber von den Unterstützer:innen der Darsteller:innen zurückgehalten wird. Drei Männer in Militärkleidung und olivgrünen Sturmhauben stehen neben einer Person in einer schwarzen Burka, die ein schwarzes Banner mit dem muslimischen Glaubensbekenntnis in weißen arabischen Buchstaben trägt. Vor diesem vierköpfigen Ensemble knien eine Frau und ein Mann in Alltagskleidung, die Gesichter deutlich sichtbar, und halten „Refugees Welcome"-Schilder in die Kamera. Im nächsten Bild zoomt die Kamera auf einen der Männer, der ein Messer in der Hand hält und nun so tut, als würde er dem knienden Mann die Kehle durchschneiden, bevor er ihn auf den Boden wirft. Er übergibt sein Messer an die Person, die neben ihm steht, die die gleichen Bewegungen mit der vor ihm knienden Frau durchführt. Die meiste Zeit des Videos liegen diese beiden Personen auf dem Boden und die „Refugees

---

7   Der Titel des Videos war zunächst „IS-Enthauptung mitten in Wien | Mariahilfer Straße 21.12.2015." Nach den Anschlägen in Wien am 2. November 2020 wurde der Titel in „(Fake) „Enthauptung" in WIEN | Mariahilfer Straße 21.12.2015" umbenannt. Mehr zu Theoretisierung von Preenactments siehe unten.

Welcome"-Schilder stehen deutlich sichtbar neben ihnen. Nach einer
Überblendung hört der *Nasheed* auf zu spielen und Sellner erklärt seine
Ansichten zur Einwanderung nach Österreich. Er nimmt indirekt das Reen-
actment der IS-Hinrichtung als Ausgangspunkt, um Flüchtlinge für die
„Islamisierung" Österreichs verantwortlich zu machen und seine eigene
Bewegung als die Lösung für alle Probleme Österreichs darzustellen. Ohne
jemals direkt auf den IS Bezug zu nehmen, führt Martin Sellners Wortwahl
zu einer Assoziation des Reenactments mit Terrorismus, der „Islamisierung
Europas" und aktivistischen Bewegungen, die sich für einen anderen
Umgang mit Geflüchteten und Migration einsetzen.

Wie in dem Beispiel von 12thMemoRise knüpft die sorgfältige Inszenierung
von markanter Körperhaltung und Gestik, Accessoires wie dem Messer,
und zum Teil auch die Tarnkleidung der Täter und die Fahne eindeutig an IS-
Exekutionsvideos an. Darüber hinaus führt die Verwendung des englischen
Nasheed als intradiegetischem Klang der Straßenperformance dazu, dass
die Szene klar mit IS-Videos verbunden wird. Die Darsteller:innen der Opfer,
die die „Refugees Welcome"-Schilder halten, werden mit den Demons-
trant:innen gleichgesetzt, die versuchen, die Nachstellung zu verhindern.
Die verschiedenen Narrative von Geflüchteten, Aktivist:innen, die
Geflüchtete willkommen heißen, und Politiker:innen, die zur Verteidigung
der „Festung Europa" aufrufen, werden durch die Inszenierung im Rahmen
des Reenactments in der Wiener Fußgängerzone zu einem neuen Narrativ
verbunden. Im Gegensatz zum stark inszenierten und bearbeiteten
Video von 12thMemoRise, ist das vor allem auf YouTube zirkulierende,
mit einer Handkamera aufgenommene Video von „Esterreicherr" eher
als Dokumentation der Ereignisse angelegt, mit wenigen grafischen Einblendungen oder Schnitten. Die Reenactments der Identitären Bewegung
und von 12thMemoRise haben Ähnlichkeiten in der Art und Weise, wie sie
offline und online unterschiedliche Öffentlichkeiten ansprechen, auch wenn
das Wiener Beispiel später von verschiedenen Akteur:innen verbreitet
wurde und seine Narrative und Botschaften auf unterschiedliche Weise
interpretiert werden. Es ist die flexible Skalierung der Öffentlichkeit vor Ort
und in verschiedenen digitalen und medialen Kontexten, die, wie Martin
Zillinger (2017, 43) in Bezug auf marokkanische Trance-Rituale hervor-
gehoben hat, den Reenactments ermöglicht, ihre Wirkung zu entfalten und
ihren ursprünglichen Rahmen zu überschreiten, indem sie mit neuen (und
nicht notwendigerweise beabsichtigten) Bedeutungen aufgeladen werden.

In beiden Fällen wurden Reenactments von IS-Hinrichtungsvideos in
öffentlichen Räumen in Europa aufgeführt, um die Aufmerksamkeit auf
die transnationalen Verbindungen zwischen den Kriegen in Syrien und im

Irak und den Ländern, in denen die Nachstellungen aufgeführt wurden, herzustellen. Das Reenactment von 12thMemoRise wies zum Beispiel auf die deutsche Beteiligung an der Gewalt in Syrien und im Irak hin, indem sie deutsche Städte nannte, in denen IS-Kämpfer geboren und ausgebildet worden waren, und warnte davor, dass der Hass in Deutschland Fuß fassen könnte. Das Reenactment der Identitären Bewegung hingegen verortete die Quelle der Gewalt außerhalb Österreichs, um zu argumentieren, dass die Einreise verhindert werden muss. Gleichzeitig dienten die „Refugees Welcome"-Schilder und Sellners Rede dazu, gegen den „Feind im Inneren", also „linksliberale Aktivist:innen" und Geflüchtete, zu mobilisieren. Die beiden Reenactments und die Veröffentlichung der jeweiligen Videos verweisen auf die Verstrickungen und Überlappungen der sehr unterschiedlichen Öffentlichkeiten. Das Reenactment von 12thMemoRise wird zu einer eigenständigen Referenz und vermittelt zwischen unterschiedlichen Öffentlichkeiten. Als Vermittlungsinstanz zirkuliert es nicht nur, sondern die Verflechtungen der verschiedenen Bilder, Narrative und Diskurse sind in einem „messy web" (Postill und Pink 2012) verstrickt, bei der nicht nur der räumliche Kontext, sondern auch die zeitliche Dimension besondere Bedeutung entfaltet.

Der Begriff der Remontage (Didi-Huberman 2014) scheint gerade mit Bezug auf die unterschiedlichen Rekontextualisierungen des Reenactments besonders geeignet, den Blick auf die Erweiterung der Zirkulation zu schärfen.[8] Durch die Remontage werden neue Zusammenhänge, Ähnlichkeiten und Unterschiede hergestellt, die nicht zwangsläufig in den Bildern selbst zu sehen sind, aber zu größerer Lesbarkeit führen. In Erweiterung von Ariella Azoulays (2012, 251) Ausführungen zu Bildern von Hinrichtungen kann festgestellt werden, dass gerade die grausamen Bedingungen, unter denen die Bilder entstanden sind, auch wenn diese nicht im Bild selbst zu sehen sind, auch im Reenactment wieder aufgerufen werden, jedoch in einem neuen Kontext.

Die Remontage kann fragmentarisch bleiben, die Widerständigkeit betrifft nicht automatisch die gleiche politische Richtung, doch sie referenziert ähnliche Zeitlichkeiten: Während bei 12thMemoRise das Reenactment in der Fußgängerzone in Essen inszeniert wurde, um darauf zu verweisen, dass die jüngste Geschichte der Gewalt in Syrien und im Irak auch in europäische Städte kommen könnte, sollte diese mögliche Zukunft eher aufschrecken und warnen und nicht das Ereignis heraufbeschwören. Bei der Identitären Bewegung kann die Dimension der Vorhersage bzw. der Erwartung im

8   Auch hier danke ich Florian Krautkrämer für diesen wichtigen Hinweis.

Sinne der „self-fulfilling prophecy" nicht ganz ausgeschlossen werden. Obwohl der zeitliche Abstand zum räumlich nahen Attentat in Wien relativ groß war, gab es doch bereits im Jahr der Veröffentlichung 2015 in Frankreich mehrere Anschläge, auf die das Video implizit reagierte.

Abschließende Bemerkungen

(P)Reenactments sind performative Aneignungspraktiken, die einen besonderen Fokus auf die Körperlichkeit (Nachahmung von Gestik, Mimik, Choreografie, Kleidung, Accessoires) legen und auf mediale Vermittlungsformen referenzieren (Filme und Videos; siehe Oberkrome und Straub 2019). Sie können dabei selbst wiederum als Referenz für weitere Aneignungen herangezogen werden, wie auch die Inszenierung von 12thMemoRise in der Fußgängerzone in Essen als Vorlage für die Identitäre Bewegung in Wien diente. Die mediale Vermittlung des Körpers findet dabei nicht nur durch Kameraeinstellungen und Schnitt, sondern auf spezifische Weise durch Kameraapplikationen und die Einbindung in Social-Media-Netzwerke statt, die beispielsweise Einstellungen beschneiden oder Körperteile im Bild vervielfältigen. Diese vermittelte Darstellung betrachte ich als ein Medium innerhalb einer Verkettung von Medien (Behrend 2003). Dadurch werden nicht nur Verbindungen zwischen verschiedenen Kontexten (beispielsweise der Gewalt) hergestellt. Vielmehr haben diese Vermittlungsschritte eine verändernde, transformierende Wirkung und können der ursprünglich referenzierten Gewalt etwas entgegensetzen oder diese umlenken.

Neben der besonderen Bedeutung von körperlichem Nachstellen und der filmästhetischen Nachahmungen ist vor allem das Spiel mit tatsächlichen und nachgestellten Empfindungen ein wichtiges Element von (P)Reenactments der Gewalt. Vor allem beim Beispiel von 12thMemoRise ist nicht immer sofort eindeutig erkennbar, ob es sich um tatsächliche Gewalt, eine Aneignung oder auch eine widerständige Praxis handelt. Hier wurde bewusst mit den Unsicherheiten bei den Zuschauer:innen gespielt, um Aufmerksamkeit zu erzeugen, aber auch um unterschiedliche Orte und Zeitlichkeiten miteinander zu verbinden. Diese Zeitlichkeiten umfassten nicht nur vergangene Ereignisse, sondern auch mögliche Zukünfte. Diese unterschiedlichen Zeitlichkeiten werden in der Präsenz des performativen Reenactments oder auch durch die Veröffentlichung und Zirkulation miteinander verbunden und entfalten im neuen Kontext häufig neue Bedeutungen. Gerade die oft als getrennt dargestellten Öffentlichkeiten (siehe beispielsweise die Idee der „Filterblasen" oder „Echokammer") interagieren, überlappen und konkurrieren teilweise miteinander. Das (P)Reenactment vermittelt also nicht nur zwischen Räumen und Zeiten (Oberkrome und Straub 2019), sondern auch zwischen verschiedenen Öffentlichkeiten, Akteur:innen und Kontexten.

In beiden ausgewählten Beispielen wird dem IS das Monopol auf die Bilder entzogen und mit anderen politischen Botschaften versehen. Es wird versucht, auf unterschiedliche Zusammenhänge der Gewalt aufmerksam zu machen, oder auch die physische Gewalt mit anderen gewaltvollen Kontexten zu verbinden. Sowohl die Identitäre Bewegung wie auch 12thMemoRise nutzen hier ähnliche Strategien, um sehr unterschiedliche politische Aussagen und Narrative über Formen der Gewalt zu treffen und für den jeweils eigenen politischen Aktivismus nutzbar zu machen. Dabei wird der Gewalt teilweise etwas entgegengesetzt und teilweise wird sie in andere Formen der Gewalt umgeleitet.

Ich danke den Herausgeberinnen und allen Teilnehmer:innen des Workshops „Deine Kamera ist eine App" vom 08.-09.07.2022 für die hilfreichen Fragen, Hinweise und Kommentare zu ersten Ideen dieses Beitrags. Ganz besonders danke ich Hassan Geuad von 12thMemoRise für die offenen Gespräche. Larissa-Diana Fuhrmann und Patricia Wevers gilt mein Dank für die wunderbare und kollegiale Zusammenarbeit, auf der dieser Beitrag aufbaut.

Literatur

12thMemoRise. 2014. „ISIS – Hinrichtung in Essen / Deutschland". *12thMemoRise, Offizielle Webseite* (Video). Kein Datum. Letzter Zugriff am 6. Dezember 2022. https://www.12thmemorise.de/isis-hinrichtung-in-essen-deutschland/.
———. 2015. „Der Islam ist tot". *12thMemoRise, Offizielle Webseite* (Video). Kein Datum. Letzter Zugriff am 6. Dezember 2022. https://www.12thmemorise.de/der-islam-ist-tot/.
Abu-Lughod, Lila. 2005. *Dramas of Nationhood. The Politics of Television in Egypt.* Chicago: The University of Chicago Press.
Agnew, Vanessa. 2004. „Introduction: What Is Reenactment?" *Criticism* 46 (3): 327–339. https://doi.org/10.1353/crt.2005.0001.
Agnew, Vanessa, Jonathan Lamb und Juliane Tomann. 2019. „Introduction: What Is Reenactment Studies?" *The Routledge Handbook of Reenactment Studies.* London/New York: Routledge. https://doi.org/10.4324/9780429445637-1.
Azoulay, Ariella. 2012. „The Execution Portrait". In *Picturing Atrocity: Photography in Crisis*, herausgegeben von Geoffrey Batchen, Mick Gidley, Nancy K. Miller und Jay Prosser, 249–259. London: Reaktion Books.
Bassel, Leah. 2017. *The Politics of Listening: Possibilities and Challenges for Democratic Life.* London: Palgrave Pivot.
Behrend, Heike. 2003. „Photo Magic: Photographs in Practices of Healing and Harming in East Africa". *Journal of Religion in Africa* 33 (2): 129–145.
Didi-Huberman, Georges. 2014. *Remontagen der erlittenen Zeit: Das Auge der Geschichte.* Leiden: Brill Fink.

Dörre, Robert, Christoph Günther und Simone Pfeifer. 2021. „Journalism and Images of Violence: Ethical Perspectives". In *Mindbombs: Visual Cultures of Political Violence*, herausgegeben von Sebastian Baden, Larissa-Diana Fuhrmann, Katharina Jörder und Johan Holten, 127–136. Bielefeld/Berlin: Kerber Verlag.

Dreschke, Anja, Ilham Huynh, Raphaela Knipp und David Sittler. 2016. „Einleitung". In *Reenactments: Medienpraktiken zwischen Wiederholung und kreativer Aneignung*, herausgegeben von Anja Dreschke, Ilham Huynh, Raphaela Knipp und David Sittler, 9–23. Bielefeld: transcript Verlag.

Esterreicherr. 2015. „(Fake) ‚Enthauptung' in WIEN | Mariahilfer Straße 21.12.2015". *YouTube*, 21. Dezember. Letzter Zugriff am 6. Dezember 2022. https://www.youtube.com/watch?v=WwRV2bYGa5E.

Geuad, Hassan. 2021. *Möge Allah dich in die tiefste Hölle schicken! Warum ein Muslim für Vielfalt, Toleranz und Freiheit kämpft*. Frankfurt/Main: Westend.

Gohlke, Pirkko. 2014. „Aktivisten inszenieren ISIS-Hinrichtung in Essener Innenstadt". *WAZ*, 6. Dezember. Letzter Zugriff am 06. Dezember 2022. https://www.waz.de/staedte/essen/aktivisten-inszenieren-isis-hinrichtung-in-essener-innenstadt-id10114577.html.

Klonk, Charlotte. 2017. *Terror: Wenn Bilder zu Waffen werden*. Frankfurt: S. Fischer Verlag.

Krings, Matthias. 2015. *African Appropriations: Cultural Difference, Mimesis, and Media*. Bloomington: Indiana University Press.

Oberkrome, Friederike und Verena Straub. 2019. „Performing In Between Times: An Introduction". In *Performance zwischen den Zeiten: Reenactments und Preenactments in Kunst und Wissenschaft*, herausgegeben von Adam Czirak, Sophie Nikoleit, Friederike Oberkrome, Verena Straub, Robert Walter-Jochum und Michael Wetzels, 9–22. Bielefeld: transcript Verlag.

Pfeifer, Simone, Larissa-Diana Fuhrmann und Patricia Wevers. 2020. „Re-Enacting Violence: Testing and Contesting Public Spheres with Appropriations of IS Execution Videos". In *Jihadi Audiovisuality and Its Entanglements: Meanings, Aesthetics, Appropriations*, herausgegeben von Christoph Günther und Simone Pfeifer, 198–221. Edinburgh: Edinburgh University Press.

Postill, John und Sarah Pink. 2012. „Social Media Ethnography: The Digital Researcher in a Messy Web". *Media International Australia* 145: 123–34.

Richey, Patrick G. und Michaela Edwards. 2019. „It's More than Orange: ISIS's Appropriation of Orange Prison Jumpsuits as Rhetorical Resistance". In *The Media World of ISIS*, herausgegeben von Michael Krona und Rosemary Pennington, 167–184. Bloomington: Indiana University Press.

Schankweiler, Kerstin. 2019. „Selfie-Proteste: Affektzeugenschaften und Bildökonomien in den Social Media". In *Nähe auf Distanz*, herausgegeben von Isabelle Busch, Uwe Fleckner, und Judith Waldmann, 175–190. Berlin u.a.: De Gruyter. https://doi.org/10.1515/9783110625585-012.

Schauder Till. 2017. *Glaubenskrieger* [Film]. Deutschland.

Spivak, Gayatri Chakravorty. 1988. „Can the Subaltern Speak?" In *Marxism and the Interpretation of Culture*, herausgegeben von Cary Nelson und Lawrence Grossberg, 66–111. Urbana/Chicago: University of Illinois Press.

Weuster, Katrin. 2014. „ISIS-Hinrichtung in Essener Innenstadt nachgestellt". *Bild*, 7. Dezember 2014. Letzter Zugriff am 06. Dezember 2022. https://www.bild.de/regional/ruhrgebiet/isis/isis-hinrichtung-nachgestellt-38874802.bild.html.

Winter, Charlie. 2018. „Apocalypse, Later: A Longitudinal Study of the Islamic State Brand". *Critical Studies in Media Communication* 35 (1): 103–121. https://doi.org/10.1080/15295036.2017.1393094.

Zillinger, Martin. 2017. „Graduated Publics: Mediating Trance in the Age of Technical Reproduction". *Current Anthropology* 58 (S15): 41–55. https://doi.org/10.1086/689740.

A Very Long Exposure Time (2020) und *Forensickness* (2020)

Chloé Galibert-Laîné vorgestellt von Alena Strohmaier und Elisa Linseisen

Die folgende Bilderstrecke zeigt Stills aus zwei Werken von Chloé Galibert-Laîné. Das 2020 entstandene *A VERY LONG EXPOSURE TIME* (Digital Video, 4:3, ohne Ton, 7 Min.) ist eine Untersuchung der jeweiligen Zeitlichkeit verschiedener Bildtechnologien und der expliziten und impliziten Ideologien, die in diesen Technologien enthalten sind. Es folgt einem poetischen Pfad durch Bilder, die mit der jahrhundertealten Kamera von Louis Daguerre, 16-mm-Filmkameras, pixeligen Videospielkonsolen, frühen Smartphones und ihren Apps sowie zeitgenössischen Computeroberflächen erzeugt wurden. Dabei stellt das Video die Frage, welche Formen der Realität durch die Technologien – in der historischen Entwicklung von der Kamera zur App – zum Vorschein kommen. Welche Phänomene, die entweder zu langsam oder zu schnell sind, um aufgezeichnet zu werden, haben sich ihrer Erfassung entzogen?

FORENSICKNESS (2020, 40 Min.), eine von Chris Kennedys WATCHING THE DETECTIVE inspirierte Desktop Documentary, zeigt eine Recherche zu den Bombenanschlägen auf den Boston-Marathon 2013. Performativ erkundet eine Forscherin im Web als digitales Medienarchiv die Geschichte des kritischen Denkens mithilfe von Bild- und Softwaretechnologien und der unerbittlichen Politik der Wahrheitsproduktion im digitalen Zeitalter. In FORENSICKNESS scheinen die Bilder durch ihre digitale Bearbeitung an ihre ästhetischen Grenzen zu stoßen, die die Forscherin mit forensischem Blick immer weiter auslotet und sich darin zu verlieren scheint.

But despite this very long exposu

e, no life appeared in his image.

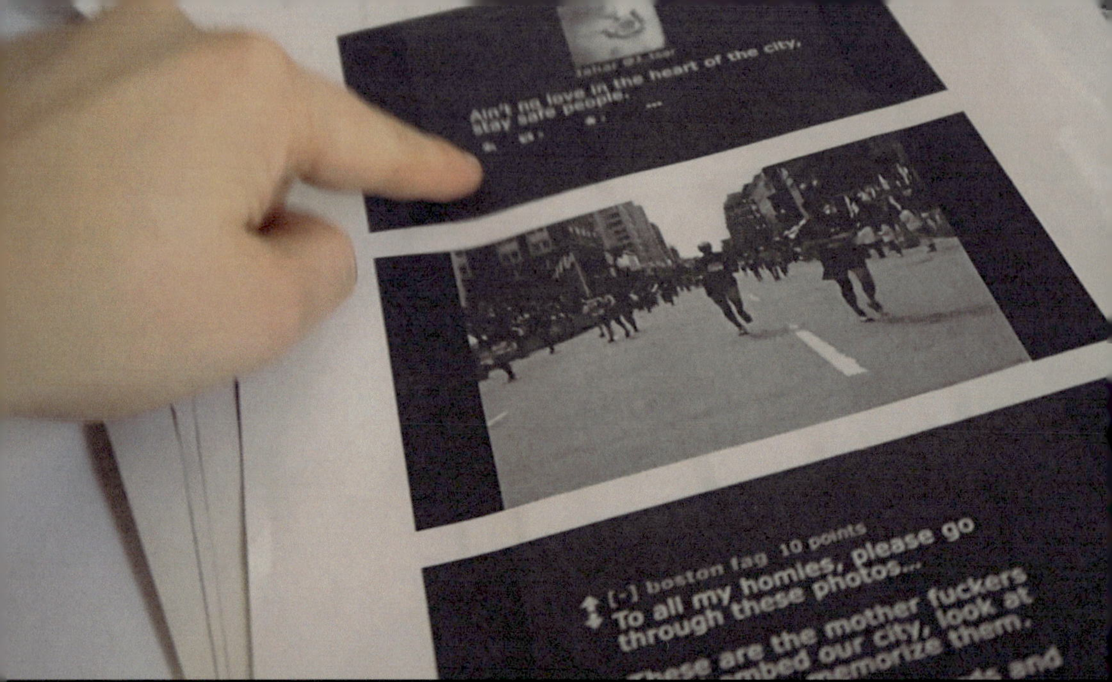

I typed the keyword "rage" in the GIF databank of my texting app.
In the 20 first results I found:

3 animals

@merlinragdoll

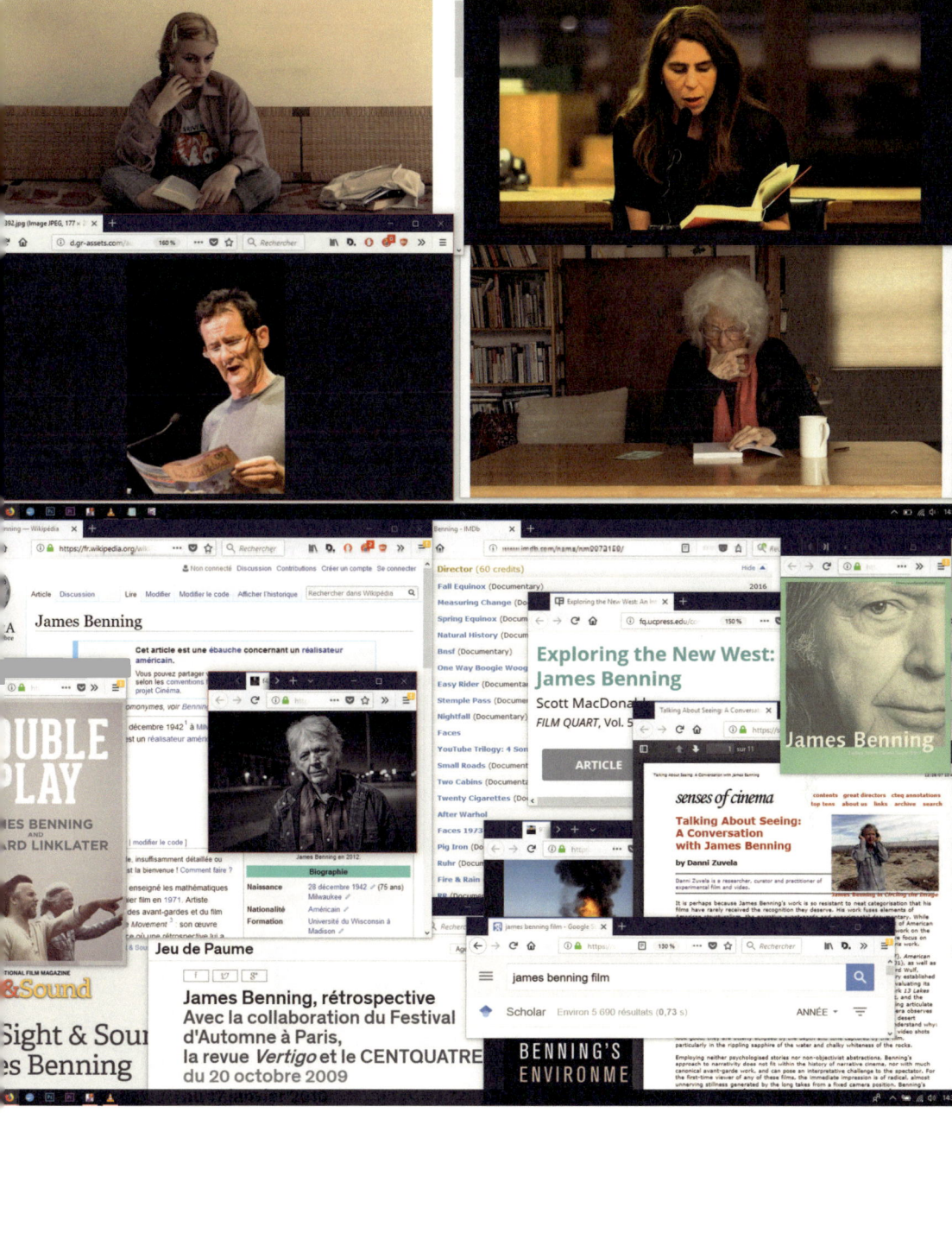

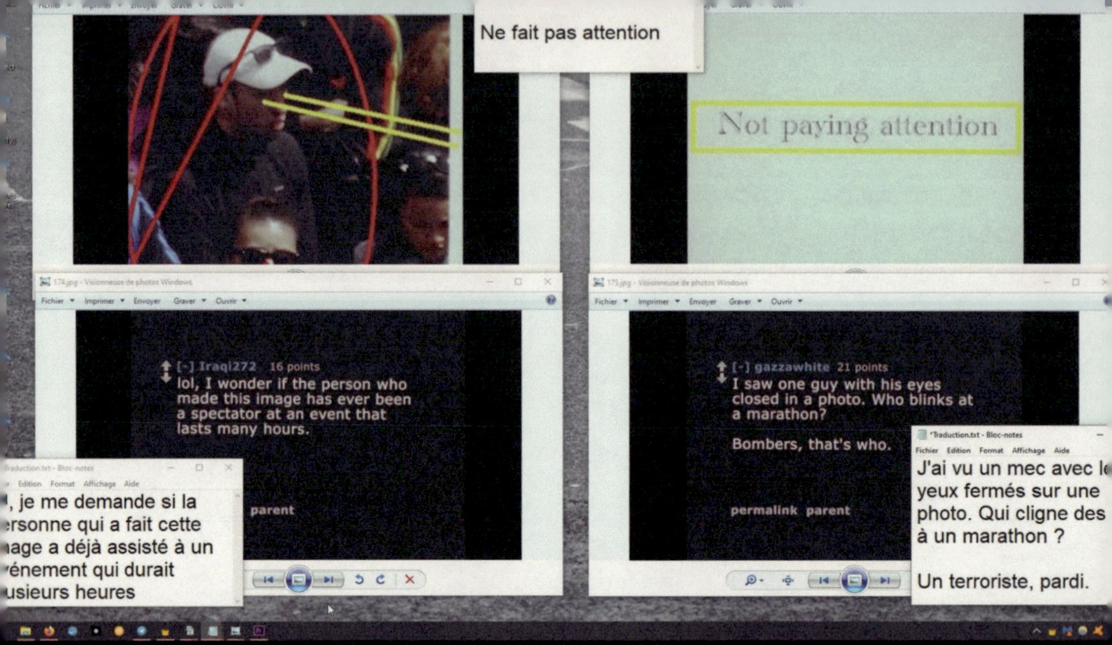

Ne fait pas attention

Not paying attention

174.jpg - Visionneuse de photos Windows
Fichier ▾ Imprimer ▾ Envoyer ▾ Graver ▾ Ouvrir ▾

[–] Iraqi272 16 points
lol, I wonder if the person who
made this image has ever been
a spectator at an event that
lasts many hours.

parent

Traduction.txt - Bloc-notes
Edition Format Affichage Aide
l, je me demande si la
ersonne qui a fait cette
age a déjà assisté à un
énement qui durait
usieurs heures

175.jpg - Visionneuse de photos Windows
Fichier ▾ Imprimer ▾ Envoyer ▾ Graver ▾ Ouvrir ▾

[–] gazzawhite 21 points
I saw one guy with his eyes
closed in a photo. Who blinks at
a marathon?

Bombers, that's who.

permalink parent

*Traduction.txt - Bloc-notes
Fichier Edition Format Affichage Aide
J'ai vu un mec avec le
yeux fermés sur une
photo. Qui cligne des
à un marathon ?

Un terroriste, pardi.

It is true that the sun never falls in front of the Google car.

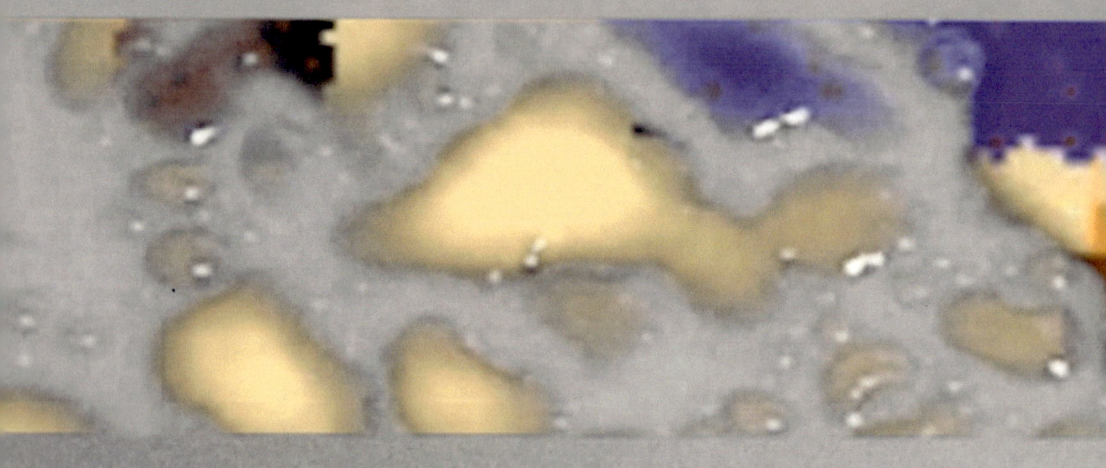

I stood still by the lake f

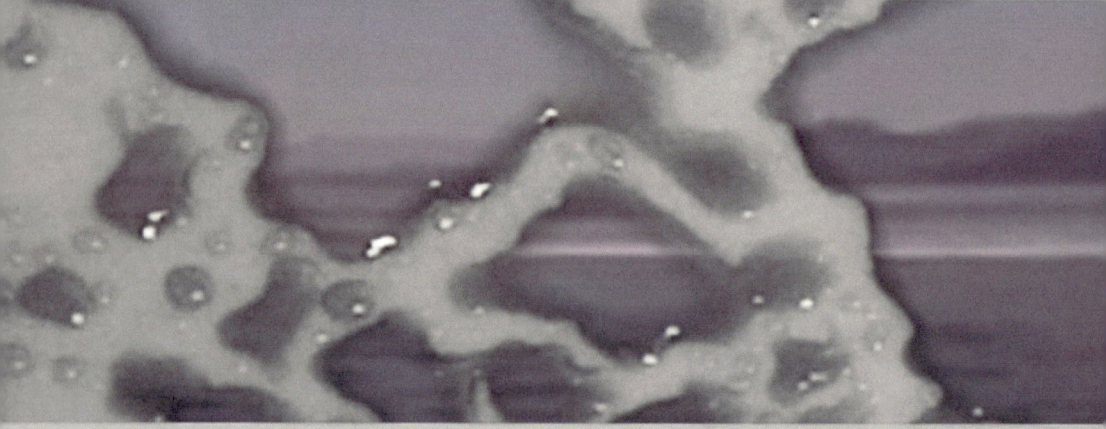

haps one entire minute

DIALOG 3: ERFAHRUNG / ZEIT

SERIOUS GAMES

FLUCHT

SMARTPHONE-DATEN

„Finding Home": Mediale Aneignungen von Flüchtlingsleben

Nicole Braida

In diesem Beitrag wird die vom UNHCR im Jahr 2017 entwickelte Serious-Game-App *Finding Home, A Refugee's Journey* über die Flucht eines Rohingya-Mädchens analysiert. Ausgehend davon stellt der Text die Frage nach der Wechselbeziehung zwischen der Smartphone-Technologie und der Flucht-erfahrung sowie zwischen einer Simulation, die darauf abzielt, das Bewusstsein für Geflüchtete durch das Spiel zu schärfen, und der Realität der Datenerfassung durch Smartphone-Apps.

Eine bereits 2017 vom UNHCR (*United Nations High Commissioner for Refugees*) entwickelte App simuliert das Smartphone eines Rohingya-Mädchens, das nach Malaysia flieht und versetzt somit Spieler:innen in die Rolle von Geflüchteten. *Finding Home. A Refugee's Journey* wird im Apple App Store folgendermaßen beschrieben: „Finding Home app creates a simulated OS that literally takes over your phone." (UNHCR 2022) Die App kombiniert interaktives textgesteuertes Storytelling und Rollenspiele mit dem Ziel, das Verständnis der Nutzer:innen für das gefährdete Leben einer:s

Geflüchteten zu fördern. Diese Software hebt eine neue Form der Medien-aneignung hervor: einerseits die Simulation eines Smartphones, anderer-seits die Aneignung der Fluchterfahrung. Die App verdeutlicht zudem das Spannungsverhältnis zwischen den positiven und negativen Seiten von Smartphone-Apps, die von Geflüchteten genutzt werden. Das Smart-phone fungiert dabei als „Pharmakon" (Stiegler 2013): Konnektivität wird genutzt und gewünscht, um Geflüchtete zu schützen und ihre Mobilität zu ermöglichen oder zu unterstützen. Gleichzeitig werden die gesammelten Daten eingesetzt, um neue Technologien zu erproben, sie zu iden-tifizieren und ihre Mobilität durch humanitäre Akteur:innen zu steuern/zu begrenzen.

In diesem Beitrag will ich untersuchen, welche Implikationen das Gameplay dieses Serious Game[1] – oder auch „Refugee Game" (Raessens 2015) – für die medialen Aushandlungsprozesse humanitärer Affekte hat. Die App *Finding Home*, so meine These, zeigt durch das fiktionale Rollenspiel einen Prozess der Aneignung von Daten Geflüchteter (Text, Foto, Audio und Video), der einen humanitären Diskurs über Migration einleitet. Mein Beitrag wird den Nexus zwischen dieser fiktionalen und der realen Aneignung der Daten-infrastruktur für und über Geflüchtete untersuchen.

Finding Home: Smartphone-Aneignung

Der Satz „you live your life on your phone but what if your life depended on it?", der auf dem App-Store-Bild von *Finding Home* (siehe zu lesen ist, betont die existenzielle Rolle des Smartphones im Leben Geflüchteter. Die App macht also von Anfang an eine klare Unterscheidung zwischen den Nutzer:innen der App, die angeblich „nicht ohne ihr Handy leben können", und der Protagonistin des Serious Game, einer Geflüchteten, deren Leben tatsächlich von dem Handy abhängt.

Die Frage der Repräsentation von Geflüchteten in Videospielen wurde an anderer Stelle bereits diskutiert (Raessens 2015; Braida 2016, 2018, 2022; Sou 2018). Ob Serious Games ihr Ziel, Empathie zu erzeugen, erreichen, ist jedoch umstritten. Klar ist, dass die Art und Weise, wie das Gameplay und die Geschichte der Hauptfigur gestaltet sind, sich darauf auswirkt, wie wir Flucht wahrnehmen. Die Komplexität des Gameplays hat jedoch nicht nur Einfluss darauf, wie wir die Strapazen und Torturen der Flucht erleben, sondern erzählt zusätzlich auch eine Geschichte dazu.

---

1   *Serious Games* sind Spiele, die nicht exklusiv zur Unterhaltung dienen (Abt 1970).

Finding Home versetzt die Nutzer:innen in die Lage der Rohingya-Teen-agerin Kathijah, die (zusammen mit ihrem Bruder) vor der Verfolgung in Myanmar flieht und versucht, in Kuala Lumpur, Malaysia ein neues Leben aufzubauen. Die App wurde 2018 von den Kancil Awards, dem renommiertesten Wettbewerb für Werbepreise in Malaysia, mit dem Preis für „User Experience Design" ausgezeichnet (Kancil Awards 2022). Lobend erwähnt wurde, dass das Design auf unterschiedliche Medienformate und -strategien setzt, die erfolgreich die Empathie der Nutzer:innen anregen sollen.

Die App verwendet über 800 separate Nachrichtenthreads von acht Cha-rakteren, die zu komplexen, ineinandergreifenden Dialogbäumen ver-arbeitet wurden und je nach Reaktion der Nutzer:innen unterschiedliche Ergebnisse präsentieren. Zwei Rohingya-Geflüchtete wurden als Haupt-figuren besetzt (UNHCR 2022). Videos wurden gedreht und verwendet, um die wichtigsten Handlungspunkte hervorzuheben. In das Interface der App wurde zudem ein Modul eingebaut, das direkte Links zur UNHCR-Website bereitstellt, auf der Nutzer:innen aktiv Spenden tätigen können (Kancil Awards 2022).

Das Spiel beginnt aus der Perspektive von Kathijah, die sich bereits auf der Flucht befindet. Die App bildet den Bildschirm eines Smartphones nach (iOS-Bildschirm). Schon zu Beginn des Spiels wird ein schwacher Akku-stand simuliert. Es ist der 1. November 2016 und wir bekommen plötzlich jede Menge Nachrichten über einen Messenger. So kommunizieren wir mit unserem Bruder, von dem wir während der Flucht getrennt wurden. Der Chat-Austausch ist ein dramatischer Höhepunkt der Ereignisse: Während wir uns verlaufen, schickt unser Bruder uns ein Video, wie er vor einigen Grenzpatrouillen davonläuft. Als wir unsere Gruppe von Geflüchteten endlich wiederfinden, endet der kritische Moment, unterbrochen durch den niedrigen Batteriestand: die Verbindung zu unserem Bruder ist weg. Nachdem unser Handy aufgeladen ist (so wird es simuliert), ändert sich das Datum auf dem Display und die Zeit wird um zwei Wochen auf den 14. November vorgespult.

Die „game time" (Juul 2004) ist also wie bei den meisten Computerspielen zweigeteilt: Während wir ca. 30 Minuten mit der App spielen, erstreckt sich die Zeit der „event time" genau über 24 Tage im November 2016.[2] Je

---

2   Jesper Juul (2004) argumentiert, dass die meisten Computerspiele eine sogenannte „game time" haben, die er als Dualität zwischen „play time" und „event time" beschreibt, wobei erstere die Zeit angibt, die mit dem Spielen verbracht wird, und letztere die Zeit, die die Spielwelt betrifft.

schneller sich die Zeit ändert, desto weniger sind wir in das Spiel involviert in Vergleich zu den Momenten, in denen die „event time" unserer Echt-zeitwahrnehmung entspricht. Dies sind die dramatischsten Momente, die uns in das Spiel eintauchen lassen. Wenn jedoch die Diskrepanz zwischen wahrgenommener Zeit und Ereigniszeit wächst, fühlen wir uns außerhalb des Spielflows und mehr innerhalb der Realität.

Nach dem ersten Zeitsprung/Datumswechsel hat unser Telefon mehrere neue Nachrichten von anderen Charakteren, wie Sara oder Rizal. Sara ist unsere Freundin und wir teilen mit ihr die Fluchterfahrung. Rizal ist der „Älteste" im Geflüchtetenlager und hilft Kathijah, eine neue Unterkunft zu finden. Im Chat-Gespräch mit unserem Bruder stellen wir fest, dass er zurückgedrängt wurde und jetzt in einer anderen Stadt arbeitet,[3] und dass wir in einem überfüllten Geflüchtetenlager gelandet sind. Unsere Mission lautet, eine neue Unterkunft zu finden. Das schaffen wir nur über den Austausch von Nachrichten, Videos und Fotos. Als wir nach einem neuen Aufenthaltsort suchen und mit einer Frau aus unserem Dorf in Kontakt kommen, droht diese, in eine Razzia verwickelt zu werden. Plötzlich können wir die Frau nicht mehr erreichen und erhalten nur noch ein Video, in dem um Hilfe gerufen wird. Wir haben die Hoffnung, eine neue Unterkunft zu finden, verloren.

Die Polizei in Malaysia respektiert den internationalen Geflüchtetenstatus nicht. Geflüchtete sind oft Ziel von Razzien und Pushbacks, sogar von Inhaftierungen.[4] Als wir uns eine andere Unterkunft suchen, bekommen wir Ärger mit einem Mann, der uns im Tausch gegen eine freie Unterkunft seine Bettgesellschaft anbietet. Da er unser Nein nicht akzeptiert, ruft er uns ständig an und bedroht uns.[5] Bei der Jobsuche werden wir wie Müll behandelt und von arroganten Restaurantbesitzer:innen misshandelt, die die Arbeitskraft von Geflüchteten ausbeuten können, weil diese keinen legalen Status haben. Am Ende schaffen wir es, wichtige Informationen zu erhalten, wie z.B. den Namen der Busgesellschaft, mit der unser Bruder fährt. So können wir ihm helfen, nicht von den Autoritäten inhaftiert zu werden und endlich wieder mit ihm in Kuala Lumpur vereint zu sein. Damit ist unsere Reise zu Ende. Am Ende des Spiels werden wir auf eine Seite des UNHCR weitergeleitet.

---

3   Der Ort, den er erwähnt, ist Penang im Norden Thailands.
4   Rizal, der Älteste im Geflüchtetenlager, arbeitet jedoch mit dem UNHCR zusammen und hilft bei Freilassungen und der Bewerkstelligung des Lebens fern der Heimat.
5   Die Konversation läuft meistens über Chat, die App simuliert aber auch Telefon-anrufe über einen Klingelton und der Wiedergabe einer (aufgenommenen) Stimme.

Über die Hintergründe der Flucht aus Myanmar erfahren wir wenig. Einige gespeicherte Chats offenbaren, dass die Rohingya in Myanmar vor der Flucht öffentliche Räume wie Märkte meiden mussten, weil es dort „nicht sicher" für sie war. Die Gründe dafür bleiben aber unklar.

Gemma Sou (2018, 517) argumentiert optimistisch, dass Serious Games über Geflüchtete wie *Cloud Chasers* (2015)[6] dazu in der Lage seien „to persuade players to read the experiences of refugees in a way and from an angle that is often silenced in public representations". Ihre technologische Komplexität bietet, so Sou, vielfältige Möglichkeiten, die Erfahrung von Geflüchteten darzustellen und so den üblichen medialen Diskurs über Mitleid und Sentimentalität zu umgehen.

Dennoch sind einige für Mitleidsdiskurse typische Tropen in *Finding Home* noch immer vorhanden: zum Beispiel wird hier die in humanitären Narrativen sehr verbreitete Rolle von Kindern (oder auch Frauen) genutzt, um ihre Unschuld vor einer Krisensituation in Erinnerung zu rufen, und um Mitleid zu erzeugen. Die Komplexität von Kathijahs Reise konzentriert sich eher auf die Flucht und auf die Herausforderung, als Geflüchtete in einem fremden Land zu leben (sobald sie in den Händen des UNHCR ist), anstatt den komplizierten historischen Kontext genauer zu untersuchen und den eigentlichen Ursachen ihrer Flucht auf den Grund zu gehen. Die „prozedurale Rhetorik"[7] (Bogost 2007) des Spiels stellt daher die Verwundbarkeit der Geflüchteten dar. Diese „Verwundbarkeit" wird durch das Gameplay erzeugt und mit dem Versprechen von Technologie als Heilmittel verbunden. Das Smartphone und die Möglichkeit, darüber zu kommunizieren, werden Teil einer eher positivistischen Sichtweise, wie Technologie Geflüchteten helfen kann.

Durch das Spiel wird nicht nur ein besseres Verständnis über Fluchterfahrung vermittelt, sondern auch über die Anwendung von Messaging- und anderen Smartphone-Apps. Diese funktionieren im Spiel nämlich fast wie auf unserem eigenen Telefon – nur, dass wir beispielsweise nicht aktiv Fotos speichern oder Nachrichten verschicken können, sondern nur dann, wenn das Spiel es erlaubt. Wenn wir einmal davon absehen, dass *Finding Home* eine dramatische Fluchtgeschichte ist, wird die Simulation somit auch zu einer Möglichkeit, den Umgang mit einem Smartphone zu lernen. Wir können Anrufe akzeptieren, Bilder verschicken oder Musik hören.

---

6   Für mehr Informationen siehe Blindflug Studios 2022.

7   Mit „procedural rhetoric" ist die Idee gemeint, dass Spiele ebenso wie Text und Film durch ihre spezifische „Mechanik" oder „Prozeduralität" rhetorische Argumente liefern können (Bogost 2007).

Man findet auch eine ganze Reihe von Bildern in der Telefongalerie, die die Hintergrundgeschichte von Kathijah[8] sowie wichtige Handlungspunkte illustrieren. Diese sind jedoch begrenzt und zeigen nicht die Komplexität ihres Lebens vor dem Exil. Insgesamt reproduziert das Spiel also die Erfahrung eines jungen Mädchens, erlaubt uns aber auch, in ihre Rolle zu schlüpfen und Entscheidungen zu treffen, die ihr helfen, sie vor heimtückischen Bedrohungen zu schützen.

(Re)producing Stories of Exile: Fiktive Aneignung, echte Beweise

Die App simuliert und reproduziert Exilerfahrungen und eignet sich damit Bilder und Geschichten von realen Geflüchteten an, die diese für die App nur schauspielern. Die App *Finding Home* verweist durch dieses fiktionale Rollenspiel auf einen Prozess der Aneignung von Geflüchtetendaten durch authentische Interviews („oral testimonies"), mit dem Ziel, spezifische Erzählungen über Migration und Exil zu reproduzieren. Der humanitäre Diskurs betont die Verletzlichkeit von Geflüchteten und zielt darauf ab, eine emotionale und empathische Reaktion bei den Nutzer:innen hervorzurufen.

Im Spiel können wir Nachrichten senden, Fotos und Videos ansehen oder diese selbst verschicken. Obgleich Teil eines Spiels erinnern sie uns an echte Fotos und Videos, die wir beispielsweise im Alltag verwenden, aufnehmen und mit denen wir interagieren. Allerdings stammen diese Inhalte nicht von spezialisierten Reporter:innen oder Videomacher:innen, sondern sehen aufgrund des „vertikalen" Smartphone-Formats sowie der Unschärfe und Alltagsqualität der Bilder aus wie „Amateurfilmmaterial"[9]. Alles soll so wirken, als sei es „echt", also weder professionell gemacht noch optimiert. Anders als bei Diskursen zur niedrigen Auflösung wie das Manifest von Hito Steyerl (2009) über „poor images", hat diese Alltagsästhetik hier keine politische Aussage, sondern stellt eine strategische Entscheidung der Produzent:innen dar, um die Smartphone-Ästhetik zu simulieren. Wir wissen nicht, ob diese Ästhetik einem echten Smartphone zu verdanken ist (also, ob die Aufnahmen mit einem Smartphone gemacht wurden), oder ob es das Ergebnis der Postproduktion ist. Diese Ästhetik entspricht der Fluchterfahrung und dem Smartphone-Format des Spiels, und deswegen

8   So finden wir beispielsweise Videos und Fotos, auf denen Katijah und ihr Bruder porträtiert sind.
9   Zur Diskussion über Amateur- und Gebrauchsfilme siehe Schneider 2021 sowie Streible, Roepke und Mebold 2007.

wird sie als Kohärenz (der Geschichte) und Authentizität (der Bilder) empfunden.

Laut Anne Ganzert betont Bourdieu in seiner Fotografietheorie, dass Fotos ein Mittel sind, um die Anwesenheit und damit die Existenz von jemanden sicherzustellen. Für Bourdieu ist diese „wirklichkeitssichernde Funktion" (siehe Ganzerts Beitrag in diesem Band, 151ff.) nur eine von verschiedenen Funktionen, die mit dem sozialen Gebrauch der Fotografie zu tun haben. In *Finding Home* funktionieren Fotos (und Videos) als Dokumentation. Für Kathijah sind sie ein Beweis für die Existenz ihres Bruders. Darüber hinaus stellen solche Fotos, folgt man dem humanitären Diskurs zum Thema Smartphone, ein Zeugnis des „Überlebens" in kritischen Situationen dar. So argumentiert Ganzert für den gesellschaftlichen Wert der Fotografie durch Smartphone-Apps. Sie betont, dass sich diese Funktion nicht auf eine Form der Dokumentation und simulierten Lebendigkeit beschränkt, sondern auch als Lebensversicherung, als „Beweis für die Existenz und das (Fort-)Leben" fungiert (in diesem Band, 158).

Dies beschränkt sich im Spiel nicht auf den visuellen Beweis, sondern betrifft auch Text- und Sprachnachrichten. Trotzdem ist sich Kathijah nicht sicher, ob die Telefonnummer, von der aus die Textnachrichten gesendet werden, ihrem Bruder gehört – sie fragt mehr als einmal, ob er wirklich selbst schreibt. Fotos treffen ein, um seine Identität und seine wahre Existenz zu beweisen. Während also innerhalb des Spiels Bourdieus Fotografietheorie gilt, so ist eine solche Theorie außerhalb des Spielbereichs nicht mehr gültig, obwohl sie für „reale" Ereignisse steht. Das Spiel als Serious Game verwendet Fotos, die als Beweis für das Leiden der Geflüchteten gelten. Es handelt sich dabei jedoch nicht um ein indexikalisches Verhältnis zur Realität, sondern um einen simulierten indexikalen Zusammenhang.

Nicht nur die Fotos sollen echt aussehen, sondern die gesamte sensorische Erfahrung soll real wirken – so zeigt die App beispielsweise den Akkustand und die Uhrzeit an. Diese Elemente sind für die Spieler:innen jedoch nicht kontrollierbar, sondern variieren automatisch. Auch die Kamera-App (eine App in der App) kann im Rahmen der Fiktion von *Finding Home* nicht verwendet werden, obwohl wir Fotos und Videos verschicken können. Es gibt daher eine klare und konstante Spannung zwischen Fakt und Fiktion: Es sieht alles authentisch aus, funktioniert aber nicht wie in echt.

Die „event time" (Juul 2004), also die Zeit, die im Spiel vergeht, entspricht nicht unserer Echtzeitwahrnehmung. Wir fühlen uns entfremdet, wenn die

Diskrepanz zwischen wahrgenommener Zeit und Ereigniszeit wächst. Doch wie kommt es trotzdem zur Immersion? Wir dürfen die Diskrepanz zu den Regeln der physischen Realität nicht außer Acht lassen.[10] Das Spiel funktioniert im Prinzip, weil wir diese Diskrepanz annehmen. Jedes Mal, bevor wir mit einem Spiel anfangen, akzeptieren wir einige Bedingungen.

In der Simulation geraten wir zum Beispiel in den sogenannte „magic circle" des Spiels (Huizinga 1950), in dem die Regeln der Wirklichkeit keine Rolle mehr spielen. Johan Huizinga hat die Theorie aufgestellt, dass wir beim Spielen Regeln akzeptieren, auch wenn diese im Gegensatz zur äußeren Realität stehen. Dennoch ist laut Mia Consalvo (2009) für jedes Spiel der Kontext, in dem wir uns befinden, von Bedeutung und kann unsere Spielpraxis beeinflussen, indem er beispielsweise ein Gefühl der Entfremdung erzeugt. Wenn wir ein Foto oder ein Video innerhalb von *Finding Home* machen möchten, können wir nur einige vorgefertigte Bilder oder Videos versenden, statt diese selbst zu knipsen (sie werden im Chatverlauf direkt vorgeschlagen). Wir können uns außerdem nicht mit dem Internet verbinden und auch nicht auf alle Apps und Funktionen zugreifen, die wir normalerweise bei einem Smartphone haben. Die Fiktionalität des Spiels ist daher offensichtlich, genau wie die Zeitwahrnehmung, die oft nicht mit der Spielzeit übereinstimmt. Das erinnert uns an unseren Status: Wir sind nur Spieler:innen einer Spiele-App, die tragische, „realistische" Ereignisse simuliert. Was wir in echt tun, ist, Kathijahs Telefon zu durchsuchen und eine Spendenüberweisung zu tätigen – das ist der „echte" Teil unseres Gamings.

Taking It Serious: Der humanitäre Impuls der Aneignung von Flüchtlingsgeschichten

Das Spiel *Finding Home* wurde für humanitäre Zwecke entwickelt. Es ist nicht nur eine ernste und auf realen Ereignissen und Berichten basierende Fiktion, sondern im Prinzip auch etwas, was ich als „Gebrauchs-Game" oder „Useful Game" definieren würde, in Anlehnung an die Begriffe „Gebrauchsfilm" und „useful cinema". Diese Begriffe beziehen sich auf Filme (Acland

---

10   Eine weitere Spiele-App, die von ARTE zusammen mit einer Computerspielfirma 2016 entwickelt wurde, verwendet dieselbe Strategie, um das Telefon von jemandem zu simulieren (in diesem Fall nicht das der Exilierten, sondern das von ihrem Partner, der stattdessen in Syrien bleiben musste). In *Bury Me My Love* (2016) kann die Diskrepanz zwischen Echtzeit und Spielzeit selbst entschieden werden. Nutzer:innen können zwischen einer langsameren und damit realeren Kommunikation oder einer sehr schnellen, weiter von der Echtzeitwahrnehmung entfernten, wählen.

und Wasson 2011; Schneider 2021; Hediger und Vonderau 2009), lassen sich jedoch auch sinnvoll auf die Form der Spieleproduktion anwenden: als Werkzeug, das überzeugen, anweisen oder beweisen kann („[a] tool that makes, persuades, instructs, demonstrates, and *does* something" (Acland und Wasson 2011, 6)).

Serious Games werden oft zu Werbezwecken, aber auch in Bildungs-kontexten entwickelt. Das soziale und humanitäre Ziel ist hier der Zweck sowohl des Spiels als auch der Institution, die es in Auftrag gegeben hat (Rangan 2017).

Das Thema der Implikationen eines humanitären Diskurses in dokumentarischen Medien wurde bereits von Pooja Rangan (2017) dis-kutiert. Sie untersucht mehrere „participatory documentaries" auf etwas, das sie die „verwundbare Menschheit" nennt – und kam zu dem Ent-schluss, dass Geflüchtete und gefährdete Menschen die „raison d'être" der humanitären Medienproduktion sind. Rangans „humanitärer Impuls" (2017) unterstreicht die Notwendigkeit, dem leidenden Menschen eine Stimme zu verleihen. Dies materialisiert sich in partizipativen Praktiken beispielsweise als Impuls, den Verwundbaren die Kamera zu geben, damit sie aus ihrer Perspektive sprechen können. Dieser Impuls ist in *Finding Home* zum Groß-teil fiktiv: Die Erfahrung von Geflüchteten wird durch das Gameplay wieder-gegeben. Obwohl die Hauptfiguren der Geschichte zwei echte Rohingya-Geflüchtete sind, ist ihr Sprechakt fiktiv. Sie sind Schauspieler:innen, die „sich selbst" in einem Serious Game interpretieren.

In *Finding Home* ist der Impuls, den Geflüchteten eine Stimme zu verleihen, gleichzeitig eine Simulation derselben humanitären Geste. Trotz ihrer Fik-tionalität berührt uns die Geschichte von Kathijah, weil wir sie aus ihrer (simulierten) Sicht quasi aus erster Hand erleben. Diese Sichtweise wird durch unterschiedliche Strategien betont. Wir können unser Telefon nach Musik durchsuchen, diese anhören oder Nachrichten senden. Außerdem geht unser Telefon bei der Flucht kaputt und das Oberflächenglas wird rissig. Als wir den beharrlichen Anruf eines skrupellosen Mannes erhalten, fühlt es sich sehr unangenehm an. Und obwohl das Spiel an sich nicht kom-plex ist und ein Happy End hat, bleibt das Gefühl einer beunruhigenden Erfahrung.

Wie am Ende deutlich wird, sind Kathijah und ihr Bruder trotz des Happy Ends „immer noch weit von der Sicherheit entfernt"[11]. Das Spiel, das wir gerade gespielt haben, ist also scheinbar nicht dazu da, uns zu

---

11   So wird es mit Text am Ende des Spiels betont.

unterhalten. Dies ist ein Serious Game über eine ernste Situation: „die größte humanitäre Krise", die, wie die Autor:innen der App schreiben, uns „zum Handeln" auffordert (UNHCR 2022). Den Spieler:innen wird auch klar, dass das Smartphone sowohl zu einem Überlebensinstrument wird, als auch zu einer Möglichkeit, auf Wissen zuzugreifen und die Kommunikation mit Familie und Freund:innen während der gesamten Fluchterfahrung aufrechtzuerhalten.

Wir als Spieler:innen eignen uns nicht nur die Erfahrung des Spiels an, sondern, durch die Verwendung des Smartphones, auch die Flucht-erfahrung. Durch das Handy der Geflüchteten in *Finding Home* werden daher auch Aspekte von Found-Footage-Filmen[12] betont. Obwohl die Aneig-nung eines Smartphones in *Finding Home* subtil und nicht Teil des Spiels ist, sondern uns vielmehr vorgeben möchte, in die Rolle einer Geflüchteten zu schlüpfen, betonen andere Spiele-Apps wie *A Normal Lost Phone* (2020),[13] wie man durch das Finden eines Telefons in das Leben (und Medien) einer:s Fremden eintauchen kann. Die anfängliche Strategie ist daher zwar anders, aber die Simulation ist im Prinzip dieselbe: Die Spielästhetik reproduziert ein Smartphone. Das ist die notwendige Annahme, um das Spiel zu beginnen und in Huizingas „Spielkreis" einzutreten: Wir akzeptieren, dass wir uns ein Smartphone aneignen. In *Finding Home* jedoch eignen wir uns zugleich das (simulierte) Leben einer Geflüchteten an.

Dieses sogenannte „found phone" kann über unser eigenes, echtes Gerät und die vom UNHCR erstellte App, die wir herunterladen können, ange-eignet werden. Anders als bei Found-Footage-Filmen wird das Material erst in der Simulation „gefunden". Es stammt also nicht aus archiviertem oder aktuellem Filmmaterial. Die Aneignung findet somit auf zwei Ebenen statt: der Fluchterfahrung und des fiktionalen Smartphones.

Wenn für uns die Appropriation des Smartphones mit dem Spiel endet, mag zwar die Fluchterfahrung und ihre Reproduktion für uns enden – für andere Nutzer:innen bleibt sie aber verfügbar. Die Aneignung findet hier in Form eines humanitären Diskurses statt, oder wie Lilie Chouliaraki (2013) es benannt hat, als „post-humanitarian" Diskurs.[14] Tatsächlich unter-stützt diese Vision einerseits das grundlegende Überlebensbedürfnis von Geflüchteten, bestärkt aber andererseits auch den humanitären Unter-nehmensgedanken, der hilft, die weitere Verbreitung mobiler Konnektivität

---

12   Found-Footage-Filme sind Filme, die Aufnahmen enthalten, die nicht direkt gedreht wurden, sondern aus Archiv- oder Privatmaterial stammen.
13   Für mehr Informationen, siehe Accidental Queens 2016–2017.
14   Siehe Fazit für eine Erklärung des Konzeptes.

unter Geflüchteten langfristig umzusetzen und die Medienerfahrungen anzueignen.

Aneignung von Daten und Metadaten von Geflüchteten

Laut dem Bericht „Connecting Refugees" des UNHCR aus dem Jahr 2016 kann mithilfe des Internets und mobiler Konnektivität die Alphabetisierung, Emanzipation und das allgemeine Wohlbefinden von Geflüchteten verbessert werden (Vernon, Deriche und Eisenhower 2016).

In dem Bericht erklärt das UNHCR sein Bestreben nach „Partnerschaften und intelligenten Investitionen" (Vernon, Deriche und Eisenhower 2016, 8), die sicherstellen sollen, dass Geflüchtete Zugang zu Mobil- und Internetkonnektivität haben, indem die Benutzerfreundlichkeit, Verfügbarkeit und Erschwinglichkeit technologischer Geräte verbessert werde. Aus UNHCR-Recherchen ging zudem hervor, dass Haushalte von Geflüchteten einen großen Prozentsatz ihres Einkommens in mobile Konnektivität in Form von Internetzugang sowie Zugang zu Hardware (Smartphones, PCs, etc.) investieren. Es wird auch betont, dass die Kommunikation zwischen NGOs und dem UNHCR mit Geflüchteten oft persönlich erfolge, was ihrer Meinung nach „zeitaufwändig und ineffizient" sei (Vernon, Deriche und Eisenhower 2016, 17). Konnektivität sei auch hilfreich, um ihre Sicherheit zu gewährleisten, wobei gleichzeitig der Datenschutz garantiert werden solle.

Einerseits ermöglicht Konnektivität Geflüchteten den Zugang zu Informationen, Bildung und Sicherheit. Andererseits können Daten abrufbar sein und sie gefährden. Die Verwendung biometrischer Daten in Flüchtlingslagern wurde offiziell durch den UNHCR durch das biometrische Identitätsmanagementsystem im Jahr 2010 eingeführt (UNHCR 2015; Jacobsen 2017). So lautet es in der UNHCR-Richtlinie: „biometrics should be used as a routine part of identity management to ensure that refugees' personal identities cannot be lost, registered multiple times or subject to fraud or identity theft" (UNHCR 2015).

Einige vom UNHCR veröffentlichte Fotos zeigen, wie in Thailand Iris-Scans und Fingerabdrücke aufgenommen werden. Das UNHCR hat die Verwendung einer digitalen Identität implementiert und einige Apps entwickelt, um die Mobilität von Geflüchteten und den Prozess der Registrierung zu erleichtern, jedoch mit der Anforderung, im gleichen Zuge dem UNHCR personenbezogene Daten als biometrische Daten zu übermitteln.

Ein kürzlich veröffentlichter Bericht hat aufgedeckt, wie das UNHCR Daten von Rohingya-Geflüchteten ohne deren Zustimmung weitergegeben hat: „The United Nations refugee agency improperly collected and shared personal information from ethnic Rohingya refugees with Bangladesh, which shared it with Myanmar to verify people for possible repatriation" (Human Rights Watch 2021).

Biometrische Daten wurden in Thailand durch die Ausstellung eines Personalausweises gesammelt. Dieser wurde zusammen mit einer mobilen App namens UNHCR VERIFY-MY[15] eingeführt, mit der die Behörden den SQR-Code auf der Rückseite eines Personalausweises scannen und seine Echtheit überprüfen. In Europa und in Schweden wurde dieser Ausweis für Geflüchtete und Asylsuchende durch die Entwicklung einer weiteren App umgesetzt, die nicht nur Behörden, sondern auch Geflüchteten den Zugriff und die Verwaltung ihrer digitalen Registrierung ermöglicht. Die App *The Welcome Card* ermöglicht es, 80 % der Kommunikation auf die digitale Plattform zu lenken und andere Formen der Kommunikation zu vermeiden, wie „Phone-calls, Letters and Office-visits between Asyl-seekers and employees" (The Welcome Card 2021). Diese spezielle App wurde dazu entwickelt, um es Geflüchteten zu ermöglichen, ihren Asylantrag zu prüfen, wichtige Dokumente auszutauschen und auf öffentliche Verkehrsmittel in Schweden zuzugreifen.

Die App, die seit 2016 in Europa als vorläufiger Ausweis für Asylbewerber:innen verwendet wird, schließt an das biometrische Identitätsmanagementsystem an, mit dem Fingerabdrücke, Iris-Scans und Fotos gesammelt und mit Staatsbürgerschaftsdaten und Geburtsdaten verknüpft werden sollen. Diese Form der Identifizierung kann Asylbewerber:innen helfen, finanzielle Unterstützung zu erhalten oder ihre Anspruchsberechtigung zu überprüfen. Die App ermöglicht Mobilität jedoch nur unter der Bedingung, dass die App-Nutzenden die Datenerhebung akzeptieren und der Rückverfolgbarkeit zustimmen. Dies bedeutet auch, die Mobilität derjenigen einzuschränken, die diese Anforderungen nicht akzeptieren.

In seinem Artikel auf *WIRED UK* beschuldigt Morgan Meaker die europäischen Mitgliedstaaten, Telefondaten von Geflüchteten zu stehlen, um diese abzuschieben zu können. Wie der Journalist behauptet:

> In 2017 both Germany and Denmark expanded laws that enabled immigration officials to extract data from asylum seekers' phones. Similar legislation has been proposed in Belgium and Austria, while the UK

---

15   Heute als UNHCR Verify Plus, siehe UNHCR 2023.

and Norway have been searching asylum seekers' devices for years. (Meaker 2018)

Tatsächlich hat sogar Human Rights Watch diesbezüglich Bedenken geäußert (Fischer 2021).[16] Dennoch sind sich Migrant:innen dieser neuen Form der Überwachung bewusst und haben begonnen, neue Techniken zu entwickeln, die sie „unsichtbar" machen, wie zum Beispiel die Verwendung von mehreren SIM-Karten für die Kommunikation (Fischer 2021). Auch die Frage nach Metadaten als Beweismittel und zur Erfassung der zeitlichen und räumlichen Präsenz[17] einer Person sorgt für Widerstände. Der *WIRED UK*-Bericht geht auch auf die Tatsache ein, dass das deutsche Bundesamt für Migration und Flüchtlinge (BAMF) Metadaten von Telefonen zur Bearbeitung von Asylanträgen kontrollieren darf, „to look for inconsistencies in an applicant's story" (Meaker 2018).[18]

Doch sind solche Metadaten überhaupt zuverlässig? Wie bereits oben beschrieben, dienen fotografische Beweise als Werkzeug, um die Existenz und das Überleben einer Person zu bestätigen. Dennoch könnten solche Beweise durch Metadaten manipuliert werden. Das Freeware-Tool „Geo-Setter" z.B. ist eine von vielen online verfügbaren Software-Angeboten, die helfen, Metadaten und insbesondere Geo-Metadaten zu verändern (Schmidt 2020). Dies bedeutet, dass trotz der Behauptung des BAMF, sich auf Metadaten zu verlassen, um Inkonsistenzen von Antragsteller:innen zu suchen und zu verfolgen, ebendiese keinen endgültigen Beweis darstellen können.

Dieser Prozess der Rückverfolgung wird z.B. bei der *Displacement Tracking Matrix* (DTM) von IOM[19] benutzt, ein weiteres System zur Verfolgung und Überwachung von Vertreibung und Bevölkerungsmobilität. Die gesammelten Daten machen Geflüchtete für den Staat sichtbar und werden auch dazu genutzt, Datenvisualisierungen in Form von Bewegtbildern zu produzieren . Diese Visualisierungen werden durch die IOM-Dateninfrastruktur gesteuert. IOM will den Migrationsstrom in Europa

16   Das Bundespolizeigesetz erlaubt das Abhören der Telefone von „persons against whom no suspicion of a crime has yet been established and therefore no criminal procedure measure can yet be ordered" (Fischer 2021).

17   In Metadaten werden zum Beispiel Informationen über Raum und Zeit gespeichert. Ein Foto kann darauf hinweisen, wann und wo es gemacht wurde und damit als Beweis dienen. Dieser Auftenthaltsbeweis kann bei Asylverfahren von Autoritäten benutzt werden.

18   Kürzlich hat ein Gericht in Berlin gegen das Verfahren des BAMF entschieden, Metadaten von Asylbewerber:innen zu verwenden, um Informationen über ihre Identität zu überprüfen (Delcker 2021).

19   IOM ist die internationale Organisation für Migration der UN.

überwachen. Solche Visualisierungen konstruieren einen humanitären Diskurs, bestehend aus Karten und die Sammlung detaillierter Berichte von Fluchterfahrungen.

Die Betonung von Konnektivität und der Versuch der Rückverfolgung „aus der Ferne" durch humanitäre Organisationen deutet einen Paradigmenwechsel des Humanitarismus selbst an. Wie oft in solchen Berichten erwähnt, bedeutet die Gewährleistung des Zugangs von Geflüchteten zu Mobilfunk- und Internetdiensten auch eine einfachere und effizientere Kommunikation zwischen dem humanitären Sektor und denjenigen, die dieser verwalten möchte. Diese diskursive Verschiebung birgt, wie Mark Duffield (2019) festgestellt hat, die Gefahr, humanitäre Maßnahmen in eine Form der Fernverwaltung zu verwandeln, die menschlichen Kontakt vermeidet, weil dieser als ineffizient und zeitaufwändig gilt. Duffield sieht hier die Konnektivität im Bereich des humanitären Sektors als ein „Pharmakon" (2019, 192).

In Anlehnung an Derrida argumentiert Bernard Stiegler, dass ein Objekt ein Pharmakon ist, wenn seine Kraft in unermesslichen Maße heilsam, aber auch destruktiv ist: „The *pharmakon* is at once what enables care to be taken and that of which care must be taken. In the sense that it is necessary to pay attention: its power is curative to the immensurable extent that is also destructive." (Stiegler 2013, 4) Diese Idee des Pharmakons spiegelt genau die humanitäre Vision hinter dem Spiel *Finding Home* wider, nämlich eine Spannung zwischen der positiven und der negativen Seite der Nutzung von Technologien und insbesondere von Smartphones.

Wie der Titel dieses Sammelbandes suggeriert, handelt es sich bei der Kamera um eine App, welche auch Metadaten über Zeit, Standort usw. produziert. Die mobilen Apps in den Händen von Geflüchteten sind Werkzeuge, um zu kommunizieren, Missbrauch zu melden und zu überleben, aber sie können auch zu Instrumenten der hegemonialen Kontrolle werden. Das Spielen einer Geflüchteten in *Finding Home*, so mein Argument, zeigt auf paradoxe Art und Weise eine Form der Aneignung des Lebens von Geflüchteten und besonders von ihren medialen Erfahrungen, die gleichzeitig auch zur Erfahrung der App-Nutzer:innen werden.

Es geht nicht nur um die Darstellung audiovisueller Daten, sondern darüber hinaus auch darum, wie jede alltägliche Interaktion, jedes Scrollen, jedes Berühren oder einfach nur Bewegungen angeeignet werden können. Ein Instrument, könnte man sagen, das der Pflege und Kontrolle des Globalen Nordens dient, der durch diese Appropriation seine eigenen Narrative über Geflüchtete und Migrant:innen konstruiert.

Fazit: Flüchtlingsidentitäten anwenden

Lilie Chouliaraki hat sich kritisch mit dem auseinandergesetzt, was sie „post-humanitarian communication" nennt. In ihrem Buch *The Ironic Spectator* (2013) argumentiert sie, dass humanitäre Organisationen Solidarität mit Strategien beschwören, die nicht nur auf einen Diskurs des Mitleids setzen, sondern eine selbstbezogene Moral ansprechen. Der humanitäre Diskurs hat neue Erzählungen hervorgebracht, die darauf abzielen, dass wir uns gut fühlen, wenn wir Solidarität praktizieren, wobei sie gleichzeitig jedoch oft nicht die Ursachen der Verletzlichkeit ansprechen. Auch der Einsatz von Serious Games und spielerischer Kommunikation ist Teil dieser Verschiebung. Die Art und Weise, wie solche Narrative der Verletzlichkeit unsere Gefühle ansprechen, hat sich sicherlich geändert. Serious Games sind in der Lage, komplexe Szenarien zu produzieren und versuchen, die „compassion fatigue" (Moeller 2002) zu vermeiden, die oft in anderen Medien durch mitleidsstarke Bilder erzeugt wird.

Das 2017 entstandene Spiel *Finding Home* ist bereits Teil einer Medien-produktion in Rückgang. Wie Ian Bogost, der den Begriff der „persuasive games" prägte, kürzlich in einem Sammelband argumentierte, hat sich seine anfängliche Begeisterung für das Potenzial solcher Spiele als Werk-zeuge für das Lernen und den sozialen Wandel nun umgekehrt: „even more positive developments in media failed to take the form of playable systems with procedural rhetoric. Instead smartphones filled up with the media forms of the 20th century: words, images, moving images, and audio." (Bogost 2021, 32) *Finding Home* ist in der Tat eines der wenigen dieses Genres, wenn auch seine Distribution auf der Android-Plattform bereits offline gestellt wurde – wobei es immer noch möglich ist, die App auf der iOS-Plattform Apple Play herunterzuladen.

Dennoch muss auch hervorgehoben werden (und das Beispiel von *Finding Home* ist selbsterklärend für diesen Prozess), dass unsere Smartphones zwar wieder mit Worten, Bildern, Bewegtbildern und Audiodateien gefüllt werden, jedoch die Materialität dieser Formate nicht dieselbe ist wie damals, als sie im 20. Jahrhundert populär wurden. Das ist ein Punkt, auf den Bogost nicht eingeht. Die im Smartphone integrierten digitalen und vielfältigen Formate gehören einer anderen Art von Kommunikations-infrastruktur an, die sich historisch unterschiedlich auf unsere gesell-schaftlichen und kulturellen Dynamiken auswirkte.

Wie Anne Ganzert in ihrem Beitrag zu diesem Band belegt, hat die Smart-phone-Fotografie dank sozialer Netzwerke neue soziale Funktionen erhalten und den Wert erweitert, den Bourdieu der Fotografie ursprünglich beigemessen hat. Mit Smartphones lässt sich alles fotografieren, nicht nur das, was fotografiert werden „muss". Dies ist vor allem aufgrund technologischer Fortschritte und eines infrastrukturellen Wandels möglich geworden, der zu geringeren Kosten des Fotografierens, Entwickelns und Teilens von Bildern und Daten führte. Dem Bandtitel *Deine Kamera ist eine App* zufolge sind Apps Anwendungen, da sie auch Software sind. Und auch Lev Manovich (2014) betont, McLuhan paraphrasierend, wie wichtig es sei, nicht zu vergessen, dass alles, was wir heute verwenden, aus Software besteht: „Software is the message."

Über das Spielen hinaus implizieren Smartphone-Anwendungen, die auch Migrant:innen verwenden können, eine komplexe Medieninfrastruktur, die sie einerseits zu Geräten macht, die Menschen helfen zu kommunizieren, Kontakte zu knüpfen, sich zu informieren oder zu reisen, aber andererseits auch Auswirkungen auf Sichtbarkeit von Migrant:innen haben können und auf die Art und Weise, wie sie kommunizieren, Kontakte knüpfen usw. *Finding Home* ist ein Beispiel, das es erlaubt zu thematisieren, wie sich humanitäre Kommunikation die Erfahrung von Geflüchteten aneignet, um eine Form von „humanitären Affekt" (Ross 2020) zu erzeugen: „digital humanitarian practices are producing localized flows of humanitarian affect induced by specific events, campaigns, and issues, rather than generating global awareness or sensitivity" (Ross 2020, 174). Ross stellt des Weiteren fest, dass menschliches Leiden in solchen Praktiken nicht nur etwas ist, das Handlungen auslöst; vielmehr werden digitale Medien Teil einer „assemblage of technical, sensory, and affective processes involved in channeling human activity and directing attention" (175).

Es geht nicht nur darum, Bilder als „visuelle" Form des Affekts zu verwenden. Das Spiel erschafft ein Erlebnis, das multisensorisch ist. Humanitäre Kommunikation eignet sich auf diese Weise nicht nur die Stimmen von Geflüchteten an, um sie für sich selbst sprechen zu lassen, sondern moduliert ihre Erfahrung, indem sie Geflüchtete als Schauspieler:innen engagiert, um die Performance zu interpretieren und zu rekonstruieren. Diese Erfahrung, die über unser Smartphone bereitgestellt wird, steht uns zur Verfügung und soll durch die Sammlung von Geschichten realistisch näher gebracht werden und die Nutzer:innen mit mehreren Sinnen ansprechen. Wie in einigen anderen Spiele-Apps ermöglicht die Strategie des „found phone" es, in die Rolle einer Geflüchteten zu schlüpfen, indem wir „Zugang" zu ihrem Smartphone bekommen.

Als Spieler:innen eignen wir uns eine Identität an, die nicht unsere eigene ist. Wir spielen und genießen ein Spiel mit dem ernsthaften Ziel, uns einzufühlen. Angeregt durch die Sinne neigen wir dazu, eventuell zu handeln oder auch nicht. Innerhalb der Fiktion des Spiels gelten die Regeln der Fotografietheorie und der „prozeduralen Rhetorik". Draußen, in der Realität der Welt, sind solche Bilder, Videos und Materialien nur eine dramatische Rekonstruktion, ein Reenactment. Dies signalisiert jedoch, was eine reale Praxis innerhalb der institutionellen humanitären Kommunikation ist – nämlich, sich Lebensgeschichten von Geflüchteten anzueignen, um sie nachzuspielen und einen Diskurs über ihre Verletzlichkeit zu reproduzieren, und zwar mit dem Ziel, Spenden zu sammeln und als Institution zu überleben. Humanitäre Organisationen wie das UNHCR unterhalten nicht nur eine Form der Kommunikation, die Geflüchteten scheinbar eine Stimme geben will, sondern sie nutzen auch ihre Stimme, Daten und Metadaten mittels Anwendungen als eine Form der Verwaltung und Kontrolle.

Die Erhebung von Daten durch humanitäre Organisationen ist als Praxis nicht neu und dennoch wird sie durch das Smartphone allgegenwärtig. Wenn die App *Finding Home* durch jedes Scrollen, Klicken oder Tippen einen „humanitären Affekt" mobilisiert, werden die Metadaten der Medienerfahrungen von Geflüchteten angeeignet, um sie zu überwachen und „sichtbar" zu machen. Wir alle leben auf und in unseren Handys, aber was geschieht, wenn unser Leben davon abhängen würde?

Literatur

Abt, Clark C. 1970. *Serious Games*. New York: Viking Press.

Accidental Queens. 2016–2017. „A Normal Lost Phone". *Offizielle Webseite*. Letzter Zugriff am 18. März 2022. https://anormallostphone.com/.

Acland, Charles R. und Haidee Wasson, Hgs. 2011. *Useful Cinema*. Durham NC: Duke University Press Books.

Blindflug Studios. 2022. „Cloud Chasers – Journey of Hope". *Offizielle Webseite*. Letzter Zugriff am 22. März 2022. http://cloudchasersgame.com/.

Bogost, Ian. 2007. *Persuasive Games: The Expressive Power of Videogames*. Cambridge, MA: MIT Press.

———. 2021. „Persuasive Games, A Decade Later". In *Persuasive Gaming in Context*, herausgegeben von Teresa de la Hera, Jeroen Jansz, Joost Raessens und Ben Schouten, 29–40. Amsterdam University Press.

Braida, Nicole. 2016. „Flucht ins Netz. Ein Vergleich von REFUGEES (Arte, 2014) und REFUGEE REPUBLIC (Submarine Channel, 2014)". *AugenBlick. Konstanzer Hefte zur Medienwissenschaft* (65/66): 78–95.

———. 2018. „What If I Were a Refugee?: How Game Structures in Interactive Media Frame Refugee Stories". In *Migrants, Refugees, and the Media*, herausgegeben von Sai Felicia Krishna-Hensel, 42–58. New York: Routledge.

————. 2022. *Migrating Through the Web: Interactive Practices About Migration, Flight and Exile.* Bielefeld: transcript Verlag.

Chouliaraki, Lilie. 2013. *The Ironic Spectator: Solidarity in the Age of Post-Humanitarianism.* Oxford: Wiley.

Consalvo, Mia. 2009. „There Is No Magic Circle". *Games and Culture* 4 (4): 408–417.

Delcker, Janosch. 2021. „Berlin Court Rules Searching Phone of Asylum-Seeker Was Unlawful". *Deutsche Welle*, 6. Januar. Letzter Zugriff am 7. Oktober 2023. https://www.dw.com/en/ berlin-court-rules-searching-phone-of-asylum-seeker-was-unlawful/a-57750301.

Duffield, Mark R. 2019. *Post-Humanitarianism: Governing Precarity in the Digital World.* Medford, MA: Polity.

Fischer, David. 2021. „Germany's New Surveillance Laws Raise Privacy Concerns". *Human Rights Watch*, 24. Juni. Letzter Zugriff am 7. Oktober 2023. https://www.hrw.org/ news/2021/06/24/germanys-new-surveillance-laws-raise-privacy-concerns.

Hediger, Vinzenz und Patrick Vonderau. 2009. *Films That Work: Industrial Film and the Productivity of Media.* Amsterdam: Amsterdam University Press.

Huizinga, Johan. 1950. *Homo Ludens: A Study of the Play-Element in Culture.* Kettering, OH: Angelico Press.

Human Rights Watch. 2021. „UN Shared Rohingya Data Without Informed Consent". *Human Rights Watch*, 15. Juni. Letzter Zugriff am 7. Oktober 2023. https://www.hrw.org/ news/2021/06/15/un-shared-rohingya-data-without-informed-consent.

Jacobsen, Katja Lindskov. 2017. *The Politics of Humanitarian Technology: Good Intentions, Unintended Consequences and Insecurity.* London: Routledge.

Juul, Jesper. 2004. „Introduction to Game Time/Time to Play: An Examination of Game Temporality". In *First Person: New Media as Story, Performance and Game*, herausgegeben von Noah Wardrip-Fruin und Pat Harrigan, 131–42. Cambridge, MA: MIT Press.

Kancil Awards. 2022. „Finding Home. Merit. User Experience Design". *Winners*. Letzter Zugriff am 16. Februar 2022. https://www.kancilawards.com/winners/entry/2018/3369.

Manovich, Lev. 2014. „Software Is the Message". *Journal of Visual Culture* 13 (1): 79–81.

Meaker, Morgan. 2018. „Europe Is Using Smartphone Data as a Weapon to Deport Refugees". *Wired UK*, 2. Juli 2018. https://www.wired.co.uk/article/ europe-immigration-refugees-smartphone-metadata-deportations.

Moeller, Susan D. 2002. *Compassion Fatigue: How the Media Sell Disease, Famine, War and Death.* London, UK: Routledge.

Raessens, Joost. 2015. „Playful Identity Politics: How Refugee Games Affect the Player's Identity". In *Playful Identities*, herausgegeben von Joost Raessens, Valerie Frissen, Sybille Lammes, Michiel de Lange und Jos de Mul, 245–260. Amsterdam: Amsterdam University Press.

Rangan, Pooja. 2017. *Immediations: The Humanitarian Impulse in Documentary.* Durham/ London: Duke University Press.

Ross, Andrew A. G. 2020. „Mediated Humanitarian Affect". In *Affective Transformations: Politics-Algorithms-Media*, herausgegeben von Bernd Bösel und Serjoscha Wiemer, 169–184. Lüneburg: meson press.

Schmidt, Friedemann. 2020. „GeoSetter". *Offizielle Webseite.* Letzter Zugriff am 2. März 2022. https://geosetter.de/en/main-en/.

Schneider, Alexandra. 2021. „Theorie des Amateur- und Gebrauchsfilms". In *Handbuch Filmtheorie*, herausgegeben von Bernhard Groß und Thomas Morsch, 225–242. Wiesbaden: Springer VS.

Sou, Gemma. 2018. „Trivial Pursuits? Serious (Video) Games and the Media Representation of Refugees". *Third World Quarterly* 39 (3): 510–526.

Steyerl, Hito. 2009. „In Defense of the Poor Image". *e-flux journal* (10(11)). https://www.e-flux.com/journal/10/61362/in-defense-of-the-poor-image/.

Stiegler, Bernard. 2013. *What Makes Life Worth Living: On Pharmacology*. Übersetzt von Daniel Ross. Cambridge, UK: Polity.

Streible, Dan, Martina Roepke und Anke Mebold. 2007. „Introduction: Nontheatrical Film". *Film History* 19: 339–343.

The Welcome Card. 2021. *Offizielle Webseite*. Letzter Zugriff am 23. Februar 2022. https://thewelcomecard.org.

UNHCR. 2015. „Biometric Identity Management System". *UNHCR*. 2015. https://www.unhcr.org/protection/basic/550c304c9/biometric-identity-management-system.html.

———. 2022. „Finding Home – A Refugee's Journey". *Apple App Store*. Letzter Zugriff am 18. März 2022. https://apps.apple.com/us/app/finding-home-a-refugees-journey/id1234931023.

———. 2023. „UNHCR Verify Plus". *Google Play Store*. Letztes Update am 24. Juli. https://play.google.com/store/apps/details?id=org.unhcr.verifyplus&hl=en_US.

Vernon, Alan, Kamel Deriche, und Samantha Eisenhower. 2016. „Connecting Refugees. How Internet and Mobile Connectivity can Improve Refugee Well-Being and Transform Humanitarian Action". Report. UNHCR. https://www.unhcr.org/5770d43c4.pdf.

SMARTPHONE

KAMERA

APPS

FOTOTHEORIE

Smartphone-Fotografie und verschränkte Temporalitäten

Anne Ganzert

Das Smartphone hat die Fotografie verändert und damit auch die ihr zu- und eingeschriebenen Temporalitäten. Zum vergangenheitsorientierten „so war es" und „ich war hier" des Bildes gesellt sich, qua App-Kultur, das gegenwärtige „ich bin hier". Die Nutzer:innen des Smartphones sind die Fotograf:innen des Alltags. Aus der Beobachtung zeitgenössischer medialer Alltagspraktiken und Kameraoperationen und deren Übersetzung in Serien wie *Black Mirror* heraus diskutiert der Beitrag verschiedene Temporalitäten der Smartphone-Fotografie unter Einbezug klassischer Fototheorien und neuerer Debatten z.B. um die *photo-worthiness* des Alltäglichen. Dabei geht es gerade nicht um das Aufnehmen und Teilen eines ganz besonderen Bildes, sondern, vor allem im Kontext sozialer Netzwerke,

um ein gemeinsames ästhetisches Repertoire. Dessen Aushandlung ist ein bildinhärenter Prozess zwischen App(likation) und Appropriation, der im Folgenden entfaltet wird.

Der Zusammenhang von Temporalität und (Ab-)Bildlichkeit wird vor allem im Kontext der Fotografie im Kontrast mit dem bewegten Bild des Films diskutiert. Sämtlichen „Funktionsweisen" der Fotografie sozialer, künstlerischer, technischer Art ist Zeitlichkeit eingeschrieben und diese Temporalitäten sind dezidiert miteinander verbunden, beziehungsweise verschränkt. Dieses Statement ist so banal wie entscheidend und die Grundlage für diesen Beitrag, der des Weiteren davon ausgeht, dass das Smartphone mit seiner Kamera, bzw. seinen Kameras im Plural, die Temporalitätskonstruktionen von Fotografie nochmals erweitert und verkompliziert hat. Zum Beispiel kommt zum vergangenheitsorientierten „so war es" und „ich war hier" des fotografischen Bildes qua App-Kultur ein „ich bin hier" – in diesem Café, vor diesem Teller – dazu, und dieses „ich" der Smartphone-Nutzenden schießt schnell und in Antizipation des Genusses, aber bevor probiert wird, ein Foto. Diesen Überlagerungen und Medienverflechtungen sollen im Folgenden nachgegangen werden.

Grundlegend ist davon auszugehen, dass Smartphone-Nutzer:innen mit dem Herunterladen, Einloggen, Öffnen und Nutzen von Apps vertraut sind und verschiedene Praktiken zur Anwendung kommen. Das bedeutet, dass das Smartphone als Hardware und Interface bedingt, welche Anwendungen mit welchen Funktionsweisen zugänglich sind. Hier spielen zudem Faktoren wie der Standort (und der regionale App Store/Play Store), das Betriebssystem und die jeweilige App-Version, die technische Ausstattung des Gerätes (Bluetooth, GPS, Fingerabdruck-Scan, Touchscreen usw.), sowie der ökonomische Status der Nutzer:innen und deren Bereitschaft, für bestimmte Apps und Funktionen zu bezahlen, eine Rolle – in ihrem Zusammenspiel schaffen diese Faktoren die Infrastruktur für die App-Nutzung und die damit verbundene Hervorbringung der Nutzer:innen als solche. Die Kameratechnologien und die damit verbundenen Apps und Softwares bilden keine Ausnahme: Auflösung, Zoom, Farbbrillanz etc. sind bei Smartphone-Fotografie, wie auch schon bei der Digitalkamera, zu großen Teilen in berechenbare Prozesse überführt, und so ist die Smartphone-Kamera immer (auch) schon eine App, wie die Beiträge dieses Bandes zeigen.

Um die Temporalitäten etwas zu entwirren und diskutierbar zu machen, beziehe ich mich im Folgenden (siehe Abschnitt 1) auf einen Auszug aus einem Text des Soziologen Pierre Bourdieu. Dieser fragte 1981 angesichts der extrem angestiegenen Verbreitung von Fotoapparaten, wie es käme, „daß die Beschäftigung mit der Photographie so überaus verbreitet ist, daß es jedenfalls in den Städten nur wenige Haushalte ohne Kamera gibt?" (1981, 25). Dreißig Jahre später ist diese Kameradichte durch die Omni-präsenz der Smartphones und ihren Kameras eskaliert, und wird durch die Apps, Plattformen und Kulturen des Teilens multipliziert. Aus den daran anschließenden zeitgenössischen, medialen Alltagspraktiken und Kamera-operationen ergibt sich zum einen eine Variante der *deferred community* (siehe Abschnitt 2), der versprochenen aber sich stets entziehenden Gemeinschaft, die es zu diskutieren gilt. Zum anderen kann beobachtet werden, wie dem Alltäglichen *photo-worthiness* zugesprochen wird. Am Bei-spiel einer Folge aus der Serie *Black Mirror* lässt sich dies in der fiktionalen Dystopie diskutieren, und auch wie und warum die Smartphone-Bilder des Teilens würdig sind (siehe Abschnitt 3). Dabei geht es gerade nicht um das besondere Bild, sondern, vor allem im Kontext sozialer Netzwerke, um ein gemeinsames ästhetisches Repertoire. Die Aushandlung der medialen Teilhabe daran ist ein bildinhärenter Prozess zwischen Applizieren und Appropriieren, den ich diskutieren möchte.

Diese verschränkten Temporalitäten und Temporalisierungen werden im Laufe dieses Beitrags auf unterschiedlichen Ebenen verortet, mal in der Technik, oder dem Medium, mal im Bild, mal bei den Fotografierenden, mal bei den Rezipierenden. Denn wenn die Kamera immer schon (mehrere) App(s) ist, verschränken sich Bild, Medien, Gemeinschaften und Tempo-ralitäten. Der Beitrag reflektiert deshalb verschiedene Aspekte von Smartphone-Kameras, Apps, Fotografie und -Funktionen die sich jeweils miteinander verflechten und unterschiedliche temporale Strukturen und Effekte hervorbringen, anwenden und aneignen.

Temporalisierende Funktionsweisen der Smartphone-Fotografie

Ich möchte zunächst auf fünf Funktionsweisen der Fotografie eingehen, die Bourdieu genannt und hinsichtlich ihrer sozialen Funktion und individuellen Befriedigung erläutert hat. Bourdieu nennt „Schutz gegen die Zeit", „Kommunikation", „Prestigegewinn", „Dokumentation" und „Wirklich-keitsüberwindung" in seiner Studie zur Gebrauchsweise der Fotografie, die er im ersten Kapitel von *Un art moyen. Essai sur les usages de la photographie*

(1965) veröffentlichte. Der im französischen Titel betonte Gebrauch der Fotografie wird in der deutschen Übersetzung um die für ihn zentrale soziale Dimension erweitert: *Eine illegitime Kunst. Die sozialen Gebrauchsweisen der Fotografie.* Bourdieu (1983, 87) hält grundlegend fest:

> Es ist ihre zeitliche Definition, in der sich das ganze Paradox der Photographie in ihrer gebräuchlichsten Version offenbart. Als plötzlicher Schnitt in die sichtbare Welt ist die Photographie das Mittel, die solide und kompakte Wirklichkeit der alltäglichen Wahrnehmung in eine unendliche Vielfalt flüchtiger Ansichten aufzulösen, einmalige Konstellationen, Aspekte der wahrgenommenen Welt festzuschreiben, die – darauf hat Walter Benjamin hingewiesen – ihrer Flüchtigkeit wegen im Grunde gar nicht wahrgenommen werden können.

Diesen zeitlichen Aspekten und Definitionen möchte ich nachgehen, auf Smartphone-Fotografie und -kameras anwenden und dabei ergänzen und aktualisieren. Es geht mir dabei nicht darum, eine detaillierte Bourdieu-Lektüre zu präsentieren – das ist an anderer Stelle bereits geschehen (Fröhlich und Rehbein 2014; Müller 2014; Schultheis und Egger 2022) –, wohl aber darum, die Idee, dass es nicht um spezielle Qualitäten des fotografischen Mediums geht, sondern um den sozialen Gebrauch, der die Fotografie definiert, für die Smartphone-Kamera und ihre Bilder produktiv zu machen.

Bourdieu (1983, 85–86) erläutert anhand der Objektivität, die der Kameratechnik zugeschrieben wird, dass diese ein reines gesellschaftliches Konstrukt sei, das sowohl die technischen Voraussetzungen als auch die Implikationen durch die Fotografierenden ausblende. Dieses Konstrukt äußert sich in verschiedenen Praktiken, Semantiken, sozialen Aushandlungsprozessen, Ästhetiken und eben in den fünf Funktionsweisen, die ich als Ausgangspunkte für meine Überlegungen zu verschränkten Temporalitäten verwende – für die Argumentationsführung aber in eine andere Reihenfolge bringe. So kann Smartphone-Fotografie im Kontext der App-Kultur, in der die Bilder und die Praktiken erscheinen, mit diesen und weiteren Temporalitätskonstruktionen gefasst werden. Damit meine ich konkret Antizipation, Protention, Synchronisation, Serialisierung bzw. Wiederholung und Real Time/Liveness sowie eine Form der verschobenen Gemeinschaft (siehe Abschnitt 2). Diese Begriffe strukturieren die folgende Argumentation. Eine solche Betrachtungsweise birgt immer die Gefahr, in der Beschreibung komplexe Verflechtungen zu simplifizieren oder genau jene Trennlinien einzuziehen, die sie aufzuheben sucht. Siegfried Kracauer zum Beispiel betonte ganz deutlich das Zusammenspiel der drei von ihm beschriebenen Zeitlichkeiten der Fotografie – und nicht etwa deren distinkte Trennbarkeit. Zudem sind solche Konstrukte wandelbar, und so fügt Sabine Wirth den drei Zeitlichkeiten nach Kracauer eine vierte, spezifisch an das Smartphone gebundene Ebene hinzu: „the temporality of the photografic act" (2018, 224–225). Ich stelle daher hier die Fragen nach den multiplen Temporalitäten in der Smartphone-Fotografie, wie sie sich 2022 darstellt. Welche Funktionen hat sie, jenseits von Archiv und Momentaufnahmen? Welche Rolle spielen Front- und Backkamera? Kann beobachtet werden, dass qua Applikation und Appropriation der frühere Moment eine andere Präsenz erlangt? Eignen sich das Smartphone und die Apps die Erinnerungsfunktion der Fotografie an, und wie äußert sich dies? Beziehungsweise was passiert, wenn gleich die ganze Erinnerung zur Anwendung wird oder wenn, wie im Beitrag von Nicole Braida, die Smart- phone Oberfläche samt Bildmaterial eine simulierte ist?

Dokumentation & Real Time/Liveness

In seinem „Modell der Motivation für die Beschäftigung mit der Foto- grafie" spricht Bourdieu an vierter Stelle von der Dokumentation. Diese wirklichkeitsversichernde Funktion der Fotografie ist grundlegend für die meisten anderen Aspekte. Das „Es- ist-so-gewesen" wie es etwas später von Roland Barthes (1989) auf die prominente Formel „ça a été" gebracht wird, fußt auf der oben angesprochenen zugeschriebenen Objektivität der Kameratechnik. Das Fotografierte hat, so die Zuschreibung, zu einem bestimmten, vergangenen Zeitpunkt genau so stattgefunden wie es nun auf dem fotografischen Bild zu sehen ist. Bourdieu interessiert daran vor allem in der soziologischen Perspektive, wie die Dokumentationsfunktion des Fotos zum Beweis für eine persönliche Leistung, Erfolge, oder Taten herangezogen wird. „In diese Kategorie fallen Fotografien von einzelnen Personen, Paaren oder Gruppen vor historisch bedeutenden, oft für eine Stadt oder ein Land typischen Gebäuden oder Panoramen, z.B. Herr und Frau Meier vor dem Eiffelturm" (Nickel 2009, 121). Die damit verknüpfte Anerkennung kann nur zugesprochen werden, wenn eine (fotografisch) belegte Aussage über vergangene Handlungen getroffen wird und andere der Fotografie ansichtig werden. Hier geht es also, schon lange vor Social Media, um das Prestige der Fotografierenden im Teilen der Fotografien (Bourdieu 1965). Der gemeinsame Rezeptionsvorgang, das Teilen der angefertigten Bilder ist für sie zentral und lässt sich mit wenig Aufwand als relevant für die Smartphone-Fotografie und darin immer inkludierte Optionen des Teilens einstufen (siehe Abschnitt 2).

„Ich war in meinem Urlaub wirklich dort", ist aber nicht nur auf Ebene
eines Statusgewinns relevant, sondern immer schon inhärent tempo-
ralisierend. Für das Bild gilt: „Specifically, the very act of taking a photograph involves the creation of a record of something that has, in the
passage of time, either altered or no longer exists" (Kuhn und McAllister
2006, 14). Demgemäß entstehen schon in der frühesten Phase der Foto-
grafiegeschichte fotografische Archive, Dokumentationsreihen und -samm-
lungen, die wie auch Bourdieu selbst mit seinen Bildern aus Algerien, den
Zuhause-Gebliebenen einen „echten" Eindruck von Andernorts geben
sollen – gerne aufbewahrt und präsentierbar im kuratierten Album
(Didi-Huberman 2009; Liska 2009). Mit dem Einzug der Fotokamera in den
privaten Bereich und mit der Weiterentwicklung günstiger Bildabzüge und
Produktionstechniken entstehen darüber hinaus Praktiken und Dispositive
des gemeinsamen Betrachtens, man denke nur an den berüchtigten Dia-
abend der 1980er und 1990er Jahre, der für die Erforschung kollektiven
Erinnerns eine wichtige Rolle spielt (Welzer 2001, 148–149). Mit der
Rezeption der eigenen Bilder geht die präsentierte, geteilte Erinnerung
einher; die Fotografien und Erinnerungen beziehen sich auf die Vergangenheit und werden durch ihre Präsenz/Präsentation zu einem Teil der
Gegenwart (Kuhn und McAllister 2006).

Die Liveness des Teilens aktualisiert also die Dokumentation. Doch gilt das
auch für das Bild in den Smartphone-Apps? Und welchen Effekt hat die
automatische und/oder manuelle Bearbeitung eines Bildes vor und nach
der Aufnahme auf genau dieses Verhältnis? Zunächst ist hier ein Blick in die
Forschungsliteratur zum Thema „Selfie" gewinnbringend (Eckel, Ruchatz
und Wirth 2018; Otto und Plohr 2015). Das Selfie kann als die fotografische
Kategorie der Smartphone-Kamera eingestuft werden. Dabei geht es neben
der Praxis der Aufnahme des Selbstportraits immer auch um das Posten
und Verteilen dieser und die damit zusammenhängende Bearbeitung, z.B.
mit der App *Facetune*. Besonders auch die automatisierten Verbesserungen
bei Smartphone-Fotos, bei denen ein „manueller Modus [...] nicht mehr
vorgesehen" ist, sind gerade für Portraits und Selfies und „das massenhafte
Auftreten dieser Ästhetik" (Blaschke 2020, 40), durch die verschiedenen
Modi des Teilens belangvoll. Bezüglich der Liveness dieser Aufnahmen wird
beim Smartphone-Standard von 2017 bemerkt: „taking a selfie with the
front-facing camera of a smartphone provides a mirror moment with a live-
video screen" (Wirth 2018, 226). So wird hier der Titel dieses Bandes vorder-
gründig, denn die Selfie-Kamera ist immer auch eine App; eine Anwendung
also, mit rechnerischen Prozessen, die zwar in wahrgenommener Echtzeit
ablaufen, dennoch aber die Fotografie, noch bevor der Auslöser betätigt

wird, temporalisieren. Sie lassen sich, wie Isabell Otto mit Bezug auf Jason
Farman und Alexander Galloway argumentiert hat, daher treffender als
„Vorgang des ‚Interfacing'" beschreiben (Otto 2018, 110), oder als „Zonen des
‚Zwischen'", die „auf differente Zeitlichkeiten unterschiedlicher Entitäten"
(109) verweisen. Während die Smartphone-Kamera das Bild berechnet,
erzeugt die App eine Art Livevideo-Anzeige, aus welcher der oder die
Nutzer:in schließlich einen beliebigen Moment als Fotografie auswählt.
Bevor ich die Relevanz dieser Feststellung für „Wirklichkeitsüberwindung
& Retention" darlege (Abschnitt 1.3), möchte ich aber zunächst der wahr-
genommenen Synchronizität der Smartphone-Fotografie nachgehen,
die ebenfalls an genau diesen Moment von „interfacing liveness" und
Dokumentation anschließt und die Temporalitäten weiter verschränkt.

Lebensversicherung & Synchronisierung

In der Smartphone-Fotografie verschränken sich also durch die
Dokumentationsfunktion und die simulierte Liveness, Gegenwart und Vergänglichkeit – schon Barthes verbindet dies in seinem „Es-ist-so-gewesen"
durch die Koexistenz des Realen und des (ehemals) Lebendigen, dem
nämlich durch die Fotografie unterstellt wird, es „sei bereits tot" (Barthes
1989, 89). Auch Bourdieu zufolge verspricht das Foto den Fotografierten
durch ihre fixierte Präsenz auf dem Bild weiter zu existieren, seine erste
Funktion ist die Lebensversicherung oder „die Angst zu mindern, die
Vergänglichkeit und Zeitlichkeit der Existenz in uns wecken, indem sie
entweder einen magischen Ersatz für das bietet, was die Zeit zerstört
hat, oder indem sie der Schwäche unseres Gedächtnisses abhilft und
uns erlaubt, die mit den Bildern verbundenen Erinnerungen heraufzube-
schwören" (Bourdieu 1981, 26). Unter der Linse der verschränkten Temporalitäten fallen hier direkt die Verschränkungen von Zerstören, Vergessen
und Heraufbeschwören ins Auge: Gelöschte oder sich selbst löschende
Bilder verschwinden, andere Bilder geraten im Fotoarchiv des Smartphones
in Vergessenheit, bis die Software die Nutzer:innen daran erinnert, indem
sie über das Bild die Erinnerung heraufbeschwört.

Die zeitliche Diskrepanz von Aufnahme- und Betrachtungszeitpunkt kann
dabei eigentlich nicht überwunden werden: „[T]he photograph embodies
an unbridgeable juncture between ‚now' and the earlier moment when the
photograph was taken. By presenting us with images of what no longer
exists, photographs highlight the unstable, tenuous nature of the post-
modern present" (Kuhn und McAllister 2006, 14). Dennoch – so meine
Argumentation – ist Smartphone-Bildern ein Versprechen bzw. eine

Hoffnung eingeschrieben, durch (wahrgenommene) Synchronizität diese Distanz zu überbrücken. Diese Hoffnung bezieht sich auf die potenzielle Gleichzeitigkeit von lebendem Fotosubjekt und Rezipierenden: ein aktuelles Foto einer Person versichert uns ihre Existenz. Zumindest zum Zeitpunkt der Aufnahme war sie eben noch am Leben. Marianne Hirsch (1997, 19) schreibt: „‚I am alive', or perhaps ‚I have survived', – a message so simple and at the same time so overlaid with meaning that it seems to beg for a narrative and for a listener, for a survivor's tale. Theorists of photography have often pointed out this simultaneous presence of death and life in the photograph". Denn auch das Überleben ist chronologisch und der Über-lebendenbericht ist immer ein Nachträglicher. Hier verbinden sich also eng die Aspekte der Real Time und Liveness aus dem vorherigen Kapitel und verschränken sich zu einer verschobenen Synchronologie: Das Bild war, gerade eben, noch live. Im Moment der Betrachtung ist es das aber immer schon nicht mehr. Eigentlich garantiert das Bild nicht einmal, dass die Person wirklich überlebt hat.

Gerade bei diesem Punkt ist der Beitrag von Nicole Braida erhellend: Für Kathijah sind die Fotos und Videos, die sie erreichen, der Beweis für die Existenz und das (Fort-)Leben ihres vermissten Bruders. Die Smartphone-Fotografie, die im Kontext der App auf dem gedoppelten Display erscheint, dient also als Zeugnis des Überlebens, visueller Beweis in der Diegese des „serious games". Zugleich zeigt sich hier, dass auch in der Simulation bzw. Fiktion die Lebensversicherungsfunktion (und die Dokumentation) der geteilten Fotografie geleistet wird. Das liegt natürlich vornehmlich daran, dass die Fotos und die sensorische Erfahrung der Smartphone-Nutzung, wie Braida schreibt, „echt wirken".

Wirklichkeitsüberwindung & Retention

Die Funktion, dass qua Fotografie die Wirklichkeit überwunden und dem Alltag entflohen werden kann, nennt Bourdieu (1981, 27) an letzter Stelle in seiner kurzen Aufzählung, und bezieht sie vor allem auf die Rezeption von Fotografien, durch die die aktuelle Gegenwart in die Erinnerung und damit in die Vergangenheit überführt werden kann. Selbstverständlich verschränken sich auch in der Betrachtung von Smartphone-Fotografien diese Ebenen, der Rückgriff auf Erinnerungen durch Bildbetrachtung wird dabei durch paratextuelle Informationen der Kamera- und Foto-Apps noch verstärkt: Die automatische Aufzeichnung von Aufnahmezeitpunkt und -ort in den Metadaten der Bilder; die Gesichts- und Personenerkennung durch die Software und die daraus resultierenden Rückblicksangebote (siehe

Abschnitt 1.4) verschieben diese Funktion aus dem Bereich handgemachter Erinnerungsalben in die Apps. Außerdem sind streng genommen sämtliche Filter und Bildmanipulationen, „instant digital manipulation, pattern recognition, augmented reality and even medical monitoring" (Chesher 2012, 99), die die Kameras/Apps der Smartphones bei der Bildaufnahme anbieten, eine Form der Wirklichkeitsüberwindung in „real time" und verschränken sich so klar mit den in Abschnitt 1.1 erläuterten dokumentarischen Funktionen der Gegenwart.

Gerade der Wirklichkeitsüberwindung durch Smartphone-Fotografie ist aber darüber hinaus ein Versprechen eingeschrieben, das sich zumindest auf eine wahrgenommene Zukunft richtet. Dieses lautet: Durch die Kamera/die Apps kann der „perfekte Moment" festgehalten werden. Dies erreicht die Kamerasoftware durch eine Form der Retention, also der Fähigkeit, den unmittelbar vorangegangenen Augenblick festzuhalten. Die „Live-Fotos" sind auf dem iPhone Standardfunktion der Kamera-App, für Android-Geräte können sie durch eine zusätzliche App erstellt werden. Die Funktionsweise ist dabei gleich: Die Kamera zeichnet bereits auf, bevor der Auslöser gedrückt wird. Später können die Nutzer:innen in diesem Mikrovideo scrollen und ein anderes „Schlüsselbild" aus der kurzen Sequenz wählen. Speziell hier verschränkt sich die temporalisierende Funktion der Kamera zusätzlich und signifikant durch den Fakt, dass sie eben nicht nur Fotografien im Sinne von Einzelbildern tätigen kann, sondern Serienbilder anfertigt. Strukturgleich verläuft eine Protention, denn auch nach dem Auslösen wird weiter aufgezeichnet – der Moment wird durch die Kamera/Apps aufgebrochen, beziehungsweise aufgelöst und erweitert zu einer Reihe von Momenten, aus welchen retrospektiv der beste/schönste/witzigste gewählt werden kann. Die Zeit der Aufnahme wir ausgedehnt, die Smartphone-Kamera als App verschränkt das Einzelbild mit dem Serienbild und linearisiert die Fotografie – im Sinne „von portionierbaren Einheiten, von Zeitpunkten und Zeitsegmenten [...], die sich in einer Reihenfolge organisieren und damit ökonomisch und technisch nutzbar [werden]" (Müller 2021, 103). Die Smartphone-Fotografie erzeugt einen modifizierten „Jetztpunkt" (ebd., 112), der App-immanent mit vergangenen und zukünftigen Punkten verknüpft wird. Oliver Müller beschreibt zwar die „Herrschaft der Timeline" für soziale Medien, doch der „räumlich gedachte Zeitstrahl von ‚Jetztpunkten'" lässt sich schon bevor ein Bild gepostet wird auf die Bildaufnahme selbst übertragen (ebd.).

Kommunikation & Antizipierte Erinnerung

Die „kommunikationsfördernde" Funktionsweise nach Bourdieu lässt sich nahezu nahtlos auf die Smartphone-Fotographie übertragen: Denn nicht nur dient das Foto der Rekonstruktion der Vergangenheit, sondern eben auch der Pflege von Sozialkontakten bzw. deren Anbahnung und Herstellung sowie dem „Ausdruck von Empfindungen". Im gemeinsamen Ansehen können wir „gemeinschaftlich vergangene Situationen [...] rekonstruieren oder anderen unser Interesse oder unsere Zuneigung [...] bekunden." (Bourdieu 1981, 26) Beide Teilfunktionen werden durch Smartphone-Apps übernommen und gefördert: „Heute vor 3 Jahren", oder „dein Sommer 2021" – das Handy schlägt den Nutzer:innen mittlerweile beinahe ungefragt Rückblicke vor, die lange der Repost-Logik von Social-Media-Plattformen vorbehalten war. Dabei müssen zwei verschiedene Varianten unterschieden werden: Reposts, die sich schlicht durch die zyklische Wiederholung des Datums im Kalenderjahr ergeben und thematische Videomontagen, bei welchen die Smartphone-Anwendung verschiedene Parameter des Arrangements nutzt.

Für ersteres kann ein kurzer Vergleich zwischen Kamera-/Foto-Anwendung des Smartphones mit Facebook aufschlussreich sein: Bei Facebook können die Nutzer:innen die vorgeschlagenen Posts aus der Vergangenheit kommentieren, erneut posten oder dies ablehnen. Die Software der Plattform antizipiert, welche Erinnerung die Nutzer:innen unter Umständen mit anderen teilen wollen: „Facebook will alert you about what their algorithm interprets is a special memory through a notification" (Richa 2017). Was die Kamera-Anwendung hingegen auf inhaltlicher Ebene als wiederholungs-würdig einstuft ist nicht erkennbar; sicherlich werden in erster Linie die Metadaten verwendet, um „An diesem Tag" zu bespielen. Diese Daten sind unsichtbarer Teil der Smartphone-Fotografie, automatisch generiert und hintergründig abgelegt. Die Nutzer:innen haben zwar zum Teil darauf Zugriff, dieser verbleibt aber auf der betrachtenden Ebene – für Laien sind diese Daten nicht manipulierbar. Beziehungsweise benötigt man dafür, wie Braida in diesem Band im Kontext von *migrant media* erklärt, zusätzliche Apps (genannt wird „GeoSetter"), mit denen zum Beispiel die Rückver-folgung einer Fluchtroute erschwert oder fingiert werden kann. Sie zeigt auch, dass die Metadaten selbst wiederum dafür genutzt werden können, eine Geschichte oder Route zu erzählen, die ganz ohne die Smartphone-Fotografie als Bildmedium auskommt. So verschränken sich hier ganz deutlich die Daten, die die Smartphone-Kamera aufzeichnet mit anderen Apps und Erinnerungsfunktionen, sowie Praktiken, die den Nutzer:innen eine Kontrolle über diese Daten und Bilder (zurück-)geben sollen.

Denn auch die automatisch erstellten Rückblickvideos entziehen sich weitgehend der Kontrolle durch die Nutzer:innen: Hier werden Videos montiert und Bilder miteinander in Beziehung gesetzt, ohne dass der Software untersagt werden könnte, dafür die Fotografien zu analysieren und zu kategorisieren. Diese Prozesse sind nämlich Voraussetzung dafür, dass die Bilder zu Clips zusammengestellt werden können. Dabei tritt ganz deutlich das Fotoarchiv des Smartphones als App hervor, d.h. als Anwendung, die nicht nur angewendet wird, sondern sich selbst anwendet.

Die Smartphone-Fotografie, verstanden als das potenziell geteilte Bild (siehe Abschnitt 3), scheint die Funktionen der antizipierten Erinnerung und der Kommunikation darüber im Übermaß zu erfüllen. Viele Social-Media-Plattformen verdoppeln dies durch ihre Funktionen zudem. Jillian D'Onfro berichtet 2016, mit welchen Parametern der Algorithmus ausgestattet wurde, um die erste Fassung des „On this Day"-Features bei Facebook zu bespielen. Kurz gesagt versuchten die Entwickler:innen zu ermitteln, woran sich die Nutzer:innen gerne erinnern (lassen). Deshalb lassen sich auch bestimmte Personen oder Daten aus den Erinnerungen und Wiederholungen ausschließen, um zum Beispiel nicht ungefragt an schmerzliche Verluste erinnert zu werden. In den Foto Apps der Smartphones ist dies (bislang) nur bedingt möglich: So heißt es in Amazon's Foto-App, „‚Erinnerungen' erstellt automatisch kuratierte Sammlungen ihrer Fotos" und in der Foto-App für iOS kann zwar durch die Auswahl eines Herz-Buttons und „seltener anzeigen" eine Präferenz für Rückblicke eingestellt werden, ein Ausschluss ist aber nicht vorgesehen.

Egal in welcher Form diese Erinnerungsautomatismen erscheinen, präsentiert oder geteilt werden – chronologisch gesprochen verschränkt sich in ihnen immer die Fixierung des „Jetzt" zu einem zukünftig als damals zu referierender Moment, und synchron dazu verläuft eine Antizipation sozialen Austauschs und potenzieller Vergemeinschaftung – doch dazu gleich mehr.

Schöpfungskraft & Protention

Bourdieus fotografische Funktionalität der Selbstverwirklichung bzw. der Schöpfungskraft gewinnt im Lichte der vorberechneten Bildbearbeitung, Gesichtserkennung oder sonstigen App-basierten Vorstrukturierung eine gehörige Minderung. Die Antizipation des „perfekten Moments" durch das Lächeln per „facial affect detection" oder die Möglichkeit, in Live-Fotos ein Schlüsselbild festzulegen, lassen diesen Schöpfungsmoment aber hybrid werden. So muss der Schöpfungsmoment zum Teil den Kamera-Apps zugeschrieben werden, da diese Macht haben, Motive und Aufnahmen zu manipulieren und ihre „technische Meisterschaft zu offenbaren" (Bourdieu 1981, 27).

Ich möchte diese technische Meisterschaft vor allem mit der zeitlichen Dimension der Protention verschränken. Edmund Husserl (2013) verortet die Protention im „inneren Zeitbewusstsein" als Fähigkeit, im Erlebnis-fluss zeitlicher Objekte Zukünftiges zu erwarten oder vorherzusehen. Ein Beispiel, das die fortlaufende Protention der Smartphone-Kamera verdeutlicht, findet sich in einer Anwendung, die Nutzer:innen kaum als bewusste Verwendung der Kamera wahrnehmen: dem Entsperren qua Face ID. Streng genommen beginnt die Antizipation bzw. Protention schon mit dem Hochheben des Gerätes, dessen Bewegungssensoren dies als Bewegung bereits erkennen und die Informationen verarbeiten. Der etwas anschaulichere Moment der Protention lässt sich im Entsperren durch Gesichtserkennung identifizieren – ab dem iPhone X zum Beispiel ließ sich die Face ID als Nachfolgefunktion des Fingerabdrucks und der Zahlen-PIN einrichten. Beim ersten Aktivieren erfolgt dabei ein durch Anweisungen auf dem Display geleiteter Scan des Gesichts. Diesen Anweisungen folgen die Nutzer:innen, um ihr Gerät durch bloßes (Anheben und) Anschauen zu entsperren. Es ist dabei recht offensichtlich, dass die Software via Kamera Daten erhält und verarbeitet, um diese Funktion zu ermöglichen. Weniger offensichtlich ist aber das permanente serielle Dazulernen von Face ID. Denn die Funktion akkumuliert in einem ständigen Aktualisierungsprozess Informationen aus erfolgreichen und gescheiterten Anmeldeversuchen und lernt so aus den Differenzen in diesen Wiederholungen dazu. Jedes Entsperren kann dazu beitragen, dass die Serie bildlicher Aktualisierungen den Nutzer:innen im Gerät fortgesetzt und stabilisiert wird. So zeigt sich in der vermeintlich simplen Smartphone-Praktik der Protention des Entsper-rens die Verschränkung von Jetztpunkt, Smartphone-Kamera, App und Ver-gangenheit. Diese lassen sich nur im Verbund wirklich erfassen und sollen daher im Folgenden als solcher diskutiert werden.

Verschränkte Temporalitäten im „schwarzen Spiegel"

Erweitert man, wie im ersten Abschnitt gezeigt, die sozialen und zeitlichen Funktionen der Fotografie um die Aspekte der Smartphone-Anwendungen, Kameratechnologien und Teilungslogiken, ergibt sich ein Geflecht von Temporalitäten, das je nach Kontext eine andere Facette betont. Nur so wird mit Smartphone-Kameras und den integrierten Apps eine ubiquitäre

Fotokultur erzeugt, und auch das kleinste und alltäglichste Event für fotografier- und in der Verlängerung für teilungswürdig erklärt. Schrieb Bourdieu noch, „nichts darf photografiert werden außer dem, was photografiert werden muß" (1981, 35), wird mit der Smartphone-Fotografie dieses Dogma auf den Kopf gestellt. Alles kann und darf fotografiert werden, ein Muss kann kaum ausgemacht werden. Oder anders: Im Netz der verschränkten Temporalitäten, geteilten Bilder und den sozialen Medien muss alles fotografiert werden. Und das in höchster Auflösung. Ole Petras (2016, 44) bemerkt, „dass die inzwischen irrwitzige Qualität der integrierten Kameras die denkbar beste Voraussetzung für eine adäquate Alltagsdokumentation bildet", und erläutert weiter, wie diverse Apps und Filter die Ästhetiken, Bildstörungen und Stile verschiedener Fotoapparate und -techniken simulieren.

Am Beispiel von Lebensmittelkonsum beziehungsweise dem Foto-Genre des „FoodPorn" lässt sich die verschränkte temporalisierende Funktion der geteilten Smartphone-Bilder verdeutlichen.

> This photograph precedes ‚real-time' pleasures, acts and identifications that are yet to unfold. One's soup, salad or sandwich call for photography prior to the act of their consumption. Actually[,] eating and drinking them becomes something like an afterimage or an echo, that is, it takes place as an antecedent to a photographic precedent that has already been uploaded and shared (Champion 2012, 87).

Und nicht nur im Moment, sondern auch in der immer schon mitgedachten, antizipierten Weiterverwertung der Smartphone-Bilder durch das Teilen mit Anderen verschiebt sich das „Ich war hier" auf den Social-Media-Plattformen hin zu einem „Ich bin hier, und das ist mein Sandwich/Kaffee/Macaron usw., den ich jetzt gleich verzehren werde".

Wie können diese zunehmend komplexen, verschränkten Temporalisierungen dann produktiv gedacht werden? Diese Frage kann nur in Betrachtung medialer Aushandlungsprozesse der ästhetischen Programme von Plattformen und sozialen Medien gelingen, unter Berücksichtigung des „Follower-Kapitals" und der technologischen und regulativen Vorbedingungen der Apps. Ich möchte hier kurz ein stilisiertes Beispiel aus der Serie *Black Mirror* ausführen, welches in seiner künstlerischen Überspitzung mein Argument hoffentlich untermauert. In der ersten Folge der dritten Staffel „Abgestürzt" (orig. „Nosedive", Netflix 2016) begegnen die Zuschauer:innen Lacie, der Protagonistin dieser Episode, die sich durch ihre Realität bewegt, in welcher Menschen sich gegenseitig permanent bewerten und auch entsprechend dieses sozialen Rankings behandelt

[Abb. 1] Die AR-Überlagerung des Sichtfeldes mit dem sozialen Ranking in *Black Mirror* (Screenshot aus S03E01 „Nose Dive", Netflix 2016, TC 0:03:24 ff.)

[Abb. 2] Posting des Cappuccino-Fotos (Screenshot aus S03E01 „Nose Dive", Netflix 2016, TC 0:03:24 ff.)

werden. Dies ist durch ein Augenimplantat, welches mittels einer AR-Überlagerung des Sichtfelds die Rankings aller Personen anzeigt (siehe Abb. 1), sowie mobilen Geräten möglich, die dem uns bekannten Smartphone ähneln. Während man sieht wie Lacie im Versuch, ihr Ranking von 4,2/5 zu verbessern, indem sie nach allen Regeln der panoptischen Social-Media-Dystopie spielt (und schlussendlich scheitert), fallen einige Punkte auf, die verschränkte Temporalitäten der Smartphone-Fotografie überspitzt zeigen. Zu Beginn der Folge kauft sie sich einen Kaffee, deren Genuss sie aber zugunsten eines Fotos hinauszögert (ab TC 0:03:24).

Dabei ist es wichtig, dass der beilegende Keks angeknabbert ist – und so das fotografische Bild suggerieren kann, dass es eben genau während des Kaffeekonsums entstanden ist – der angeknabberte Keks wird allerdings ausgespuckt. Die Bilder der Serie zeigen damit klar, dass die behauptete zeitliche Handlung manipuliert wird und die Inszenierung einer anderen zeitlichen Logik folgt als das nun gepostete Bild es vermuten lässt (siehe Abb. 2). Und sie referieren auf ein Genre der Smartphone-Fotografie, das den Zuschauenden mehr als bekannt vorkommen dürfte:

> One look at the „popular page" of Instagram – „popularity" being a category operated by an algorithm set to select a number of often viewed and „liked" photographs – reveals an over abundance of coke bottles, cups of coffee, sunsets and ice creams. Instagram culture hinges on capturing the „ordinary", „fleeting", „mundane" and „banal" (Champion 2012, 85).

Denn während es *Black Mirror* hier um die sozial-kritische Reflektion gehen mag, machen die Produzierenden zugleich darauf aufmerksam, dass es Lacie um das Teilen und die soziale Hierarchie geht. Als sie – nach dem Upload des Bildes – das Heißgetränk probiert, schmeckt es ihr nicht wirklich. Dies tritt aber vollkommen in den Hintergrund, als bereits nach wenigen Momenten die positiven Bewertungen auf ihrem Gerät eingehen und ihr Ranking in Hundertstelschritten steigt.

Hier zeigt sich eine Variante der eingangs erwähnten verschobenen Gemeinschaft. Die „deferred community" bezeichnet eine versprochene Vergemeinschaftung qua Medien (speziell Apps). Dieses Konzept habe ich gemeinsam mit meinen Kolleg:innen entwickelt, um dem Problem zu begegnen, dass durch die Nutzung von Apps in der Regel eine der viel beschworenen „communities" entstehen soll (Ganzert et al. 2017). Smartphone-Gemeinschaften zeichnen sich durch Ko-Präsenz, Synchronizität, oder anderes „Gemeinsames", wie gemeinsame Interessen, Dating-Präferenzen oder Ähnliches aus. Allerdings konnte z.B. im Kontext von Smartphone-Games wie Pokémon Go oder Dating-Apps gezeigt werden, dass diese versprochene Vergemeinschaftung stets Versprechen bleibt, sich entzieht und in der Antizipation oder Protention verbleibt. Bereits 1965 stellte Bourdieu (1981, 38) bei seiner Studie zur Familienfotografie fest: „Die geographische Versprengtheit der einzelnen Verwandten verlangt gebieterisch die mehr oder weniger regelmäßige Wiederbelebung der Verwandtschaftskontakte, und dem genügt die Photographie besser als der bloße Austausch von Briefen". Daraus leitet er ab, dass Fotografie nur in der Teilhabe an der Gemeinschaft, die sie zugleich selbst erzeugt, wirken kann – ich möchte argumentieren, dass sich diese dabei immer auch verschiebt, beziehungsweise schon mit der Aufnahme und der Rezeption verschoben ist. Dies verstärkt sich in der Übertragung auf Smartphone-Fotografie und die sich daran anschließenden App-Kulturen des Teilens, Postens, Likens und Kommentierens umso mehr. Champion (2012, 84) argumentiert, dass die Social-Media-Fotografie die soziale Komponente, die Bourdieu, Barthes, Susan Sontag und andere beschrieben, final realisiert hätte. Bezogen auf Instagram und die dort hochgeladenen Smartphone-Fotografien hält sie fest, „that this form of photography continues to frame the formation of social bonds in and through the process of sharing" (85). Somit sind wir hier wieder bei der Kommunikationsfunktion, die schon bei Bourdieu eine zentrale Rolle spielte; und bei der prozessualen Temporalisierung der Smartphone-Fotografie und ihrer inhärent vorstrukturierten, subjektivierenden und teilbaren Bildlichkeit. Dabei wird nicht nur die Kamera als App erkennbar, sondern auch das Bild als Objekt des Teilens. Die Smartphone-Fotografie, somit immer verstanden als das potenziell geteilte Bild, ist also gleichermaßen konstitutiv für digitale Subjektkonstitution und versprochene Gemeinschaftsbildung. Dies lässt sich längst im Alltag auch jenseits dystopischer Fantasien beobachten und hängt eng mit den verschränkten temporalen Aspekten und Affordanzen der Smartphone-Fotografie zusammen. Dem möchte ich im folgenden abschließenden Abschnitt nachgehen.

Geteilte Bilder und verschränkte Zeit

Gerade die Frage danach, was fotografiert und qua App geteilt werden sollte, hat sich mit der Smartphone-Fotografie in den Digitalkulturen stark verändert. Bourdieu bezog seine sozialen und zeitlichen Funktionen der Fotografie in Anschluss an Émile Durkheim noch auf Anlässe und Feste, wenn er die Fotografie auch als Mittel einstuft, „die großen Augenblicke des gesellschaftlichen Lebens, in denen die Gruppe ihre Einheit aufs Neue bestätigt, zu feiern" (Bourdieu 1981, 32). Im Gegensatz dazu „ist die Smartphone-Kamera nahezu allgegenwärtig und differenziert nicht mehr zwischen wichtigen und unwichtigen Augenblicken" (Rentemeister 2017, 376). Rentemeister führt dies vor allem auf die technischen Entwicklungen zurück: Die kompakten und körpernahen Kameras (Kaerlein 2018) der Smartphones sind ubiquitär einsetzbar und produzieren Bilder, ohne Kosten zu erzeugen. Sie erlauben jederzeit und allerorts Fotos aufzunehmen, „während analoge oder digitale Fotoapparate eine Vorentscheidung in der Auswahl potenzieller Nutzungszusammenhänge erfordern [und] man muss sie erst mal dabei haben" (Kaerlein 2018). Daraus ergibt sich auch eine überwältigende Anzahl an aufgenommenen Bildern, die sich nur schätzen und kaum vorstellen lässt. Katja Müller-Helle beziffert 2020 das Volumen so: „[Ü]ber 1,4 Billionen Digitalaufnahmen jährlich, die größtenteils von kamerafähigen Smartphones in die vernetzten Speicherinfrastrukturen hochgeladen und in sozialen Medien geteilt werden" (2020, 8). Ein großer Teil davon wird versendet, und ist mindestens gleichwertiges Kommunikationsmittel zur gesprochenen oder geschriebenen Nachricht, wenn es diese nicht überbietet. Geht man in die Mediengeschichte zum vermeintlich ersten per Mobiltelefon versendeten Foto zurück, stößt man auf Philippe Kahn und seine Tochter Sophie, deren Geburtsfoto der stolze Vater bereits 1997 per Casio QV-10 Digitalkamera, Motorola-Klapphandy und schnell geschriebenem Programm an Freund:innen und Familie versendete. Dazu schreibt Thomas Isler (2022) fast 25 Jahre später, Kodak und Polaroid hätten Kahns Innovation nicht gekauft mit der Begründung: „Ein Telefon sei eher etwas für Stimmen, nicht für Bilder". Wie falsch diese Aussage langfristig sein würde, war kaum vorstellbar. Im Kontext dieses Beitrags ist aber wichtig, dass Kahn, während er auf die Geburt der Tochter wartete, ein erstes Bild von ihr antizipierte, dessen zeitnahen Versand er sich vornahm und „gerade rechtzeitig" die Infrastruktur dafür schuf (Isler 2022). Nach der Geburt wurde das erwartete Bild mit der Digitalkamera aufgenommen, durch die just geschriebene Software per Handydaten versendet und die Empfänger:innen staunten, „wie schnell sie das Foto der kleinen Sophie sehen konnten" (Isler 2022). Schon die Beschreibung dieses Vorgangs gabelt diverse temporale Strukturen und temporalisierende Prozesse auf, ohne dass hier überhaupt schon von tatsächlicher Smartphone-Fotografie die Rede sein könnte. Die aktuellen Ausformungen und Weiterentwicklungen sind bekannt,

> zentral für die aktuelle Mediennutzung sind die kurzfristig via digitaler Kamera oder Smartphone akquirierten bewegten und unbewegten Bilder, geteilt über Apps, Plattformen, Netzwerke oder Out-of-home-Displays, die den Moment festhalten und mit dem Schnappschuss zugleich die mediale Flüchtigkeit und deren Stabilisierung zelebrieren. Sie sollen gemeinschaftsstiftend wirken und gewinnen ihren Anschein von Authentizität und Aktualität gerade aus ihrem instabilen Charakter (Rentemeister 2017, 369).

Die Option des Teilens und Bearbeitens von Smartphone-Fotografien in simulierter Echtzeit hat mannigfaltige Effekte: auf die Authentizität und dokumentarische Beweiskraft und in der Verlängerung daraus resultierender Kommunikation und Affekte. Denn die Fotografie in der medialen Umgebung des Smartphones kann auf besondere Weise mobilisierend, affizierend oder radikalisierend wirken (Zeitler 2021, 143). Ihre „Zeugenschaft" wird nämlich durch die Möglichkeit des Teilens bzw. des Sendens oder Broadcastings innerhalb sozialer Netzwerke nur noch weiter verwoben, sodass „[b]ildliche Affekt- und Informationspotenziale zusammenzufallen [drohen]" (Müller 2020, 51), wenn „zum Zwecke des Bezeugens bestimmte [...] Ereignisse von Userinnen und Usern in den sozialen Netzwerken gepostet werden" (Schankweiler 2019, 11) und andere Nutzer:innen den Bildern Glauben schenken oder Bedeutung zuschreiben. Dies hängt unmittelbar mit dem „Onlinesein" des Smartphones zusammen. So schreibt Joachim Paech (2019, 7): „Auf jedem Smartphone kann das aktuelle Kamerabild durch Bilder aus dem Internet ‚erweitert' werden, um eine neue, scheinbar unmittelbar erlebte Realität zu komponieren". Gerade diese Erweiterungen, parallelen Existenzen, Verdopplungen und Spiegelungen sind es, die geteilte Smartphone-Fotografien in schier unüberschaubare Medienverflechtungen sozialer, ästhetischer und techno-logischer Art bringen.

Literatur

Barthes, Roland. 1989. *Die helle Kammer: Bemerkung zur Photographie*. Frankfurt am Main: Suhrkamp.

Blaschke, Estelle. 2020. „Diskrete Operationen: Formen präemptiver Bildzensur in der KI-gestützten Fotografie". In *Bildzensur. Löschung technischer Bilder*, herausgegeben von Katja Müller-Helle, 32–41. Berlin/München/Boston: De Gruyter. doi:10.1515/9783110715293-004.

Bourdieu, Pierre. 1965. „Culte de l'unité et différences cultivées". In *Un art moyen: essai sur les usages sociaux de la photographie*, herausgegeben von Pierre Bourdieu, Luc Boltanski und Robert Castel, 31–38. Paris: Les Éditions de Minuit.

———. 1981. „Kult der Einheit und kultivierte Unterschiede". In *Eine illegitime Kunst: die sozialen Gebrauchsweisen der Photographie*, herausgegeben von Pierre Bourdieu, 25–84. Frankfurt am Main: Suhrkamp.

———. 1983. *Eine illegitime Kunst: die sozialen Gebrauchsweisen der Photographie*. Frankfurt am Main: Suhrkamp.

Bourdieu, Pierre, Luc Boltanski und Robert Castel, Hgs. 1965. *Un art moyen: essai sur les usages sociaux de la photographie*. Paris: Les Éditions de Minuit.

Champion, Charlotte. 2012. „Instagram: Je-Suis-Là?" *Philosophy of Photography* 3 (1): 83–88. doi:10.1386/pop.3.1.83_7.

Chesher, Chris. 2012. „Between Image and Information: The iPhone Camera in the History of Photography". In *Studying Mobile Media: Cultural Technologies, Mobile Communication, and the iPhone*, herausgegeben von Larissa Hjorth, Jean Burgess und Ingrid Richardson, 98–117. New York: Routledge. doi:10.4324/9780203127711.

Didi-Huberman, Georges. 2009. „ALBUM vs. ATLAS (Malraux vc. Warburg)". In *Album. Organisationsform narrativer Kohärenz*, herausgegeben von Annegret Pelz und Anke Kramer, 59–73. Göttingen: Wallstein.

D'Onfro, Jillian. 2016. „How Facebook Decides Which Memories to Show You in One of Its Most ‚Sensitive' Features". *Business Insider*, 24. März. Letzter Zugriff am 6. Oktober 2023. https://www.businessinsider.com/facebook-on-this-day-feature-and-research-2016-3.

Eckel, Julia, Jens Ruchatz und Sabine Wirth, Hgs. 2018. *Exploring the Selfie: Historical, Theo-retical, and Analytical Approaches to Digital Self-Photography*. Cham: Palgrave Macmillan.

Fröhlich, Gerhard und Boike Rehbein, Hgs. 2014. *Bourdieu-Handbuch: Leben – Werk – Wirkung*. Stuttgart/Weimar: Metzler.

Ganzert, Anne, Theresa Gielnik, Philip Hauser, Julia Ihls und Isabell Otto. 2017. „In the Foots-teps of Smartphone-Users: Traces of a Deferred Community in *Ingress* and *Pokémon Go*". *Digital Culture and Society* (2): 41–58.

Hirsch, Marianne. 1997. *Family Frames: Photography, Narrative, and Postmemory*. Cambridge, MA: Harvard University Press.

Husserl, Edmund. 2013. *Zur Phänomenologie des inneren Zeitbewußtseins: Mit den Texten aus der Erstausgabe und dem Nachlaß*. Herausgegeben von Rudolf Bernet. Hamburg: Felix Meiner.

Isler, Thomas. 2022. „Erstes per Mobiltelefon verschicktes Foto der Welt". *NZZ Magazin*, 22. Januar. Letzter Zugriff am 6. Oktober 2023. https://magazin.nzz.ch/hintergrund/philippe-kahn-erstes-per-mobiltelefon-verschicktes-foto-der-welt-ld.1665468.

Kaerlein, Timo. 2018. *Smartphones als digitale Nahkörpertechnologien: Zur Kybernetisierung des Alltags*. Bielefeld: transcript Verlag.

Kuhn, Annette und Kirsten Emiko McAllister. 2006. *Locating Memory: Photographic Acts*. New York/Oxford: Berghahn Books.

Liska, Vivian. 2009. „Die Idee des Albums. Zu einer Poetik der Potentialität". In *Album. Organisationsform narrativer Kohärenz*, herausgegeben von Annegret Pelz und Anke Kramer, 35–39. Göttingen: Wallstein.

Müller, Hans-Peter. 2014. *Pierre Bourdieu: Eine systematische Einführung*. Frankfurt am Main: Suhrkamp.

Müller, Oliver. 2021. „Social Media und das Leiden an der Herrschaft der Time-line". In *Konfigurationen der Zeitlichkeit*, 101–120. Baden-Baden: Nomos. doi:10.5771/9783748910961-101.

Müller, Philipp. 2020. „Zur Anziehungskraft eines Gewaltvideos". In *Bildzensur. Löschung tech-nischer Bilder*, herausgegeben von Katja Müller-Helle, 49–60. Berlin/Boston: De Gruyter. doi:10.1515/9783110715293-004.

Müller-Helle, Katja. 2020. „Editorial". In *Bildzensur. Löschung technischer Bilder*, herausgegeben von Katja Müller-Helle, 7–10. Berlin/Boston: De Gruyter. doi:10.1515/9783110715293-004.

Nickel, Stephanie. 2009. „Familienfotografie: Medium – Speicher – Brücke". *komparatistik online*: 117–131.

Otto, Isabell. 2018. „Interfacing als Prozess der Teilhabe Zur Ästhetik von Smartphone-Gemeinschaften am Beispiel von Snapchat". In *Smartphone-Ästhetik*, herausgegeben von Oliver Ruf, 105–22. Bielefeld: transcript verlag. doi:10.1515/9783839435298-007.

Otto, Isabell und Nikola Plohr. 2015. „Selfie – Technologie". *POP. Kultur und Kritik* 4 (1): 26–30. doi:10.14361/pop-2015-0104.

Paech, Joachim. 2019. „Du sollst Dir (k)ein Bildnis machen – In ihren Bildern ist die Wirk-lichkeit grenzenlos manipulierbar. Eine Warnung vor den Bildern". *IMAGE. Zeitschrift für interdisziplinäre Bildwissenschaft* 15 (30): 6–23.

Petras, Ole. 2016. „Bilder-Apps". *POP. Kultur und Kritik* 5 (1): 42–46.

Rentemeister, Elke. 2017. „Snap!" In *Edition Kulturwissenschaft*, herausgegeben von Michael Gamper und Ruth Mayer, 367–390. Bielefeld: transcript Verlag. doi:10.14361/9783839435564-018.

Richa, D. 2017. „The Impact of Facebook's ‚On This Day' Feature". *Social Media Stories*, Medium blogpost, 15. Mai. Letzter Zugriff am 6. Oktober 2023. https://medium.com/social-media-stories/the-impact-of-facebooks-on-this-day-feature-52d789840405.

Schankweiler, Kerstin. 2019. „Selfie-Proteste: Affektzeugenschaften und Bildökonomien in den Social Media'". In *Nähe auf Distanz*, herausgegeben von Isabelle Busch, Uwe Fleckner und Judith Waldmann, 175–190. Berlin/Boston: De Gruyter.

Schultheis, Franz und Stephan Egger. 2022. *Pierre Bourdieu und die Fotografie: Visuelle Formen soziologischer Erkenntnis. Eine Rekonstruktion*. Bielefeld: transcript Verlag.

Welzer, Harald. 2001. *Das soziale Gedächtnis: Geschichte, Erinnerung, Tradierung*. Hamburg: Hamburger Edition.

Wirth, Sabine. 2018. „Interfacing the Self: Smartphone Snaps and the Temporality of the Selfie". In *Exploring the Selfie: Historical, Theoretical, and Analytical Approaches to Digital Self-Photography*, herausgegeben von Julia Eckel, Jens Ruchatz und Sabine Wirth, 213–238. Cham: Palgrave Macmillan.

Zeitler, Anna. 2021. *Störung der Bilder – Bilder der Störung: Zum Medienereignis zwischen Fest und Katastrophe*. Köln: Herbert von Halem.

Film

Wright, Joe. 2016. „Nosedive". In *Black Mirror* (2011–2023) Staffel 3, Episode 2. USA.

DIALOG 4:
FILM LOOK /
ALLTÄGLICHKEIT

SMARTPHONE-FILM

QUEER CINEMA

FORMAT

CINEMASCOPE

„Elevated to a Cinematic Level": Technisch-ästhetische Applikationen und Appropriationen zwischen Smartphone und Film Look

Angela Jouini

Smartphone-Filme werden in einem Spannungs-feld zwischen den hybriden Digitalästhetiken von Smartphones und den Annäherungen an filmische Ästhetiken im Sinne eines Film Looks verhandelt. Anhand des Films *Tangerine* (Baker 2015) lässt sich dieses Spannungsfeld im Hinblick auf das Format, das Verhältnis zu Hollywood als Ort und als Film-industrie sowie die Bewegtheit der Smartphone-Kamera befragen. Der Artikel untersucht, wie sich die technischen Applikationen, die das Smartphone zu einer Filmkamera werden lassen, in ästhetische Appropriationen eines Film Looks übersetzen.

Das Smartphone lässt sich in seiner Hybridität aus Telefon, Kamera, Computer, Kommunikationsmedium, Speicherort, Spielkonsole und vielem mehr als appropriatives Medium beschreiben. Smartphones konvergieren „einzelne Medieninhalte und Medienphänomene" (Ruf 2018a, 10) und ordnen Werkzeuge, Dienste und Inhalte zwischen Computern, Handys und Tablets an (Allard, Creto und Odin 2014, 18). Zudem zeichnen sie sich durch ihre Vernetzung und ihre Mobilität aus. Die Basis dessen bilden „medientechnologische Produktionsformen [...] oder medien-informationswissenschaftliche Programmierung" sowie „gestalterische Implikationen, die im Umgang mit der buchstäblich vorgeschalteten, ‚unsichtbaren' Technik deren Optik hervorbringen: das User-Interface-Design ebenso wie Filmkonzeptionen [...] oder interaktive Applikationen" (Ruf 2018a, 10). Oliver Ruf (2018b, 22–23) versteht das Smartphone zudem als „Transmedium, d.h. als Ort nicht allein der Zusammenkunft, sondern der regelrechten ‚Verschweißung' oder ‚Verschwisterung' dominanter Einzelmedien." So erlaube es das Smartphone, „one's entire referential universe" in einem Gerät zu bündeln, wodurch verschiedene Ausdrucksformen koexistieren und verschmelzen (Casetti und Sampietro 2012, 22–23).

Mit Blick auf die filmischen Funktionen des Smartphones, die neben Apps zum Abspielen, Bearbeiten und Aufzeichnen von Filmen vor allem die standardmäßig vorhandene Kamera umfassen, sind Smartphones zu einem Medium der *Relocation* (Casetti 2015) des Films geworden, wenn Filme auf dem Smartphone-Display geschaut werden oder sie in der amateurhaften wie professionellen Filmproduktion Einsatz finden. Verortet an einem „Knotenpunkt von Theorie und Praxis" (Ruf 2018a, 11), an dem sich zeitgenössische gesellschaftliche und medienkritische Fragen diskutieren lassen, zeigen sich Smartphones als besonders interessantes Medium, um die Digitalisierung des Films zu reflektieren. Hierbei scheint insbesondere die Verortung zwischen filmischen und kommunikativen Funktionen interessant, die das Smartphone zu einem „role model of technological convergence" machen, welches die Technologie des Telefons mit der Sprache und den Werkzeugen der Filmproduktion zu einem „portable networked imaging device" verbinde (Keep und Berry 2013, 165). Dies beschreibt Caridad Botella (2012, 82) als einen „state of ‚in-betweenness'". Daran anschließend stehen Smartphone-Filme – wie die Bindestich-Kombination bereits andeutet – in ihren Produktionsweisen und Ästhetiken in einem Spannungsfeld zwischen digitalen Medien und filmischen Traditionen, so die grundlegende These dieses Artikels. Ausgehend von der damit vorgeschlagenen Positionierung im Dazwischen lassen sich Aneignungsgesten in Richtung des Filmischen sowie des Smartphones ausmachen.

Anhand eines gänzlich mit Smartphones gedrehten Films wird im Folgenden den technischen Applikationen und ästhetischen Appropriationen nachgespürt. *Tangerine* (Baker 2015) spielt im Westen von Los Angeles und handelt von den zwei trans Sexarbeiterinnen Alexandra und Sin-Dee. Es ist Heiligabend und Sin-Dee wurde gerade aus dem Gefängnis entlassen. Als sie erfährt, dass ihr Freund, der Zuhälter Chester, sie in der Zwischenzeit mit „real fish", also mit einer cis Frau, betrogen hat, geht sie auf einen Rachefeldzug und versucht, die Frau zu finden, sowie Chester zur Rede zu stellen. Die beim Dreh verwendeten iPhones wurden zunächst mit weiteren Hard- und Software-Applikationen modifiziert. Ästhetisch greift der Film Traditionen der Filmgeschichte auf, wie das CinemaScope-Format, Referenzen auf Hollywood und den italienischen Neorealismus. Diese Aneignungsgesten in Richtung des Filmischen treffen auf Ästhetiken des Smartphones und die technischen Applikationen übersetzen sich in ästhetische Appropriationen.

Im Folgenden werden zunächst die Modifikationen des Smartphones, die es zu einer Filmkamera werden lassen, dargelegt. Darauf folgen drei Schlaglichter anhand derer das Spannungsfeld zwischen Smartphone und Film verhandelt wird: Als erstes auf das Format, das die horizontale Ausrichtung des Smartphones zum filmischen Breitbildformat des Cinema-Scope erweitert; dann auf die Orte des Films, über die dessen Verhältnis zu Hollywood verhandelt wird; und zuletzt auf die Bewegungen der Figuren, des Smartphones und des Films. Der Artikel befasst sich somit mit Fragen des Post-Cinema, die aus einer produktionsästhetischen Perspektive bearbeitet und abschließend nochmals explizit diskutiert und in Bezug zu dem Artikel von Laura Katharina Mücke in diesem Band gesetzt werden.

Technische Applikationen

Das Smartphone wurde im Falle von *Tangerine* nicht in erster Linie aus einer künstlerischen Entscheidung heraus als Kamera eingesetzt, sondern aufgrund des beschränkten Budgets der Independent-Produktion. Eigentlich würde Baker es bevorzugen, auf 35mm-Film zu drehen (Porton 2017, 24) – wie er es bei seinem nächsten Film *The Florida Project* (Baker 2017) auch getan hat. Der Regisseur betont die Unterscheidung zu Amateur-Handy-videos: Es handele sich nicht um ein schlichtes/schlechtes iPhone-Video, sondern sei „elevated [...] to a cinematic level" (Watercutter 2015; siehe auch McGarry 2015). Um diesem Anspruch gerecht zu werden, wurden technische Modifikationen am Smartphone vorgenommen (McGarry 2015). Appliziert wurde dabei Hardware ebenso wie Software.

Es wurde mit dem iPhone 5 gedreht, das Videoaufnahmen in HD-Qualität von 1.080 Pixeln ermöglicht. Baker verwendet zusätzlich ein stabilisierendes Stativ, den *Steadycam Smoothee* für das iPhone, das mit einem Griff in der Hand gehalten wird und damit – durchaus für Smartphone-Aufnahmen typische – verwackelte Aufnahmen vermindert, ohne die Mobilität und Portabilität des Geräts einzuschränken. Außerdem wurde ein anamor-photischer Linsenadapter der *Moondog Labs* verwendet, der Breitbildauf-nahmen ermöglicht. So wurde statt des für das iPhone 5 üblichen 16:9 ein Seitenverhältnis möglich, das dem CinemaScope-Format entspricht. Die Verwendung des Linsenadapters hat den Nebeneffekt einer extremen Tiefenschärfe, die keine Unschärfen kennt: „Everything is in focus. If you have your hand in front of the camera, your hand will be in focus as well as 10 miles down the horizon. That's a look we're not really used to in cinema", so Baker (McGarry 2015). Zudem wurden verschiedene Apps verwendet, wie beispielsweise die App *FilmicPro*, die für 7,99 Dollar im App Store erhältlich ist und unterschiedliche Frame Rates zulässt, sodass Aufnahmen in Film-üblichen 24 Bildern pro Sekunde möglich werden (McGarry 2015). Auch wenn diese Verfahren bereits andeuten, worauf bereits Elisa Lins-eisen (2020, 77–81) und Florian Krautkrämer (2017) hingewiesen haben, nämlich dass Produktion und Post-Produktion gerade in der digitalen Datenverarbeitung kaum noch als aufeinander folgende, getrennte Schritte verstanden werden können, sondern immer stärker ineinander fallen, wird bei *Tangerine* der post-produzierende Schritt vom iPhone zum Mac unternommen, in dem mit den professionellen Programmen bzw. Apps *DaVinci Resolve* und *Final Cut Pro* die Farbkorrektur und die Montage vor-genommen werden. Der Workflow folgt somit den üblichen Abläufen der Filmproduktion. Außerdem wurde der Ton separat mit professionellem Equipment aufgenommen, wie es bei herkömmlichen Filmproduktionen üblich ist. An dieser Stelle, wie auch in der Post-Produktion, wird das Smartphone also um weitere Produktionsmittel, wie Stativ, Linsenadapter, Sound-Equipment und Montagesoftware, ergänzt.

Diese Applikationen von Hard- und Software auf das Smartphone, zusammen mit den post-produktiven Erweiterungen über das Smartphone hinaus, zeugen zunächst von einer Professionalisierung des Alltagsgegen-standes „Handy" in der Filmproduktion, was Baker mit der Betonung des „cinematic level" andeutet. Auch wenn durch die anamorphotische Linse eine extreme Tiefenschärfe erzeugt wird, die den gewohnten Kinobildern eher gegenläufig ist, lassen sich das CinemaScope-Format ebenso wie die Aufnahmen mit 24 Bildern pro Sekunde wiederum als Annäherung an Kinostandards verstehen, die einen „Film Look" hervorbringen. Die

Annäherung digitaler Filme an einen analogen Film Look mit dem Anspruch „so gut wie Film" zu sein, beschreibt Simon Rothöhler (2013, 17–27) in *High Definition. Digitale Filmästhetik*. In der Nachahmung analoger Ästhetiken soll die vermeintliche Differenz zwischen analogen und digitalen Filmen überwunden werden. Rothöhler (2013, 25) verortet diese „Logik der digitalen Reproduktion des *film look*" auf zwei Ebenen: In Bezug auf das Filmmaterial fungiere der Film Look als „regulatorische Idee", die sich mit der Verwendung von Zelluloid gleichsetzen lässt und darauf abzielt, auch im Digitalen davon „möglichst ununterscheidbar" zu sein (21). Zudem sei der Film Look ein „Effekt des Wiedergabemediums" und somit „auch ein Phänomen der Aufführungspraxis". Die digitale Imitation von „Analograuschen" – der visuellen Haptik von Körnung, Pulsieren oder Bildzittern in der Projektion – lasse sich durch den „cinema mode" digitaler Projektoren einstellen und löse sich somit vom analogen Material (24–25). Die durch verschiedene Applikationen erzielten Annäherungen an Filmstandards in *Tangerine* werden dementsprechend in der folgenden Analyse als digitale Imitation bzw. ästhetische Appropriation eines Film Look gefasst.

Ästhetische Appropriationen

Smartphone-CinemaScope-Format

Tangerine beginnt mit dem Wiedersehen der beiden Protagonistinnen Alexandra und Sin-Dee. Zunächst gibt es einen kurzen Vorspann (TC: 0:00:40–0:01:22), der Assoziationen zu klassischen Filmen aufruft: zu einer beschwingten Orchesterversion des Weihnachtsklassikers „Toyland" sind die Namen der Mitwirkenden in geschwungener weißer Schrift vor leuchtend gelbem Grund zu sehen. Dieser entpuppt sich als eine zerkratzte Tischplatte, als Schwarze Hände ins Bild reichen, die eine Papiertüte mit einem Donut in die Mitte der Tischplatte, die zugleich die Mitte des Bildes ist, legen. Die Musik klingt aus und der Satz „Merry Christmas Eve, Bitch!" (TC: 0:01:20) markiert das Ende des Vorspanns und ebenso den Ton der folgenden Szene wie auch des gesamten Films. In der darauffolgenden ersten Szene des Films (TC: 0:01:25–0:03:45) sitzen sich Sin-Dee und Alexandra an dem Tisch im *Donut Time* gegenüber und unterhalten sich angeregt über die neusten Geschehnisse, wobei herauskommt, dass Sin-Dee, die gerade für 28 Tage wegen Drogenbesitzes im Gefängnis war, während ihrer Abwesenheit von ihrem Freund betrogen wurde. In dieser Szene wird Realismus als „Realness" auf zweifache Weise aufgerufen: Zum einen streift das Gespräch die Hormonbehandlung von Alexandra, die von sich sagt: „I look like the real thing" (TC: 0:01:44). Zum anderen hatte

Sin-Dees Freund Chester eine Affäre mit einer cis Frau, die als „real fish, girl, like vagina and everything" (TC: 0:02:35) beschrieben wird. Die Szene endet damit, dass Sin-Dee aufspringt, um ihren Freund ausfindig zu machen und zur Rede zu stellen. Das Setting und die Dramaturgie dieser Szene ähneln dabei der Eröffnungsszene von *Pulp Fiction* (Tarantino 1994) (TC: 0:0:28– 0:04:50), in der sich das Gangsterpaar Pumpkin und Honey Bunny in einem Diner gegenübersitzen und sich in einem ähnlich dynamischen Gespräch über Überfälle unterhalten. Pumpkin erzählt von einem Banküberfall, der nur mit einem Telefon begangen wurde – „The point of the story is: they've robbed a bank with a telephone." (TC: 00:01:54) – und eröffnet damit einen weiteren Anschluss an *Tangerine*, bei dem das Telefon nicht einem Bank- überfall, sondern dem Filmdreh dient – was aus der Perspektive von 1994 ebenso erstaunlich sein dürfte. In beiden Szenen endet die angeregte Unterhaltung mit einer überraschenden Wendung: In *Pulp Fiction* ziehen Pumpkin und Honey Bunny ihre Waffen und überfallen das Diner und in *Tangerine* bricht Sin-Dee zu ihrem Rachefeldzug an ihrem Ex-Freund auf. Die Eröffnungsszene in *Tangerine* liest sich dementsprechend als Hommage an Tarantinos zum modernen Klassiker avancierten Film und darin zugleich als Legitimierungsgeste, die den Film als Kinoproduktion und „echten Film" – oder „real film" im Sinne von „real fish" – markiert. Und tatsächlich feierte *Tangerine* 2016 seine Premiere auf dem Sundance Film Festival, das als Plattform für Independent-Produktionen bekannt ist. Zudem sind Film- festivals insgesamt tradierte, klassische Filminstitutionen, die Valerie Dirk (2020) als „gallische Dörfer an den sich beständig ausdehnenden Rändern des ‚postkinematografischen Imperiums'" bezeichnet. Entsprechend hatte der Film ebenfalls eine Kinoauswertung, wurde anschließend auf DVD und auf Streamingportalen veröffentlicht und kann auf diese Weise seinen Weg zurück auf das Smartphone finden.

Eine weitere Besonderheit von *Tangerine*, die sich ebenfalls als Hommage an Tarantinos ästhetische Anleihen an klassische Hollywood-Filme ver- stehen lässt, ist das CinemaScope-Format, das vor allem im Hollywood- Kino der 1950er und 6oer Jahre seine Höhepunkte erlebte und in *Tangerine* mit Hilfe des anamorphotischen Linsenadapters erzielt wird. So ermöglicht der Adapter laut Herstellerangaben ein Aspect Ratio von bis zu 2,4:1 (Moondog Labs), wobei für *Tangerine* ein Seitenverhältnis von 2,35:1 angegeben wird. Das entspricht dem etablierten „Scope-Format", wobei auch Seitenverhältnisse zwischen 2,66:1 und 1,66:1 unter die Bezeichnung CinemaScope fallen. Auch *Pulp Fiction* entspricht mit einem Aspect Ratio von 2,39:1 diesem Format. Zu dem durch die Verwendung des Linsen- adapters erreichten CinemaScope-Format sagt Regisseur Sean Baker: „It looks like a bigger film" (McGarry 2015). So lässt sich das CinemaScope-Format als Annäherung an einen Film Look verstehen, der laut Rothöhler (2013, 21) nach wie vor die „visuelle Signatur kapitalintensiver Hollywood-produktionen" bestimmt. Entsprechend lässt sich *Tangerine* – auch über die ästhetische Verbindung zu Tarantino hinaus – in eine Traditionslinie Hollywoods stellen, die sich vom Format her erzählen lässt.

Jan Distelmeyer (2011, 252) zieht eine historische Linie von der Einführung der Breitwandformate Cinerama und CinemaScope in den Jahren 1952/53 über die Blockbuster-Erfolge der 1970er Jahre mit u.a. *Jaws* (Spielberg 1975) und *Star Wars* (Lucas 1977) – beide mit einem Aspect Ratio von 2,39:1 – bis hin zum postklassischen bzw. postmodernen Kino in deren Nachfolge. Zugleich lässt sich das Breitwandformat noch vor der Einführung von CinemaScope verorten, das sich laut Distelmeyer „auf eine Tradition […] [stützen kann], die ihrerseits mindestens so alt war wie der Film selbst" (2011, 253). Dazu führt er Versuche mit 60-, 70-, oder 75mm-Filmen an, die u.a. von den Lumière-Brüdern oder MGM schon um 1900 und bis in die 1930er Jahre durchgeführt wurden (siehe auch MacGowan 1957, 220–224). CinemaScope war jedoch „von Beginn an ein Ziehkind Hollywoods: Entwickelt innerhalb und nach den Bedürfnissen des Studiosystems" (Distelmeyer 2011, 255–256). Es wurde zu krisenhaften Zeiten eingeführt, als die Besucher:innenzahlen und Box-Office-Einnahmen stark sanken und außerdem das Hollywood-Studiosystem und damit „das Patentrezept des ‚Golden Age' […] zerschlagen" (257) wurde. 20th Century Fox investierte zu diesem Zeitpunkt hohe Summen in die Entwicklung von CinemaScope, das Hollywood aus der Krise retten sollte (256–258). Zudem war die Hoffnung, dass die Schauwerte des Breitwandformats der immer stärker werdenden Konkurrenz des Fernsehens etwas entgegensetzen könnten. Schon kurze Zeit nach der Einführung wurde das Format zum Standard in den meisten Hollywood-Studios und Kinos der USA und blieb bis in die 1960er führend (258). CinemaScope wird vor allem mit spektakulären Inszenierungen, insbesondere von Landschaften, z.B. im Western, oder großen, monumentalen historischen Stoffen verbunden. Zugleich wird dem Format ein „Sog-Potential" (262) zugeschrieben, das eine gewisse Intensität der Rezeptionserfahrung bewirken könne. Auch das Blockbuster-Prinzip ist eng mit der Widescreen-Entwicklung verbunden und zielt darauf ab, der Filmerfahrung einen Ereignischarakter zu verleihen: „the movie theater had to become the equivalent of an amusement park" (Belton 1992, 84). Als Nachfolge der frühen Blockbuster findet sich das CinemaScope-Format vor allem in postklassischen bzw. postmodernen Filmen wie *Pulp Fiction* wieder, der „nahezu alle typischen Merkmale der ästhetischen Postmoderne" aufweist: „Intertextuelle Verweise und Zitate […]; Genremixturen und Brüche […]; Anleihen bei vergangenen Stilepochen und Genres […] und vor allem eben jener zwischen Text und Metatext oszillierende Dialogismus mit dem Zuschauer und seinen Erwartungen" (Blanchet 2003, 238). Zum Verständnis der vielschichtigen Ebenen und Referenzen postmoderner Filme gehört ein Wissen über die Filmgeschichte, insbesondere Hollywoods, das sich die Zuschauer:innen über „Konkurrenz- oder besser: Ergänzungsmedien" (Distelmeyer 2011, 272) des Kinos wie Fernsehen, DVD oder Streaming aneignen. Auch *Tangerine* schließt an postmoderne Strategien der Aneignung an, was in der Zitation der Szene aus *Pulp Fiction*, wie auch im CinemaScope-Format zum Ausdruck kommt, was wiederum als Aneignung zweiten Grades verstanden werden kann. Durch die Applikation der anamorphotischen Linse auf das Smartphone wird die Verwendung eines in der Filmgeschichte Hollywoods verankerten Formats ermöglicht, in dessen Tradition *Tangerine* sich damit verortet.

Das CinemaScope-Format hat inzwischen sogar das Smartphone selbst erreicht, das zu einem „portable cinema, complete with a ‚Cinemascope' application for film viewing" (Schneider 2012, 55) geworden ist. Nicht ohne Grund haben die gängigen Smartphones ein 16:9-Display, das als Kompromiss-Format gilt, welches es ermöglicht verschiedene Seitenverhältnisse mathematisch abzubilden und somit Kinofilme zunächst auf Fernsehbildschirme ins Wohnzimmer brachte und von dort aus für andere Bildschirme wie Laptops und Smartphones übernommen wurde (Moskatova 2021, 136). Mit der Markteinführung des iPhones im Jahr 2007 sowie der darauffolgenden Verbreitung und Standardisierung der Betriebssysteme Android und iOS waren die Möglichkeiten geschaffen, Filme und andere audiovisuelle Inhalte in immer besserer Qualität auf dem Smartphone zu sehen (Perren und Petruska 2012, 105–106). So steht die horizontale Verwendung des Smartphones in Zusammenhang mit dessen Nutzung zur Filmrezeption. In Anlehnung an die dominanten Ästhetiken der Malerei wurden die Bezeichnungen „Landscape" für Querformat und „Portrait" für Hochformat in die Digitalfotografie übernommen und von dort ins Smartphone überführt, das in der Regel zunächst im vertikalen Portrait-Modus bedient wird. Auch wenn vertikale Smartphone-Videos zunächst noch als „Fehlleistung" oder „unerwünschte […] Abweichung" vom horizontalen Bildformat galten, das die „Zielvorgabe des ästhetisch Akzeptablen" darstellt (Gotto 2018, 234), haben seit ca. 2010 Foto- und insbesondere Video-Apps wie Instagram oder TikTok zur Konsolidierung vertikaler Videos in Social Media und darüber hinaus beigetragen (Neal und Ross 2018, 152–154). Diese Plattformen zeichnet aus, dass sie von Grund auf für die Nutzung von und auf Smartphones ausgelegt sind: „the content is designed to match the pre-existent technological function of the mobile phone that increasingly encourages the user to hold the screen in a portrait orientation rather than follow the aesthetic norms of audio-visual media traditionally displayed on fixed horizontal screens" (154). Die Inhalte werden mit dem Smartphone produziert wie auch rezipiert. Die Nutzungsweise schlägt sich im Format nieder; entsprechend lässt sich der vermeintliche Störfall des Vertikalen als Medienspezifik des Smartphones fassen, wie es Lisa Gotto (2018, 235) vorschlägt.

So scheint es, als würde *Tangerine* mit dem breiten und horizontalen Format des CinemaScope spezifische Smartphone-Ästhetiken gezielt vermeiden. Die Logik der vertikalen Ausrichtung zielt auf die gekoppelte Produktion und Rezeption auf Smartphones. Insofern verweist das Format auf die mediale Umgebung. *Tangerine* hingegen folgt auch im Format den Logiken der klassischen Filmproduktion, die zudem auf eine Rezeptions-situation zielen, die mit den großen Leinwänden des Kinodispositivs verbunden ist. Das Smartphone-CinemaScope geht sogar über die Möglich-keiten des als Kamera verwendeten iPhones hinaus, dessen Bildschirm nur auf ein Seitenverhältnis von 16:9 ausgelegt ist. So beschreibt Baker, dass die Aufnahmen, die am Set gesichtet wurden, aufgrund der Erweiterung der iPhone-Kameralinse zum CinemaScope-Format auf dem Handydisplay nur „gequetscht" dargestellt werden konnten (Film Courage 2015). Der Anspruch des Film Looks überschreitet die medialen Möglichkeiten des Smartphones. Die gequetschten Bilder lassen sich ebenso als Fehlleistungen verstehen wie schwarze Balken oder abgeschnittene Ränder, wenn Filme im Cinema-Scope-Format in das inzwischen veraltete 4:3-Fernsehformat überführt (Distelmeyer 2011, 253–254) oder vertikale Videos in horizontal angelegten Playern abgespielt werden. Der Medienwechsel produziert diese ver-meintlichen Störmomente, die das Format sichtbar werden lassen. Ebenso deutet Bakers Anekdote Spannungsmomente an zwischen den technischen Voraussetzungen des Smartphones und deren applikative Erweiterung mit dem Ziel, einen Film Look zu erreichen.

So verweist das Format in *Tangerine* gleichsam auf filmhistorische Formate sowie auf die Medienentwicklung des Smartphones und verankert den Film in beiden. Das Smartphone-CinemaScope dient als digitale Appropriation eines analogen Film Looks und verweist gleichsam auf die enge Kopplung des Smartphones mit dem Filmischen, wobei das Breitbildformat über die Möglichkeiten des Smartphones hinausweist. Über das Format nimmt *Tangerine* eine mediale Ortsbestimmung vor: kein Smartphone-Video, sondern Kino-Film. Das Smartphone-CinemaScope stellt eine ästhetische

Relocation des filmischen Formats in das Smartphone dar. Die Verwendung des CinemaScope ließe sich in dem Sinne als Aneignungsgeste des Filmischen durch das Smartphone – unter Rückgriff auf Hard- und Software-Applikationen – verstehen. Diese läuft aber nicht ohne Verluste und Störmomente ab, die auf den Prozess der Aneignung verweisen. Die Reibungen verdeutlichen das Spannungsfeld, in dem Smartphone-Filme hier verortet werden.

Queering Hollywood

Das Verhältnis zu Hollywood, das sich über das Format nachvollziehen lässt, wird zudem über die Orte, an denen *Tangerine* gedreht wurde und an denen der Film spielt, verhandelt. Das *Donut Time*,[1] in dem neben der Eröffnungsszene auch die chaotische Aussprache zwischen Sin-Dee und Chester als Höhepunkt des Films spielt, befindet sich am Santa Monica Boulevard, einer der zentralen Straßen im Westen von Los Angeles, die den Sunset Boulevard mit dem Pazifischen Ozean verbindet. Der Donut Shop liegt zudem nur wenige Minuten von den Paramount Studios, einem der großen Filmstudios der klassischen Hollywood-Ära, entfernt. Obwohl der Film damit im Herzen Hollywoods angesiedelt ist, zeigt *Tangerine* die Stadt abseits von Glamour, Stars und dem Hollywood-Schriftzug. Den Walk of Fame überquert Sin-Dee in schnellen Schritten auf dem Weg zur Essensausgabe und auch der berühmte Highway 101 wird eher beiläufig auf ihrer Suche hinter sich gelassen. Zentrale Orte des Films sind vielmehr die Straßen, auf denen Sin-Dee und Alexandra arbeiten und sich andauernd bewegen, oder Autos, Busse, Bahnen sowie Innenräume, die zur zeitlich begrenzten Nutzung zur Verfügung stehen, wie ein Motel, das als Bordell genutzt wird, der Donut Shop, eine Bar oder ein Waschsalon. Verglichen mit der klischeehaften und realitätsfernen Darstellung von Sexarbeit in *Pretty Woman* (Marshall 1990) werden die unterschiedlichen Perspektiven deutlich: Während die von Julia Roberts gespielte Sexarbeiterin Vivian West zu Beginn des Films dem von Richard Gere gespielten wohlhabenden Edward Lewis in einem Lotus-Esprit-Sportwagen auf dem Hollywood Boulevard begegnet und mit ihm in ein Luxushotel in Beverly Hills fährt – der Film also an den exklusiven Orten von Los Angeles spielt –, trifft

---

1   Das Restaurant, das im Film als *Donut Time* fungiert, erweist sich laut einer Google-Maps-Recherche im Jahr 2022 als *Trejo's Coffee & Donuts*, einem Donut Shop im Besitz des US-amerikanisch-mexikanischen Schauspielers Danny Trejo, der wiederum für Trash- bzw. Exploitation-Filme wie *Machete* (Maniquis und Rodriguez 2010) oder auch *From Dusk Till Dawn* (Rodriguez 1996), geschrieben von und besetzt mit Quentin Tarantino, bekannt ist.

Alexandra ihre Kunden in einem Taxi, das durch eine Waschanlage fährt, oder in einem heruntergekommenen VW Passat am Straßenrand. Auch bricht *Tangerine* mit der märchenhaften Story einer jungen Sexarbeiterin, die sich in einen älteren, reichen weißen Mann verliebt und von ihm „gerettet" wird. Vielmehr bietet der Film entlang der zentralen Handlung vielfältige Einblicke in die Lebensrealität Schwarzer trans Sexarbeiter:innen. So zeigt *Tangerine* eher eine Kehrseite Hollywoods, eine ironische Anspielung darauf: „Hollywood here, in an ironic dig at mainstream cinema, references not the film industry but the gritty, grim, strip malls populated by hucksters by day and hustlers by night" (Halberstam 2018, 80). Ähnlich wie die Filme der LA Rebellion, einer Gruppe Schwarzer Filmemacher:innen, die an der UCLA studiert haben und in ihren Filmen ein Bild der Stadt zeichnen, das sich explizit gegen Hollywood-Ästhetiken wendet, rückt auch *Tangerine* „diejenigen Orte der Stadt in den Mittelpunkt [...], die bisher noch nicht zum zentralen Korpus der kontinuierlich zirkulierenden und wieder-kehrenden Bilder von Los Angeles gehörten" (Frahm 2014, 40). Daraus entsteht ein „Spannungsverhältnis [...] zwischen jenen überdeterminierten Orten der Stadt- und Filmgeschichte von Los Angeles und jenen weit-gehend unbesetzten Orten" (41). Die Filme der LA Rebellion sind beein-flusst vom *Third Cinema*, dem italienischen Neorealismus und den lyrischen Dokumentarfilmen Basil Wrights oder Joris Ivens' und gehen dabei von einer „vehementen Ablehnung jener dominanten westlichen Konventionen" (43) Hollywoods aus. Auch *Tangerine* lässt sich in der Tradition des italie-nischen Neorealismus verorten, sucht jedoch – anders als LA Rebellion und trotz seiner Distanzierung zu typischen Darstellungsweisen Hollywoods – auch die Nähe zu Hollywood-Ästhetiken und verweist gleichzeitig auf zwei sehr unterschiedliche Traditionen der Filmgeschichte.

Insbesondere anhand der Zusammenarbeit mit Laiendarsteller:innen, die Baker auf der Straße in der Nähe eine LGBTIQ*-Centers getroffen hat, lässt sich die Nähe zu den filmischen Praktiken des Neorealismus und damit die Verortung in Traditionen jenseits von Hollywood mit einer weiteren Bedeutungsebene des Begriffs Aneignung verknüpfen. So ist kulturelle Aneignung – anders als der Begriff der Kollaboration, der eine hierarchiefreie Zusammenarbeit „auf Augenhöhe" suggeriert – stärker von ungleichen Machtverhältnissen bis hin zu Ausbeutung geprägt und betrifft insbesondere queere und/oder Schwarze, Indigene und/oder People of Color.[2] Das *Queer Glossary* definiert Appropriation im Sinne kultureller

---

2   Die Begriffe Schwarz, Indigen und People of Color (in der englischsprachigen
     Verwendung als BIPoC abgekürzt) sind politische Selbstbezeichnungen. Laut
     dem Glossar *Antisemitismus- und rassismuskritische Jugendarbeit* der Amadeu

Aneignung als einen Prozess, in dem „someone outside a certain culture or social group uses the symbols or attributes of that group". Dabei sind immer „complex power relationships and the fetishization of the diverse, hence the objectification of the other" involviert. Der Eintrag endet mit der Frage: „Should a straight leader of a big LGBT campaign be seen as a cultural appropriator or as a valuable ally?" (Venir und Lundin 2015). Die hier aufgeworfenen Punkte – die Übernahme von jemandem außerhalb einer bestimmten Gruppe, die damit einhergehenden Machtverhältnisse und das Verhältnis von Aneignung und Allyship – sind auch für *Tangerine* relevant. So ist der Regisseur Sean Baker ein weißer cis-hetero Mann, der zunächst keinen Zugang zu der von ihm portraitierten Gruppe der Schwarzen trans Sexarbeiter:innen hat. Das dem Film zugrundeliegende hierarchisch aufgeladene Machtgefälle deutet Baker in einem Interview an (Kinser 2015): Er spricht über die anfänglichen „trust issues" und wie er mit Hilfe der Hauptdarstellerin Mya Taylor, die im Film Alexandra verkörpert, einen Zugang zu der Community erhielt. In der Vorbereitung des Films waren beide Hauptdarstellerinnen und weitere Sexarbeiter:innen aus der Trans-Community beteiligt. Die Nebenhandlungen des Films basieren größtenteils auf deren Geschichten und Erlebnissen, aus denen das „semi-fiktionale" Drehbuch entsteht, wie Baker es nennt. Zudem wurden Szenen oftmals zumindest teilweise improvisiert. Das Vorgehen von Baker erinnert damit an die Praktiken des Neorealismus, wie sie André Bazin (2004) beschreibt. Baker betont, dass keine Entscheidung über die Repräsentation der Figuren und ihrer Community ohne deren Einverständnis gefällt wurde und Taylor die Bedingung stellte, der Film solle „extremely realistic" und zugleich „laugh-out-loud funny" sein. Das Smartphone erleichterte dabei den Zugang. Es brachte den Vorteil, direkt vor Ort filmen zu können und dabei von Außenstehenden nahezu unbemerkt zu bleiben. Zudem ist das Smartphone als Alltagsgegenstand für die unerfahrenen Schauspieler:innen weniger einschüchternd als eine professionelle Filmkamera, da es eine „andere Art von Gegenstand [ist], weshalb es eine andere, gewissermaßen ‚entdramatisierte' Beziehung zu der gefilmten Person herstellt als eine Kamera" (Odin 2018, 118). Über das Smartphone als Kamera lässt sich außerdem eine historische Linie zu ethnografischen Filmen ziehen:

> [T]he camera [in *Tangerine*; A.J.] often assumes an ethnographic function, moving relentlessly from street to street in west Los Angeles and

Antonio Stiftung (2014) ist People of Color eine „Selbstbezeichnung von/für Menschen mit Rassismuserfahrungen. Der Begriff markiert eine politische gesellschaftliche Position und versteht sich als emanzipatorisch und solidarisch. Er positioniert sich gegen […] diskriminierende Fremdbezeichnungen durch die Weiße Mehrheitsgesellschaft."

revealing in every step of the way, in every corner, a world that bears
little, if any, resemblance to the Los Angeles presented in Hollywood
films (Tzioumakis 2017, 284).

Tangerine geht ähnlich wie zum Beispiel *Moi, un Noir* (Rouch 1958) vor, in
dem Menschen aus der Côte d'Ivoire in einer Kombination aus Fiktion
und Dokumentation sich selbst spielen bzw. sich selbst Rollen ausdenken,
die sie dann verkörpern. Nun handelt es sich bei Baker – wie bei den
hiermit aufgerufenen Regisseuren des Neorealismus und des ethnografischen Films – in erster Linie um männliche Künstlersubjekte, die zwar
mit marginalisierten Gruppen zusammenarbeiten und – wie im zitierten
Interview mit Baker – auch durchaus deren Mitarbeit ausweisen und
anerkennen, letztlich aber doch als alleinige Regisseure und Autoren
genannt werden. *Tangerine* steht also auch Traditionen der Aneignung
durch insbesondere männliche Regisseure nahe. Hier zeigt sich jedoch das
schwierige Verhältnis zwischen kultureller Aneignung und Allyship, bei dem
es darum geht, eine privilegierte Position zu nutzen, um Sichtbarkeit und
Räume zu schaffen, aber eben auch (monetäre) Anerkennung zu zollen, was
bei *Tangerine* zumindest teilweise der Fall ist.

Vor allem ermöglicht die Zusammenarbeit mit der Community eine lebens-
nähere Darstellung von Sexarbeit und Trans-Sein, als es in Hollywood-
Studioproduktionen wie z.B. *Pretty Woman* oder auch *The Danish Girl*
(Hooper 2015) der Fall ist – auch und gerade, weil es in *Tangerine* nicht in
erster Linie um das Trans-Sein geht. Mainstream-Filme mit und über trans
Charaktere werden nicht selten mit cis Schauspieler:innen besetzt und
folgen meist biografisch-chronologisch der Transition einer Figur (Rich 2013,
276), enthalten oftmals einen Moment der Enthüllung (Steinbock 2019, 53)
und werden entlang einer Coming-Out-Geschichte erzählt. *Tangerine* jedoch
„breaks with the protocols for representing trans bodies, within both
negative and positive paradigms, focusing instead on friendship, sex work,
conflict, failure, and disappointment, and it does so with humor and verve"
(Halberstam 2018, 80). Dass der Film diesen Mustern nicht folgt, kann
letztlich als queere Verweigerungsgeste gegenüber gängigen Hollywood-
Logiken gelesen werden.

In Bewegung versetzt

Abschließend wird im Folgenden der Film Look von *Tangerine* den Smartphone-Ästhetiken gegenübergestellt, die insbesondere an die Mobilität
des Smartphones anschließen. So spiegelt sich in der Beweglichkeit der
Kamera, die durch die Montage noch betont wird, die Dynamik der sich

ständig in Bewegung befindenden Figuren ebenso wider wie die Mobilität des Smartphones als Aufnahmegerät selbst und schließt damit an grundlegende Bestimmungen des Mediums Film an. Zwar wurde das Smartphone beim Dreh um ein Stativ, das in der Hand gehalten werden kann und als Steadycam funktioniert, erweitert, wodurch vergleichsweise wenig verwackelte Bilder entstehen, doch wird die grundsätzliche Mobilität dadurch nicht eingeschränkt. Diese Erweiterung bildet eher einen Kompromiss zwischen einer sich dem Film Look annähernden Bildqualität und dem Erhalt der Bewegungsfreiheit des Smartphones.

Auf die erste Szene im *Donut Time*, die noch von klassischen Einstellungen geprägt ist und das Gespräch zwischen Sin-Dee und Alexandra, die sich am Tisch gegenübersitzen, im Wechsel von statischen Nahaufnahmen zeigt, folgt eine Außenansicht des Donut Shops. Durch die Fensterscheibe und mit leichter Aufsicht ist zu sehen, wie Sin-Dee vom Tisch aufsteht und wütend das Lokal verlässt (TC: 0:03:31). Daraufhin werden sowohl die Figuren als auch die Smartphone-Kamera in Bewegung versetzt. Während Sin-Dee in schnellen Schritten den Santa Monica Boulevard entlang läuft, kommen eine dynamische Kameraführung mit vielen hektischen Schnitten, verschiedene, schnell aufeinander folgende Einstellungen und treibende elektronische Musik, die Sin-Dees energische Schritte noch akustisch betont, zusammen. Die Kameraführung folgt den Bewegungen der Figur und ergänzt diese um eigene Bewegungen, wobei sie sich auf Sin-Dee zu bzw. an ihr vorbei bewegt (TC: 0:03:37–0:04:54). So übersetzt sich Sin-Dees aufgeheizte Stimmung ästhetisch und trifft dabei auf die Bewegungsfreiheit des Smartphones. Allein für diese kurze Straßenszene lässt sich eine extreme Beweglichkeit der Smartphone-Kamera beschreiben. Auch in der darauffolgenden kurzen Gesprächssituation mit einer Person, die Sin-Dee auf der Straße trifft, bleibt die Kamera ständig in Bewegung, sodass das klassische Schuss-Gegenschuss-Prinzip durch zahlreiche Achsensprünge und Veränderungen in der Positionierung der Kamera außer Kraft gesetzt wird. Einmal in Bewegung versetzt, scheinen klassische Einstellungsgrößen nicht mehr geeignet, um mit der Energie des Films mitzuhalten.

Seit den frühen theoretischen Auseinandersetzungen mit dem Film wurde Bewegung als mediale Spezifik dessen gefasst und wird zudem in Überlegungen zum Smartphone erneut aufgegriffen. Anknüpfend an Béla Balász' Auseinandersetzung mit der Bedeutung von Bewegung und Beweglichkeit der Kamera stellt Lisa Gotto (2018, 233) die „mediale Spezifik des Films, also seines Vermögens, Bewegung nicht nur im Bild, sondern auch und vor allem als Bewegungen des Bildes zu fassen" heraus, was sie für Smartphone-Filme um die Bewegung der Geräte erweitert. Für Gotto besteht die Spezifik von Smartphone-Filmen entsprechend in einer „besonderen Form der Beweglichkeit – einer Beweglichkeit der Geräte, Akteur:innen, Verfahren und Übertragungen". Darüber hinaus bringt die inhärente Mobilität des Smartphones auch Ästhetiken der Mobilität mit sich, die Gotto in Hinblick auf eine „neue Kamera-Mobilität, ihre Entfesselung und potenzielle Grenzenlosigkeit und andererseits auch ihre Störung" (2018, 230) beschreibt, wie es sich in *Tangerine* andeutet. Doch lassen sich für Smartphone-Filme nicht nur Ästhetiken der Bewegung attestieren – die ohnehin nicht für sämtliche Smartphone-Filme verallgemeinerbar wären. Vielmehr sind die vielfältigen und sich stets verändernden Smartphone-Ästhetiken selbst von einer gewissen Mobilität geprägt: „the very concept of cell phone film aesthetics is quite ‚mobile' itself as devices keep developing and changing very rapidly" (Botella 2012, 77). Die Mobilität der Zuschreibungen und Ästhetiken lässt sich also ergänzen um eine Mobilität des Mediums Smartphone, seiner Praktiken, Techniken und Prozesse, die wiederum eng verzahnt ist mit filmischen Konzepten der Bewegung.

So lässt sich *Tangerine* als Smartphone-Film über die ästhetische Figur der Bewegung abermals zwischen dem Filmischen und dem Smartphone verorten. Die extreme Beweglichkeit der Kamera schließt an mediale Eigenschaften des Films wie auch des Smartphones an und bringt dabei Ästhetiken hervor, die klassische filmische Formen herausfordern und ebenso durch die professionelle Ausstattung des Smartphones amateurhafte Ästhetiken vermeiden. Die mobile, dynamische und geradezu verspielte Kameraführung geht mit einer Bildästhetik der Mobilität einher, die sich auf das Smartphone zurückführen lässt und, indem sie sich sämtlichen filmischen Konventionen entzieht, gleichsam den Film Look unterläuft.

Schluss

Der in *Tangerine* angestrebte Film Look als Annäherung an (analoge) Filmstandards einerseits und Distanzierung zu Amateur-Handyvideos andererseits nimmt seinen Ausgangspunkt in der professionellen Ausstattung des Smartphones in der Filmproduktion durch diverse Applikationen. Dies übersetzt sich insbesondere in das Format. Das Smartphone-CinemaScope ruft Hollywood-Traditionen des klassischen bis hin zum postmodernen Kino auf und weicht damit gleichsam von den sich in den letzten Jahren über Social-Media-Apps etablierten vertikalen Smartphone-Ästhetiken ab.

Zudem lässt sich die ständige Bewegung der Figuren auf den Straßen von Los Angeles mit der Bewegungsfreiheit des Smartphones verknüpfen, die, indem sie formale filmische Konventionen herausfordert, den Film Look unterläuft, und sowohl eine mediale Spezifik des Smartphones als auch des Films darstellt. Die Kopplung des Smartphones mit dem Filmischen verläuft jedoch nicht ohne Störungen. Die über das Format nachvollziehbare Nähe zu Hollywood wird zudem über die Orte des Films verhandelt und, trotz der räumlichen Nähe zu Hollywood und Los Angeles, in der Perspektive auf die Stadt wie auch in der Narration gebrochen. Mit dem Neorealismus werden filmische Traditionen abseits von Hollywood aufgerufen, die die filmhistorischen Verweise in *Tangerine* erweitern. Diese werden zudem um queere Perspektiven, die von Mainstream-Narrationen über trans Figuren und Sexarbeiter:innen abweichen, ergänzt. *Tangerine* verknüpft filmhistorische Strömungen abseits von Hollywood mit queeren Themen und unterläuft damit klassische Hollywood-Narrationen auf zweifache Weise. Das queere Potential von *Tangerine* liegt darin *in, mit* und *gegen* Hollywood zu arbeiten. Dabei zeichnet sich der Film durch einen Realismus aus, der sich vielmehr als „Realness" bezeichnen lässt: „Realism is used to describe a cinematic device used to [...] reference reality, or the material and historical world outside the cinematic frame. ,Realness' is a performance mode that calls into question notions of both reality and realism" (Oishi 2015, 256). Der Begriff Realness entstammt der Ballroom-Kultur, die insbesondere von queeren Schwarzen/People of Color geprägt ist und dort einen Bewertungsstandard für die Annäherung an ein angestrebtes Ideal der Genderperformance darstellt. Ähnlich wie *passing* erlaubt es Realness insbesondere trans Personen, sich an gesellschaftliche Normen anzupassen und verspricht dabei einerseits sozialen Zugang und Schutz vor Gewalt in einer homophoben und transphoben Gesellschaft, bestärkt jedoch zugleich heteronormative Geschlechtsideale (Ward 2020, 25). *Tangerine* lässt sich zwischen den Fiktionen Hollywoods, Praktiken des Realismus und queerer Performance verorten: „Realness carries within it the awareness of distance between the representation and the magnitude of lived experience" (Oishi 2015, 266). So bezieht sich die Realness von *Tangerine* nicht nur auf das Auftreten der Protagonistinnen oder die Darstellung ihrer Lebensrealitäten, sondern lässt sich um ein Spiel aus Aneignung und Unterlaufen des idealisierten Film Look erweitern. Realness beschreibt dann sowohl den Realismus in *Tangerine* als auch das Streben danach, ein „real film" zu sein.

Ausgehend von den technischen Applikationen und Modifikationen des als Kamera genutzten Smartphones lässt sich ein Netz von Aneignungen

und Brüchen spannen. *Tangerine* betreibt ein Spiel mit dem Aufgreifen
und sich Distanzieren von Hollywood-Ästhetiken, Praktiken der Filmgeschichte sowie theoretischen Bestimmungen des Mediums Film. Ebenso
werden Smartphone-Ästhetiken und dem Medium zugeschriebene
Eigenschaften aufgerufen und unterlaufen. Das Smartphone, das eingangs
als appropriatives Medium bestimmt wurde, bringt in den Aneignungen des
Filmischen gleichsam Reibungen, Abweichungen und Brüche hervor und
positioniert somit den Smartphone-Film zwischen Smartphone und Film.
Diese Brüche in Form von Störmomenten oder gezielten Abweichungen
zeugen von Unvereinbarkeiten im Verhältnis von Smartphone-Ästhetiken
und Film Look. Sie lassen sich als queere Momente in der Aneignung
des Filmischen durch das Smartphone bzw. des Smartphones durch das
Filmische verstehen. Gerade in der eigentlichen Unvereinbarkeit zeigt sich
die Positionierung im Dazwischen, das selbst eine queere Positionierung
darstellt, die weder auf einen Ursprung, noch auf ein Ziel ausgerichtet
ist und vielmehr den Prozess, die Bewegung betont und sich klaren
Kategorisierungen verweigert.

Der als Film Look bezeichnete Anspruch digitaler Filme, „so gut wie" (analoge) Filme zu sein, erweist sich in *Tangerine* also weniger als ein Konkur-
renzverhältnis mit klarer Zielvorgabe, sondern vielmehr als ein Spannungsverhältnis zwischen einer Medienspezifik der „neuen", digitalen Medien
– hier dem Smartphone – und dem Film als tradierten, „klassischen"
Medium, das sich nicht auflösen lässt und Brüche produziert. Die Verwendung des Smartphones in der Filmproduktion ist zunächst Ausdruck
einer Digitalwerdung des Films, die inzwischen seit Jahrzehnten voran-
schreitet. In der filmischen Verwendung des Smartphones übertragen sich
dessen Eigenschaften und Ästhetiken ins Filmische. Über die technischen
Applikationen sowie die ästhetischen Appropriationen lässt sich außerdem
ein Filmischwerden des Smartphones beschreiben. Bei Smartphone-Filmen
– oder auch digitalen Filmen im Allgemeinen – handelt es sich weder um
„business as usual" (Elsaesser 2008), noch um einen grundlegenden Bruch,
der den „Tod des Kinos" (Cherchi Usai 2001) markiert. Vielmehr scheint es
von Interesse, das Verhältnis von Smartphone und Film, dem Digitalen
und dem Kino auszuloten und somit den Verlusterzählungen ebenso wie
euphorischen Neuerungsnarrativen, eine mögliche Fortschreibung der
Geschichte unter sich ständig verändernden Bedingungen anzubieten.

Die kritische Frage danach, „warum Post-Cinema-Diskussionen in ihrer
analytischen theoretischen Annäherung an neue postfilmische Phänomene
stets an jene Ontologien von vorausgegangenen Medien-, Text- und Kunstformen anknüpfen", die Laura Katharina Mücke (in diesem Band, 201) in

Erweiterung des Filmischen anhand von TikTok diskutiert, lässt sich auch für Smartphone-Filme aufgreifen und damit zurück zum Filmischen lenken. Die beiden Artikel bearbeiten somit zwei Seiten des gleichen Diskurses. Wenn Post-Cinema als „no-longer-cinema", „still-cinema" oder „cinema-once-again" beschrieben wird (Casetti 2015, 206), deuten sich darin die von Laura Katharina Mücke angesprochenen Kontinuitäten des Filmischen ebenso an wie der Versuch einer Annäherung an einen Film Look, der Ausgangspunkt der Produktion von *Tangerine* gewesen sein mag. Wie ich jedoch versucht habe zu zeigen, zeugt das Geflecht aus Aneignungen, Brüchen, Zitationen und Distanzierungen vielmehr von einem Sowohl-als-auch, das das Potential aufweist, die Kontinuitäten des Post-Cinema zu verundeutlichen. So ist es gerade das Spannungsfeld aus Kontinuitäten und Brüchen, das anhand von *Tangerine* aufgezeigt und als queer gedeutet wurde, das die Möglichkeit bietet, postkinematografische Logiken zu erweitern.

Vielen Dank an Francis Wagner für die gemeinsame Schreibzeit und die wertvollen Denkanstöße. Außerdem möchte ich Elisa Linseisen und Alena Strohmaier für das hilfreiche Lektorat sowie Laura Katharina Mücke für den inspirierenden Austausch im Entstehungsprozess dieses Artikels danken.

Literatur

Allard, Laurence, Laurent Creto und Roger Odin. 2014. „Introduction". In *Téléphone mobile et création*, herausgegeben von Laurence Allard, Laurent Creto und Roger Odin, 15–22. Paris: Armand Colin.

Amadeu Antonio Stiftung. 2014. *Antisemitismus- und rassismuskritische Jugendarbeit. Ein Glossar.* Berlin: Amadeu Antonio Stiftung. Letzter Zugriff am 09. Februar 2023. https://www.amadeu-antonio-stiftung.de/w/files/pdfs/juan-faecher.pdf.

Bazin, André. 2004. „Der filmische Realismus und die italienische Schule nach der Befreiung". In *Was ist Film?*, herausgegeben von Robert Fischer, 295–326. Berlin: Alexander-Verlag.

Belton, John. 1992. *Widescreen Cinema.* Cambridge, MA: Harvard University Press.

Blanchet, Robert. 2003. *Blockbuster. Ästhetik, Ökonomie und Geschichte des postklassischen Hollywoodkinos.* Marburg: Schüren.

Botella, Caridad. 2012. „The Mobile Aesthetics of Cell Phone Made Films". *Revista KEPES* 9 (8): 73–87.

Casetti, Francesco. 2015. *The Lumière Galaxy. Seven Key Words for the Cinema to Come.* New York: Columbia University Press.

Casetti, Francesco und Sara Sampietro. 2012. „With Eyes, With Hands. The Relocation of Cinema into the iPhone." In *Moving Data. The iPhone and the Future of Media*, herausgegeben von Pelle Snickars und Patrick Vonderau, 19–32. New York: Columbia University Press.

Cherchi Usai, Paolo. 2001. *The Death of Cinema. History, Cultural Memory and the Digital Dark Age.* London: BFI Publishing.

Dirk, Valerie. 2020. „Zweifelhafte Zuschreibungen". *nach dem film* 18. https://nachdemfilm.de/issues/text/zweifelhafte-zuschreibungen.

Distelmeyer, Jan. 2011. „Recreation: CinemaScope und Electronic Hollywood. Eine Filmgeschichte unter Einfluss". In *Film im Zeitalter Neuer Medien I. Fernsehen und Video*, herausgegeben von Harro Segeberg, 251–278. München: Wilhelm Fink.

Elsaesser, Thomas. 2008. „Das Digitale und das Kino. Um-Schreibung der Filmgeschichte?" In *Zukunft Kino. The End of the Reel World*, herausgegeben von Daniela Kloock, 43–59. Marburg: Schüren.

Film Courage. 2015. „Filming a Movie on an iPhone. Lessons from TANGERINE Filmmaker Sean Baker. Full Interview". *YouTube*, 11. September. Letzter Zugriff am 10. März 2022. https://www.youtube.com/watch?v=pJ6lOAToJoU.

Frahm, Laura. 2014. „A Moment of Radical Thought. Zum kritischen urbanen Kino der L.A. Rebellion". In *Virtuelle Topographien. Los Angeles multimedial*, herausgegeben von Silke Roesler-Keilholz und Sascha Keilholz, 39–49. Marburg: Schüren.

Gotto, Lisa. 2018. „Beweglich werden. Wie das Smartphone die Bilder zum Laufen bringt". In *Smartphone-Ästhetik. Zur Philosophie und Gestaltung mobiler Medien*, herausgegeben von Oliver Ruf, 227–242. Bielefeld: transcript Verlag.

Halberstam, Jack. 2018. *Trans*. A Quick and Quirky Account of Gender Variability*. Oakland, CA: University of California Press.

Keep, Dean und Marsha Berry. 2013. „Remediating Vertov". *Ubiquity. The Journal of Pervasive Media* 2 (1–2): 164–179.

Kinser, Jeremy. 2015. „Tangerine Director Sean Baker May Be a Straight White Man, but He's Made a Terrific Movie about Transgender Women of Color". *Queerty*, 9. Juli. Letzter Zugriff am 01. März 2022. www.queerty.com/tangerine-director-sean-baker-may-be-a-straight-white-man-but-hes-made-a-terrific-movie-about-transgender-women-of-color-20150709.

Krautkrämer, Florian. 2017. „Postproduktion". In *Handbuch Filmanalyse*, herausgegeben von Malte Hagener und Volker Pantenburg, 181–188. Wiesbaden: Springer.

Linseisen, Elisa. 2020. *High Definition. Medienphilosophisches Image Processing*. Lüneburg: meson press.

MacGowan, Kenneth. 1957. „The Wide Screen of Yesterday and Tomorrow". *The Quarterly of Film Radio and Television* 11 (3): 217–241.

McGarry, Caitlin. 2015. „How to Make a Movie with an iPhone. An Interview with Tangerine Director Sean Baker". *Macworld*, 17. August. Letzter Zugriff am 11.Februar 2022. https://www.macworld.com/article/226141/how-to-make-a-movie-with-an-iphone-an-interview-with-tangerine-director-sean-baker.html.

Moondog Labs. o.D. „1.33X ANAMORPHIC LENS – BAYONET MOUNT". Letzter Zugriff am 31. Oktober 2023. https://moondoglabs.com/collections/lenses/products/1-33x-anamorphic-lens-bayonet-mount.

Moskatova, Olga. 2021. „Ästhetik des Vertikalen. Zur Transformation des Bewegtbildes durch das Smartphone". In *SnAppShots. Smartphones als Kamera*, herausgegeben von Ulrich Hägele und Judith Schühle, 127–141. Münster/New York: Waxmann.

Neal, Dave und Miriam Ross. 2018. „Mobile Framing. Vertical Videos from User-Generated Content to Corporate Marketing". In *Mobile Story Making in an Age of Smartphones*, herausgegeben von Max Schleser und Marsha Berry, 151–160. Cham: Palgrave Macmillan.

Odin, Roger. 2018. „Das Zeitalter der Filmsprache ist angebrochen". *montage AV* 27 (2): 115–128.

Oishi, Eve. 2015. „Reading Realness. Paris is Burning, Wildness, and Queer and Transgender Documentary Practice". In *A Companion to Contemporary Documentary Film*, herausgegeben von Alexandra Juhasz und Alisa Lebow, 252–270. Chichester: Wiley Blackwell.

Perren, Alisa und Karen Petruska. 2012. „Big Hollywood, Small Screens". In *Moving Data. The iPhone and the Future of Media*, herausgegeben von Pelle Snickars und Patrick Vonderau, 104–123. New York: Columbia University Press.

Porton, Richard. 2017. „Life on the Margins". *Cineaste* XLIII (1): 22–25.

Rich, B. Ruby. 2013. *New Queer Cinema. The Director's Cut*. Durham: Duke University Press.

Rothöhler, Simon. 2013. *High Definition. Digitale Filmästhetik*. Berlin: August Verlag.

Ruf, Oliver. 2018a. „Vorwort. Ästhetische Mobilität oder: Smartphone-Kultur". In *Smartphone-Ästhetik. Zur Philosophie und Gestaltung mobiler Medien*, herausgegeben von Oliver Ruf, 9–12. Bielefeld: transcript Verlag.

———. 2018b. „Smartphone-Theorie. Eine medienästhetische Perspektive". In *Smartphone-Ästhetik. Zur Philosophie und Gestaltung mobiler Medien*, herausgegeben von Oliver Ruf, S. 15–31. Bielefeld: transcript Verlag.

Schneider, Alexandra. 2012. „The iPhone as an Object of Knowledge". In *Moving Data. The iPhone and the future of media*, herausgegeben von Pelle Snickars und Patrick Vonderau, 49–60. New York: Columbia University Press.

Steinbock, Eliza. 2019. *Shimmering Images. Trans Cinema, Embodiment, and the Aesthetics of Change*. Durham/London: Duke University Press.

Tzioumakis, Yannis. 2017. *American Independent Cinema*. Edinburgh: Edinburgh University Press.

Venir, Alice und Olle Lundin. 2015. *A Queer Glossary*. Eindhoven: Van Abbemuseum.

Ward, Jonathan. 2020. „Serving ‚Reality' Television ‚Realness'. Reading RuPaul's Drag Race and its Construction of Reality". *Comparative American Studies. An International Journal* 17 (1): 23–40.

Watercutter, Angela. 2015. „Tangerine Is Amazing. But Not Because of How They Shot It". *Wired*, 7. Juli. Letzter Zugriff am 11. Februar 2022. https://www.wired.com/2015/07/tangerine-iphone/.

Film

Baker, Sean. 2015. *Tangerine*. USA.

Hooper, Tom. 2015. *The Danish Girl*. USA/UK.

Lucas, George. *Star Wars*. 1977. USA.

Maniquis, Ethan und Robert Rodriguez. 2010. *Machete*. USA.

Marshall, Garry. 1990. *Pretty Woman*. USA.

Rodriguez, Robert. 1996. *From Dusk Till Dawn*. USA.

Rouch, Jean. *Moi, un Noir*. 1958. FR.

Spielberg, Steven. 1975. *Jaws*. USA.

Tarantino. Quentin. 1994. *Pulp Fiction*. USA.

.

AKTIVISMUS

TIKTOK

BELARUS

UKRAINE-KRIEG

ALLTAGSMEDIEN

REMEDIATISIERUNG

SOCIAL MEDIA

Alltag dokumentieren/ ästhetisieren? Begegnungs- versuche mit der semantischen Varianz von TikTok-Videos

Laura Katharina Mücke

Der Beitrag beschäftigt sich mit aktivistischen TikTok-Videos von Frauen*, die im Kontext der zivilen Proteste im August 2020 in Belarus ent- standen sind. Er nutzt diese als analytische Kon- trastfolie, um der oft mit tradierten Erklärungs- mustern agierenden bisherigen Forschung zu TikTok einen Spiegel vorzuhalten: Wenn TikTok mit Begriffen bzw. film- und medienwissenschaftlich bereits gefestigten Ontologien (wie ‚Genre‘, ‚Stil- mittel‘ oder sogar ‚Ästhetik‘) analysiert wird, bleiben die meisten der sich dort heterogen bewegenden Videos unbesprochen. Mit meinen Aus- führungen plädiere ich stattdessen für einen femi- nistisch informierten, diskriminierungssensiblen, kanon- und binaritätskritischen Umgang mit

Bewegtbildern in den sozialen Medien, indem ich TikTok auch theoretisch als „Alltagsmedium" lese.

Einführung: ‚Schöne' Bilder aus dem Krieg?

Die Aufnahmen von zu Popmusik explodierenden Bomben, von ausgelassen Tanzenden in einer ukrainischen Bar oder von Menschen, die in ihren Videos Urlaubsaufnahmen mit nun zerstörten Wohnhäusern kompilieren (siehe Abb. 1), veranlassen seit Beginn des Angriffskriegs von Russland auf die Ukraine im Februar 2022 Medienakteur:innen immer wieder zu Kritik. Die beispielsweise auf der App TikTok verbreiteten Videos würden Krieg ästhetisieren und trivialisieren. Derart Schockierendes dürfe nicht nach den für Social Media gängigen Prinzipien von Witz, Freude, Spektakel oder Schönheit aufbereitet sein. Woher kämen außerdem Zeit und Gelegenheit, bei Dauerbeschuss solche Videos aufzunehmen? Polemische Aussagen von Nutzer:innen wie „Ist das jetzt wirklich Kiev?? Wenn ja, dann raste ich echt aus"; „und bei uns wird nichts mehr beleuchtet ab 22:00 Uhr 😵"; „Manche haben es noch nicht verstanden 😵 in Kiew gucci auf Porsche Tesla die Menschen gehen arbeiten und sitzen in Cafés 😵"[1], begegnen den Bildern gar boshaft mit der Drohung, sie als Evidenz eines ungefährlichen, in den Medien nur dramatisierten (und im Alltag harmlosen) Krieges zu lesen und der Ukraine deshalb Aufmerksamkeit, Empathie und Zahlungen zu entziehen. Krieg, so scheint hier der Vorwurf, müsse doch bitte grausam sein und auch so dargestellt werden.

Es sind nicht nur die Influencer:innen selbst, die diesen Vorwürfen ihre eigene Realität entgegensetzen. So hat die TikTokerin Valeria Shashenok (@ valerisssh) beispielsweise kürzlich das Buch *24. Februar und der Himmel war nicht mehr blau* (2022) veröffentlicht, in dem sie etwa von den Situationen des Wartens im Bunker berichtet, die sie dazu gebracht haben, ihre Erlebnisse auch im sozio-medialen Kontext aufzubereiten. Auch ein am 18. März 2022 auf dem Online-Blog *Real Life* erschienener Kommentar zur Kausa teilt die Vorwürfe nicht und verweist stattdessen auf die Lebensrealitäten der Videomacher:innen, die auch in Kriegszeiten einen Alltag ausbilden, mit denselben emotionalen Varianzen, die dieser auch sonst mit sich bringt:

> While it might seem strange to see people make social media posts about war, particularly highly aestheticized ones that use meme

---

[1]   Die Zitate sind Auszüge aus den mitunter meist gelikten Kommentaren des in der Abbildung links gelisteten Videos, das tanzende Menschen in einer Bar zeigt.

[Abb. 1] TikTok-Video von @Carolyn.v.z., Screenshot: 15.12.2022 (Video mittlerweile gelöscht); TikTok-Video von @valerisssh: https://vm.tiktok.com/ZGe26hGNk/ (letzter Zugriff: 13.12.2023); TikTok-Video, Screenshot: 15.12.2022 (Video mittlerweile gelöscht)

> formats, jokes, songs, filters, edits, and other aspects of the TikTok toolkit, wouldn't it be stranger if they didn't? [...] Should civilians in war zones be expected to stop joking and memeing and posing and instead suffer in discret silence, objects of pity for distant observers' consumption? (Real Life Magazine 2022)

Die entrüstete Kritik an der vermeintlichen Harmlosigkeit des Krieges hingegen zeuge aufseiten der Vorwerfenden von einem naiven Wunsch nach einer „strict photo-journalistic lens" in Bezug auf Kriegsberichterstattung, „in images that take on a metonymic quality" (Real Life Magazine 2022). Sie zeigt auf, so ließe sich die Argumentation weiterdenken, dass für Ästhetiken und Gestaltungsweisen von Bildern aus Kriegen offenbar ganz bestimmte Plausibilisierungsregeln gelten, deren (Nicht-)Befolgen auch wertungslogische Konsequenzen nach sich ziehen. Bildern, die diesen ästhetischen Normen nicht entsprechen, wird etwa der Authentizitätsstatus abgesprochen oder mit ihnen eine Wirklichkeit assoziiert, die von der erwarteten (und bequemen, weil zur eigenen Wertungslogik passenden) abweicht.

Auf TikTok hingegen, und hier liege die Schwierigkeit, glaubt man *Real Life*, gelten andere ästhetische Prinzipien. Dort stehe der vermeintlich ästhetischen Authentizität eine „lived experience of war" gegenüber, „which includes the full range of emotions: boredom, confusion, anxiety, absurdity, and disavowal, as well as terror, resilience, and grief". TikTok sei also nicht einfach ein künstlerisches Medium, sondern ein Ort, an dem Nutzer:innen verschiedenste Auseinandersetzungen mit ihrem Alltag und ihren heterogenen Wirklichkeiten leben würden. So heißt es dort weiter:

> [W]hy would anyone expect that ordinary people (who are not newspaper publishers) wouldn't process the experience of war through the same feeds they use every day? [...] To speak through images about what one is thinking or experiencing is an entirely ordinary way to react to what's happening. It is not a distortion or exploitation of ‚what's really happening' but a routine part of it. (Real Life Magazine 2022)

So alt diese Diskussionen um den Authentizitätsstatus der Bilder in Relation zum ‚wirklichen Leben' auch sind: Auf TikTok scheinen sie sich vor allem deshalb neu zu stellen, weil die App (vermeintlich) neue soziale, technische und ästhetische Möglichkeitsräume bietet, um dem künstlerisch bzw. medial aufbereiteten Alltag anderer zu folgen und den eigenen zu teilen. Die Funktionsweisen der App auf dem Smartphone und die Kamera, die Nutzer:innen so potenziell immer mit sich tragen, begünstigt diese alltägliche Lokalisierung noch.

Jene Diskussion um die ‚Echtheit' der Bilder wird jedoch erst am Ende dieses Beitrags wieder eingeholt. Stattdessen steht vielmehr die These im Zentrum, dass auch die an derartige Diskussionen angegliederten *theoretischen Konzepte* tieferliegende, lange tradierte Ontologien und vermutete Wirkweisen von Bildern mit sich führen, die als solche die Diskussionen um ‚digitale Medien', ‚neue Medien', ‚soziale Medien' oder Alltagsmedien dominant begleiten. Hartnäckig halten sich auch in Bezug auf die verhältnismäßig junge Plattform TikTok offenbar die vermeintlich längst veralteten Glaubenssätze vom Bild als nur sekundärer Wirklichkeit, vom (verloren geglaubten) Status einer ‚echten' Realität. Auf der Seite der ‚Wirkung' solcher Bilder entspricht diesen Glaubenssätzen die Sorge um die Bedrohung des Einzelnen durch die Macht der Bilder, um den Verlust von ‚Bildung'[2] innerhalb einer bildfixierten Ästhetik des Spektakels, sowie die Gefährdung von Subjektsouveränität im Angesicht der umgreifenden Vorherrschaft einer „vollständig" mediatisierten Welt.

---

2   Ich schreibe in diesem Artikel viele Begriffe in einfachen Anführungszeichen. Diese Markierung hat die wichtige Funktion, diese als zugespitzte Begriffsentlehnungen aus verallgemeinernden Diskussionen ‚über Medien' auszuweisen. Das ist deshalb wichtig, weil mein Text sich kritisch an solchen pauschalisierenden Argumentationen abarbeitet und diese als oft unreflektierte fundamentale Bestandteile von film- und medienwissenschaftlichen Diskursen ausweist.

Die folgenden Überlegungen haben sich vor dem Hintergrund dieser Theo-
riekulisse deshalb stattdessen zum Ziel gesetzt, im Ernstnehmen der auf
TikTok aufzufindenden Videomengen zu analysieren, ob sich der App vor
dem Hintergrund ihrer alltäglichen Eingebundenheit in die Lebensrealitäten
der Nutzer:innen überhaupt mit bereits etablierten Beschreibungsbegriffen der Medien- und Kunstwissenschaften, so wie mit den dort
geprägten Onto- und Epistemologien genähert werden kann. In einem Blick
auf die Sekundärliteratur, die zu TikTok gerade erst im Entstehen begriffen
ist, macht der Text normative Tendenzen in einigen der bisherigen Zugänge
der Film- und Medienwissenschaft sowie Mediendidaktik aus und stellt
diese umgekehrt an konkreten Videobeispielen in Frage.

Bei den im zweiten Teil des Textes verwendeten Videobeispielen handelt
es sich um aktivistische TikTok-Videos von Frauen*, die seit den Protesten
der Zivilbevölkerung im August 2020 in Belarus entstanden sind. Die Auseinandersetzungen mit Weiblichkeit*, die die Videos aufrufen, dienen mir
als Rahmen, um die mit den Bildern verbindbaren Einordnungs-, Aneig-
nungs- und Remediatisierungslogiken auch vor dem Hintergrund einer
politischen Funktionalität von TikTok anzugehen. Damit steht der Diskurs
zum sogenannten Post-Cinema, den der Artikel ausgehend von TikTok
„bottom up" tangiert, ganz besonders im Zentrum: Mich interessiert,
inwiefern und warum Post-Cinema-Diskussionen in ihrer analytischen
theoretischen Annäherung an neue postfilmische Phänomene stets an
jene Ontologien von vorausgegangenen Medien-, Text- und Kunstformen
anknüpfen, statt genuin eigene Herangehensweisen zu entwickeln.
In einer Kritik an den zentralen Reden vom „Tod des Kinos" und dem
Beschützer(!)gestus, der einigen dieser Herangehensweisen implizit ist,
frage ich im letzten Teil nach einem möglichen anderen Umgang mit neuen
Medienformen und -formaten, der sich insbesondere aufmerksam und
(selbst-)kritisch im wissenschaftlichen Agieren mit binären Denkkonzepten,
tradierten Glaubenssätzen über Medienwirkungen sowie mit der Verortung
digitaler Internettechnologien in neoliberalen, kapitalistischen und sozialen
Kontexten zeigen will. Der Fokus der Analyse bleibt dabei auf der Frage, wie
sich all diese für sich komplexen Prozesse in den auf TikTok zu findenden
Videos und in deren Inhalten und Ästhetiken noch verkomplexisieren. Denn
in den sozialen Medien und auf TikTok zeigt sich deutlich, wie Funktionsweisen von Medien, Kunst, und Bildern ineinandergreifen; wie Ideologien,
Populärkulturen, Gewohnheiten und Anforderungen, Stereotype und
Gebrauchsweisen, Technologien und Gesellschaftlichkeit darauf Einfluss
nehmen, wie Bilder und Videos entstehen, wie sie genutzt werden und wie
aus und mit ihnen Wirklichkeiten emergieren. Digitale und soziale Medien

als ‚Alltagsmedien' zu bezeichnen und theoretisch auch so zu behandeln
– so wird zu zeigen sein –, verstehe ich als den ontologischen Befreiungs-
schlag der Herauslösung des Medialen aus tradiert-binären Begriffsbildern
und Denkmustern.

TikTok, Post-Cinema, Remediatisierung und Media Literacy

Fragen nach den gegenseitigen Autonomien und Onto- wie Epistemologien
von Subjekten und Ästhetiken kommen dann auf, wenn ein (Bild-)Medium
mit neuen Erlebnisräumen respektive Ideologien ‚droht', eine breite
Masse zu erreichen. Und gerade die chinesische Videoplattform TikTok,
die unübersichtliche und überfordernde, besonders für Jugendliche als
‚süchtig' machend verschriene Videoplattform (siehe auch die unzähligen,
online zu findenden Artikel zum Stichwort „TikTok addiction"[3]) ist aktuell
zentraler Tummelplatz dieser Diskussionen. Die App scheint zugespitzter
Inbegriff all jener Befürchtungen gegenüber „den neuen Medien", weil dort
in endlosen Feeds gelistete, super kurze, vermeintlich auf Unterhaltung
konzipierte, von sogenannten Amateur:innen aufgenommene, von
quietschbunten Bildfiltern durchzogene, automatisch hochgeladene,
unverständliche, und dann vom selbst normativ agierenden Algorithmus
weltweit unkontrollierbar verteilte Videos versammelt sind.[4] Diese verleiten vielerorts dazu, TikTok als besorgniserregend einzustufen,[5] unter
anderem auch deshalb, weil man offenbar davon überzeugt ist, die App
würde einer Kultur des Wahrnehmungs-Overload und der Verkürzung bzw.
Fragmentierung von Aufmerksamkeitsspannen den Weg bereiten[6] – und
damit einem Verfall von Wissen, Bedeutung und Öffentlichkeit.

3   Siehe u.a. die Bemerkung des US-amerikanischen republikanischen Kongressabge-
     ordneten Mike Gallagher über TikTok als „digital fentanyl" (Tangalakis-Lippert 2022).
4   Siehe hierzu auch den nahezu onomatopoetischen Titel des Buches zu TikTok von
     Chris Stokel-Walker: *TikTok Boom: China's Dynamite App and the Superpower Race for
     Social Media* (2021).
5   Siehe beispielsweise das Kapitel „What Are Its Dangers?" in dem PDF-Dokument
     „A Parent's Guide to TikTok", das von der weltweit agierenden Website axis.org
     kostenfrei zur Verfügung gestellt wird (Axis 2020). Axis.org beschreibt sich selbst
     auf seiner professionell gestalteten Website, die als solche in der Broschüre *nicht* in
     Erscheinung tritt, als „Connecting Parents, Teens, & Jesus in a Disconnected World"
     (Axis 2023).
6   Äußerst viele Artikel wie jener auf *The Science Times* von Margaret Davis (2021), der
     den Titel „TikTok is Bad For Your Brain: Constant Social Media Streaming Narrows
     Collective Attention Span, Adversely Affects Mental Health" trägt, tauchen auf, wenn
     man „TikTok attention span" googelt.

Obwohl diese Argumentationen besonders oft in empirischen und journalistischen Auseinandersetzungen sowie in Nutzer:innenkommentaren zu finden sind, sind diese auch in der Film- und Medienwissenschaft und in Fächern, die sich generell mit Bewegtbildern als Gegenständen beschäftigten, immer wieder anzutreffen. Sie erinnern an die Befürchtungen um ‚die Indoktrinierung' ‚der Massen' ‚durch Medien' und sind deshalb etwa für frühe Kinoerlebnisse ebenso zu finden wie für das Radio und das Fernsehen. Ihre implizit normativen Wertungen und die genealogische Persistenz sind dabei nicht zu unterschätzen. In den Übergängen zwischen Film- und Medienwissenschaft schwingen diese etwa dort mit, wo um den Verbleib ‚des Films' im sogenannten postkinematografischen Zeitalter gefürchtet wird. In diesen Sichtweisen werden seit den 2010er Jahren ‚die neuen Medien' zwar einerseits als different zu den vormals tradierten Formaten von Bewegtbild und dessen Verbreitungsdispositiv Kino markiert. Das sogenannte ‚Post-Cinema' wird dann aber häufig doch damit als analytisch durchdringbar erklärt, dass Funktionen, Eigenschaften und Rezeptionsverständnisse des analogen Films in gewissen Traditionslinien mit den neueren Praktiken gelesen werden sollen:

> [P]ost-cinema asks us to think about new media not only in terms of novelty but in terms of an ongoing, uneven, and indeterminate historical transition. The postcinematic perspective challenges us to think about the affordances (and limitations) of the emerging media regime not simply in terms of radical and unprecedented change, but in terms of the ways that post-cinematic media are in conversation with and are engaged in actively re-shaping our inherited cultural forms, our established forms of subjectivity, and our embodied sensibilities. (Denson und Leyda 2016, 2)

So hatte etwa auch Francesco Casettis viel zitierter Text „Trajectories of Relocation" (2011) zum Ziel, zu beschreiben, wie sich Nutzer:innen auch beim Ansehen eines Films auf einem Laptop im Zug die abgedunkelte, störungsfreie und passive Kinoerfahrung möglichst ähnlich herstellen. Und auch die Primärsetzung einer ‚vollständigen', fokussierten, kontemplativen Aufmerksamkeitsverlagerung im Kontext von Kunstbetrachtungen, die bis heute – zumindest in der Filmwissenschaft – nahezu flächendeckend als das anvisierte Optimum einer Rezeptionshaltung eingefordert wird,[7] verweist auf ein tradiertes Verständnis von ‚richtigen' und ‚falschen'

---

7   Christiane Voss (2016, 90) spitzt diese Behauptung in ihrem Text zum Affektbegriff sogar zu: „Nur die zuletzt genannte, konzentrierte Form der Zuwendung zum Filmgeschehen ermöglicht überhaupt so etwas wie eine dezidiert ästhetische Erfahrung."

Rezeptionshaltungen. Solchen Konzeptionen sind mehr oder weniger offensichtlich (de)legitimierende Bewertungen von Medienontologien und deren Verzahnung mit Gesellschaftlichkeit eingeschrieben und sie beruhen tendenziell auf komplex verschalteten binären Setzungen. Zum Kino etwa gehen verschiedene, vermeintlich phänomenologische Binarismen oft direkt miteinander einher: ein heller vs. dunkler Vorführraum wird dann beispielsweise gern mit aktiven vs. passiven Zuschauer:innen gleichgesetzt. Und auch für andere Medienformen ist das der Fall geblieben: So hat Jule Korte (2019) den wissenschaftlichen und alltagssprachlichen Umgang mit dem Alltagsmedium Fernsehen besonders für den ihm eingeschriebenen Binarismus von ‚Alltag' vs. ‚Kultur' kritisiert, der vielen Einschätzungen zur Ästhetik und Rezeption von Fernsehen fundamental zugrunde liegen würde. Alltag werde darin häufig als kultur- und ziellos, als Raum der ‚einfachen Leute' verstanden, während sich ‚die Hochkultur' in gezielter Abgrenzung davon als ‚privilegierter Kreis' der ‚Bildung' verstehe. Entsprechend sei insbesondere das Fernsehen mit seiner Verlagerung der Bildschirme in häusliche Kontexte als süchtigmachende Alltagsroutine zu verstehen, die einen Niedergang der gesellschaftlichen Werte zementiere. Kortes Artikel diskutiert im Rekurs auf den Begriff „Unterschichtenfernsehen" darüber hinaus, dass wertungslogische Konsequenzen offenbar sogar vor allem dort drohen, wo ein Medium sich in die Sphäre der Alltäglichkeit (und damit der ‚Wirklichkeit') hineinbewegt:

> Kultur erscheint in diesem Kontext umso deutlicher als etwas, was sich vom Fluss des Alltagslebens abhebt, während Alltag selbst in doppelter Weise dem ‚Trash TV' zugeordnet wird: als Inhalt (in reality- und scripted reality-Sendungen) wie auch als Rezeptionsumwelt für das unreflektierte, alltägliche Fernsehen der *kulturlosen Masse*. (Korte 2019, 60; Herv. LKM)

In den Argumentationen um die Realität der Bilder scheint es damit offenbar der ‚Alltag' bzw. das Alltägliche eines Mediums, das zum Polarisieren einlädt. Die Verlagerung der Filme in Räume und an Orte außerhalb des Kinos scheinen in diesem Sinne dafür verantwortlich, dass der autonome Charakter der Filme – und damit ihre künstlerische, ‚magische', Funktion – gefährdet werde. Gleichsam werden damit bestimmte Existenzformen und Rezeptionsweisen eines Mediums als unumstößlicher und legitimer Fixpunkt gesetzt. So hat Marek Jancovic (2017, 105) in einem Artikel über Vine – eine Kurzfilmplattform, die von 2013 bis 2017 bestanden hat und durchaus als einer der direkten Vorläufer von TikTok gesehen werden kann – argumentiert, dass es schlussendlich die Einführung von längeren Videoformaten auf Vine war – also der

,rückwärtsgewandte' Anschluss der Videos an etabliertere Filmlängen – die dazu geführt hat, dass die Plattform so schnell wieder verschwunden ist. Argumentationen dieser Art, die auch Jancovic selbst kritisch sieht, setzen also tendenziell einen bestimmten Typ Filmform und eine bestimmte Filmerfahrung als Standard.

Zudem stützen sie sich dabei häufig implizit oder explizit, aber verkürzt, auf den Begriff der ,Remediatisierung'. Remediatisierung bezeichnet – aus dem postkinematografischen Diskurs heraus gedacht – ebenso verkürzt gesagt – die Wiederkehr von Eigenschaften älterer Medien in neueren (Bolter und Grusin 2000 und kritisch hierzu Seier 2007). Diese Argumentationsweise setze jedoch, so wäre mit Megan Marz (2022) im Rückbezug auf TikTok zu argumentieren, dem Fluss der Bilder auf TikTok ein nur vermeintlich objektives Erklärprinzip entgegen: „If you have spent a lot of time absorbing the way films or novels or TV shows are structured, TikToks may seem relatively freeform and chaotic". Entsprechend sei ein auf TikTok bezogenes Beharren auf bereits etablierte Erklärmuster wie etwa TikTok-„Genres", TikTok-Video-„Dramaturgien" oder tradierte „Stilmittel" ein „special plea for the particular form of storytelling you are good at and have invested time in mastering" (Marz 2022). Der Begriff der Remediatisierung hat seit der Veröffentlichung von Bolter und Grusin 2000 ohnehin eine lange Nutzungstradition in den medienwissenschaftlichen Fächern. Seine Verwendung lediglich als Markierung einer Wiederkehr von alten Medienformen in neuen ist aber zu kurz gegriffen. So hat doch Andrea Seier (2007, 15) in ihrer Dissertation gerade darauf hingewiesen, dass Mediatisierungs*prozesse* als solche stets in ihrer *diskursiven Vorgängigkeit* zur Diskussion stehen müssen. Eine solche, komplexere, Definition der Wiederkehr von Denkkonzepten in Begriffen bildet die Grundlage meiner hier vorgelegten Argumentation – nur, dass es mir darum geht, diese auch auf die fundamentalen Beschreibungsbegriffe der ,Wirkungen' bzw. ,Erfahrungen' von Medien und Medienwirkungen auszuweiten.[8]

Die Fragen der Remediatisierung prägen als inhärente Forschungsperspektive jedenfalls am deutlichsten wohl jene Forschungsfelder, in denen Filme, Medien und Bewegtbilder als ,Objekte' der Vermittlung herangezogen werden. Dies gilt vor allem für die Medien- und Filmpädagogik (z.B. Anders et al. 2019), die sich im Kontext von Diskussionen um soziale Medien – und insbesondere von TikTok – immer wieder zu Wort meldet,

---

8   Der Artikel von Angela Jouini in diesem Band fokussiert stattdessen die Produktionsperspektive auf Post-Cinema-Phänomene. Beide Artikel jedoch interessieren sich
     gleichermaßen für die weitläufigen Konsequenzen, die aus der Persistenz der Rede
     vom „Tod des Kinos" in der filmwissenschaftlichen Theoriebildung entstehen.

weil sie ihr Ziel darin sieht, ‚Jugendliche' zu einem bewussten Umgang mit digitalen Medien zu geleiten, implizierend, dass gerade diese (im Vergleich zu ‚Erwachsenen') besonders ‚gefährdet' seien, den Ideologien und dort vermittelten Weltbildern zu ‚verfallen'. Interessant und verwunderlich zugleich ist dabei, dass sich die in diesen Kontexten erarbeiteten Thesen am häufigsten an *(spiel-)filmischen* Erklärungsversuchen orientieren – und nicht etwa an den vielfältig zur Verfügung stehenden anderen Film-formen. Die Filmwissenschaft umfasst heute ein größeres Aufgaben-feld: Fragen nach Formaten (Jancovic, Volmar und Schneider 2020) oder Aufnahmepraxen, wie sie beispielsweise in Diskursen zum Fernsehen, zum Gebrauchsfilm oder zum Amateurfilm zu finden sind; jene nach Partizipation und Hierarchiefreiheit, wie frühe Diskurse zum Internet sie anbieten; oder Fragen nach den (gebiasten) ästhetischen Eigenlogiken von Algorithmen (Manovich 2019), wie sie aktuellen Diskursen zentral sind. Diese halten längst alternative Zugänge bereit, die jedoch von bestehenden filmwissenschaftlichen Forschungsperspektiven bislang häufig über-sehen werden. Die betreffenden Ansätze erklären TikTok-Ästhetiken und -Erzählungen stattdessen zumeist entlang von einschlägigen Genre- und Gattungszugehörigkeiten und tradierten filmischen Verfahren (siehe etwa zum Stopptrick auf TikTok Albrecht 2021; zu TikTok und klassischen Erzähl-prinzipien Wampfler 2020) – womit sie westliche Filmkanons rückwärts-gewandt bestätigen und die überwiegende (und überwältigende) Mehrheit des auf TikTok befindlichen Videomaterials einfach ausklammern. Sie reproduzieren damit implizit die Überzeugung, dass es selbst auf TikTok ‚richtige' und ‚falsche' Bilder und ‚richtige' und ‚falsche' wissenschaftliche und nutzer:innenseitige Rezeptionsweisen – und: beachtenswerte und weniger beachtenswerte Videos – gibt.[9] Obwohl das Anliegen, ‚Jugendliche' zu einem bewussten Umgang ‚mit Medien' ‚anzuleiten', gesellschaftlich zunächst nachvollziehbar ist, wäre prinzipiell in Frage zu stellen, wer im pädagogischen Umgang mit TikTok die Deutungshoheit über wen besitzt, insofern sich TikTok vor allem anfangs als Plattform präsentierte, die Jugendliche auch direkt adressierte[10] – wer hier also warum in Bezug auf neue Phänomene das begriffliche Agenda Setting betreibt.

9   Für einen Versuch, das Fach Deutschdidaktik mit einer film- und medienwissen-schaftlichen Perspektive in einen Dialog zu bringen, siehe Leichtfried und Mücke 2022. Der Artikel lässt die Bruchstellen und Widerspenstigkeiten erkennen, die sich durch die Basisargumente beider Fächerverbunde ziehen.

10   Während TikTok noch 2020 in ihren Community-Guidelines Jugendliche ab 13 Jahren als ihre zentrale Zielgruppe angab, ist dieser Fokus heute aus den Richtlinien ver-schwunden. Seit dem richtet sich TikTok nach eigener Aussage an „Menschen" und „jede*n". Der Reiter „Schutz Minderjähriger" ist jedoch gleich an erster Stelle nach der Einleitung in den Guidelines gelistet, und die Einleitung enthält den Hinweis:

Doch es sind eben nicht nur die – aus medienwissenschaftlicher Sicht – ‚anderen' Fächer, in denen das Aufkommen ‚neuer Medien' die Frage nach Macht- und Deutungshoheiten wieder ins Zentrum rückt, und damit auch Fragen nach den spezifischen Begriffen und Denkkonzepten, mit denen man sich diesen nähern kann. Entsprechende Wünsche etwa nach einer „TikTok literacy" (Kuhn 2022) bzw. „social media literacy"[11], nach dem Ausfindigmachen von ästhetischen Normen, Formeln oder einer dezidierten „social media language"[12] wollen den vermeintlich unkontrollierten Videofluss und den nutzer:innenseitigen Umgang mit TikTok auch in der Film- und Medienwissenschaft erklär- und damit subtil beherrschbar machen. Der Unordnung und Überforderung[13] stattdessen mit Ambiguitätstoleranz zu begegnen, ist scheinbar überall dort ausgeschlossen, wo es darum geht, ‚mündige', selbstständige und ‚geeignete' Mitglieder der Gesellschaft ‚auszubilden', oder darum, sich im distanziert-analytischen Blick auf den Gegenstand selbst als Expert:in[14] zu legitimieren. Dass (film)wissenschaftliche Begriffsbildungen mit stereotypen, weil dadurch sprachlich (mit)teilbaren, aber eben notwendigerweise vereinfachten Begriffen operieren, ist zwar in gewisser Weise notwendig. Dass diese (filmwissenschaftlichen) Begriffe jedoch zum einen häufig binär codiert, wertungslogisch angewandt und oft essentialistisch bzw. universalistisch agieren, sowie zum anderen Relikte aus lange tradierten, meist westlichen Denktraditionen sind („Ästhetik" ist selbst ein solcher Begriff!), ist jedoch weniger gut einfach hinnehmbar. Die politischen Konsequenzen liegen auf der Hand: Begriffe schaffen Räume der Inklusion und Exklusion, sie werten bestimmte Erklärungsmuster gegenüber anderen auf, sie setzen strukturelle Bedeutungsbevorzugungen und -vernachlässigungen in Kraft. Die Erklärung dessen etwa, *wie und warum* ein:e Produser:in ein Video auf TikTok auf eine bestimmte Weise gestaltet oder angeschaut hat, erscheint

„Das umfassende TikTok-Erlebnis ist für Personen ab 13 Jahren vorgesehen, und wir entfernen aktiv Konten von Personen, bei denen wir vermuten, dass sie jünger sind." (TikTok 2022)

11   Siehe etwa das 2021 begonnene medienwissenschaftliche Forschungsprojekt „Social Media Literacy als Lehrkonzept des Deutschunterrichts" an der Universität Konstanz.

12   Aufforderungen zu einer Suche nach einer dezidierten TikTok „language" finden sich online überall, wie etwa in Chaykas (2022) Beitrag im *New Yorker*.

13   Überforderung und Unordnung dabei als produktive Forschungskategorie anzuerkennen, war dabei nicht zuletzt ein Vorschlag, den Olga Moskatova, Chris Tedjasukmana und ich (2022) kürzlich im Angesicht der „unordentlichen" („messy") Bildkulturen „im Internet" vorgeschlagen haben.

14   Der Begriff der „Expert:in" stammt in diesem Zusammenhang von Francesco Casetti (2018), dessen Text zur Cinephobie im frühen Kino in mehrfacher Hinsicht wegweisend für die von mir hier vorgelegten Gedanken zur Agency der über Medienwirkungen urteilenden Akteur:innen im öffentlichen Raum war.

so nur noch dann bequem[15] zu bewerkstelligen, wenn man mit der Antwort das eigene, bereits etablierte, (denk- und sagbare) Weltbild bestätigt.

Dabei darf nicht außer Acht geraten, dass auch die Videos selbst entlang solch etablierter Verständigungsprinzipien gemacht sind und als solche agieren, wie ein Artikel in *The Globe and Mail* über den Einsatz von TikTok im Ukraine-Krieg kürzlich zurecht argumentierte: „Certain posts do well on platforms because they fit into easily recognizable narrative patterns. This includes clear divides between good and bad, strong appeals to emotions such as anger and identifiable heroes"[16] (Durrani und Galea 2022). Im Angesicht der Tatsache also, dass in jedes kleinste Element auf TikTok diskursiv-pluralistische Logiken eingeschrieben sind, müssen sich insbesondere klassifizierende Forschungsansätze auf TikTok kritische Fragen gefallen lassen.

TikToks Alltäglichkeit

Die auf TikTok strömende Menge aus kurzen Bild-Text-Musik-Kommentar-Algorithmus-Konglomeraten lädt aber auch ihrerseits dazu ein, die Diskussionen um Devices und Prozesse direkt an vormals entwickelte Remediatisierungen anzuschließen – also genau die Frage zu stellen, an welche vorherigen Medienlogiken die Videos anknüpfen. Andererseits ist die alltägliche Nutzung und sind die heterogenen Bedeutungsaushandlungen, die sich auf TikTok kumulieren und die TikTok wiederum prägt, einer komplexen Verstrickung aus u.a. technologischen Möglichkeiten, sozialen Gepflogenheiten und kulturellen Vorstellungen unterworfen, die in der Tatsache, wie dominant die App mittlerweile überall genutzt wird, Logiken eigenen Rechts einfordern. In seinem Text „Communicative Forms on TikTok: Perspectives from Digital Ethnography" (2021) hat Andreas Schellewald deshalb kürzlich explorative Herangehensweisen an TikTok („from the bottom up") gefordert und daraufhin seine *For You Page* auf TikTok (ein prominentes Hashtag auf TikTok: fyp[17]) über sechs Monate hinweg präzise dokumentiert. Sein lobenswerter, jedoch selbst klassifikatorisch

---

15   Der Begriff der „Bequemlichkeit" stammt von Wendy Chun (2018, 134): „Wiederholte Gesten und Handlungen machen sich insofern als solche unsichtbar, als sie in eine ‚bequeme' fixe Identität gerinnen."

16   Oder wie die Filmwissenschaftlerin Anna Backman Rogers kürzlich im Rahmen der Diskussion zu ihrem Vortrag „Picnic at Hanging Rock" an der Universität Groningen (20. September 2022) fast nebenbei sagte: „All images are clichés."

17   Vergleiche hierzu auch die Auseinandersetzung mit der Personalisierung auf TikTok inkl. vieler Beispielvideos von Andrea Ruehlicke (2020).

vorgehender Versuch[18] lässt dabei eine ebensolche Infragestellung des Klassifikationsprinzips selbst – trotz seiner immerhin kritischen Sensibilität für die oft implizit medienpessimistischen und normativ-pädagogischen Lesarten von TikTok[19] – missen. Sein Beitrag wirft jedoch zumindest die Frage auf, mit welchem Ziel Annäherungen an TikTok überhaupt erfolgen sollen.

TikTok ist heute ein Ort des gesellschaftlichen Lebens. So hat der New Yorker zuletzt den Angriffskrieg auf die Ukraine als ersten „TikTok-Krieg" ausgerufen (Chayka 2022). Die Twitter-User:in @ChelseauUGC schreibt am 16. Juli 2022 um 18:09 Uhr auf Twitter: „TikTok is my Google. It's how I search for product recommendations, how to do things, where to go, even apartment tours! TikTok is slowly changing into Google especially with their update that is coming soon."[20] Und auch Trevor Boffone, der kürzlich den ersten TikTok-Sammelband überhaupt, *TikTok Cultures in the United States* (2022), herausgegeben hat, schreibt, TikTok sei ein „cultural mindset", eine „site for meaning making practices": „TikTok is filled with joy, escapism, pleasure, education, and community-building, even if the platform bolsters systemic racism, classism, ableism, and the like" (Boffone 2022, 5–6). Gerade im Kontext einer Medien- als Kulturwissenschaft erscheint TikTok deshalb nicht nur als Medium im Sinne eines ‚Dazwischens', einer ‚Erweiterung' oder ‚Vermittlung', sondern noch komplexer: wie eine ‚Welt', die tendenziell unendlich viele Bedeutungen enthalten kann, auch dann wenn sie technischen Prädispositionen folgt, soziale Normen reproduziert. Sie steht in komplexen Verbindungen mit der Welt außerhalb von TikTok. Die App ist in ihren Wirklichkeits- und Bedeutungspluralitäten damit den nicht-digitalen Realitäten in gewisser Weise *strukturähnlich*: Auf TikTok sind menschliche Verschiedenheiten ebenso präsent wie Gleichheiten; dort werden Bedeutungen ausgehandelt und Tabus stehen mit Umgehungsstrategien im Wettstreit; TikTok ist dynamisch, weil sich Gruppen und Trends dort ebenso schnell bilden, wie sie wieder verschwinden; weil

18 Schellewald (2021) identifiziert die Genres „anecdotical comedy", „documentation", „communal", „exploratory", „interactive" und „meta".

19 „TikTok can easily be (mis)read as yet another symptom of modern life marked by the logics of short-lived consumption, the self-interested drive from one momentary pleasure to the next. [...] They render it a time-wasting machine, distracting people from more meaningful matter" (Schellewald 2021, 1437).

20 Die Bemerkung zum „new update" am Ende des Posts ist verwirrend: Dieser liest sich dadurch fast wie ein Werbe-Post zu irgendeinem neuen Software-Update. Die Aussage über TikTok als „neues Google" wäre vor diesem Hintergrund in ihrer alltagspraxeologischen Deutung zu relativieren. Gleichsam sind es genau diese Formen der semantischen Veruneindeutigungen, mit denen im Social-Media-Kontext quasi konstant umzugehen ist.

manche dieser Trends sichtbar werden und andere unsichtbar bleiben; die Plattform ist ephemer, weil sich einmal durch Zufall aufgesuchte Videos nicht so leicht wieder finden lassen, wenn Nutzer:innen nicht selbst Aufwand betreiben, indem sie das Video downloaden, teilen oder markieren. Und so individuell die Nutzer:innen auf TikTok deshalb sind, so individuell sind dort Videos, *For You Pages* und vor allem auch die Steuerungsalgorithmen. TikTok fungiert nämlich bekanntermaßen nicht nur als Kamera-App, sondern auch als Trägermedium und Möglichkeitsraum für video- und algorithmusbasierte Weltentwürfe, die für Nutzer:innen beim automatisierten Durchzappen einfach nebeneinanderstehen.

Deshalb ist es zunächst einmal wichtig, die Bewegungsformen des Bewegtbildlichen auf TikTok nachzuvollziehen: Auf TikTok werden sehr kurze Videos ausnahmslos von Nutzer:innen oder von als Nutzungsprofile angelegten Institutionen erstellt und anderen Nutzer:innen wiederum per Algorithmus zugespielt. Auf der *For You Page* nach Wisch-, Schau-, Such- und Klickentscheidungen kumuliert und im Autoplay beim Öffnen der App direkt abgespielt, ergeben diese ein Sammelsurium an Videomaterial, das tendenziell wirkt, als würde es aus allen denkbaren Perspektiven Material kompilieren. Deshalb – und das ist wichtig – sind auch potenziell *alle*[21] denkbaren Videoformen und -inhalte auf TikTok zu finden – ganz egal, wonach man sucht, und *ob* man danach sucht. Miriam Field beschreibt diese Form des potenziellen Alles-erblicken-Könnens auf TikTok als „I feel like I know everything" (Pomerantz und Field 2022, 68). Während sich die Funktionsweisen von TikTok dabei direkt in den analogen und digitalen Wirklichkeiten ihrer Nutzer:innen verorten, weil Videos praktisch überall aufnehmbar und ansehbar sind, ist die Nutzung der App auch abhängig von den technischen Affordanzen, die von den App-Funktionen vorgegeben sind. Die Kürze der Videos verlangt beispielsweise auf sie abgestimmte Erzählungen und Bebilderungen, sogenannte *Duets*[22] rufen zu mimetisch-synchronen Reaktionsvideos auf, Challenges laden zu Nachahmungen ein, Trends zum Teilen, Filter zum Überstülpen sowie Fragen, die TikToker:innen in Videos stellen, dazu, Antworten in den Kommentaren zu posten. Einige

---

21   Mit ‚alle' ist hier nicht im eigentlichen Sinne ein Feld der uneingeschränkten Zugänge gemeint, denn auf TikTok agieren auch eine ganze Reihe von problematischen Zensur- und Ausschlussmechanismen (siehe auch FN 23). Gemeint ist vielmehr eine umfassende Pluralität von Bedeutungen: Egal welcher Suchbegriff mir einfällt, egal wie lange ich scrolle, TikTok hat Inhalte parat.

22   *Duets* sind Videos, die Nutzer:innen als mimetische Bild-Antwort auf ein vorher produziertes Video aufnehmen: Im Endergebnis wird dann das originale Video in der einen Hälfte des Bildes angezeigt und in der anderen die Aufnahme, die vom antwortenden Video gemacht wurde.

der Videos erinnern an Memes, weil sie ein konstantes Element oder Motiv über mehrere Videos hinweg weitertragen, andere würden wahrscheinlich unter die Kategorie „sketch" oder „lifehack" fallen. Doch ein Herumfragen nach TikTok-Videokategorien unter meinen Seminarteilnehmer:innen verdeutlichte mir kürzlich, dass TikTok-Trends, -ästhetiken und -begriffe derart verschieden und schnelllebig sind, dass diese im Zweifel kaum nach Kriterien der Bekanntheit oder Beliebtheit sortiert – geschweige denn überblickt – werden können. Manche der Videos treiben hohen technischen Aufwand (Stopp-Tricks, Zeitlupen, Morphing etc.), andere sind einfach nebenbei und unterwegs aufgenommen, wobei die Video-Montage wegen der nötigen Kürze der Clips durchaus eine besondere Rolle einnehmen kann. Geteilte Making-of-Videos zu TikTok-Videos zeigen teilweise, wie versiert die Nutzer:innen im Umgang mit den technischen Präliminarien sind. In anderen Videos spielt diese Versiertheit wiederum gar keine Rolle. Dabei befinden sich die Videoinhalte auf TikTok im ständigen Fluss, sie richten sich einerseits nach den Upload-Bedürfnissen der Produser:innen, andererseits nach äußeren Umständen, technischen Möglichkeiten, ästhetischen Normen (und Normbrüchen), Aufnahmesituationen, Ziel-gruppen, zeitaktuellen Themen usw. In Bezug auf die damit eklatant ins Auge springende semantische Vielfältigkeit und ästhetische Varianz ist außerdem auch der Live-Modus der App – obwohl wissenschaftlich bislang quasi unerwähnt – interessant, weil dort randomisiert Live-Übertragungen aus beliebigen Kontexten aufscheinen, deren auffällig oft so erscheinende Bedeutungsleere zu einem völlig offenen Deuten des Gesehenen im simultan und öffentlich angezeigten Chat auffordert (siehe Abb. 2). Im Kontext des Krieges in der Ukraine ist beispielsweise eine meiner Live-Modus-Erfahrungen aus dem Juni 2022 besonders berichtenswert, bei der das Live-Video kommentarlos einfach eine nicht besonders hoch aufgelöste Aufnahme eines Straßenzugs in einer Kleinstadt bzw. in einem Wohn-gebiet zeigte. Der live über das Bild angezeigte Chat jedoch, an dem alle Zuschauenden partizipieren können, zeigte, welche Interpretationen das Bild offenbar nahelegte: Viele der dazukommenden Nutzer:innen fragten, ob es sich dabei um eine Straße in der Ukraine handelte. Die relativ graue Farbgebung des Bildes ließ sie offenbar einen Kriegskontext assoziieren. Die unscharfe Aufnahme, die in der Kamerapositionierung einer Über-wachungskameraaufnahme ähnelte, und der Zeitpunkt des Streams legten offenbar Kriegs-Metonymien nahe, die die das Video streamende Instanz/Person jedoch weder besonders anvisierte noch zwangsläufig intendiert haben muss. Das Beispiel zeigt auf, wie ästhetische Traditions-linien gemeinsam mit subjektiven Erwartungen an Wahrnehmungen und

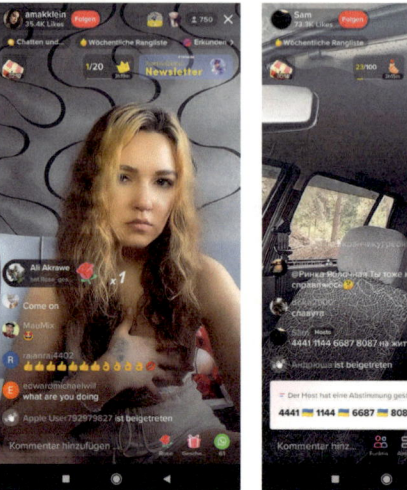

[Abb. 2] TikTok-Live-Videos vom 23. September 2022, 10:15 Uhr (Screenshots LKM)

Konstruktionen von Wirklichkeiten mitarbeiten – und dass Bilder per se metonymische Qualitäten ausbilden.

Rezeption und Produktion lassen sich dabei auf TikTok zudem immer weniger auseinanderhalten, denn Uploader:innen sind dort gleichsam Rezipient:innen. Sie wissen aus der eigenen TikTok-Nutzung, dass insbesondere die angebotenen Nutzungsweisen der Videos auch beeinflussen, wie ihre eigenen Videos angeschaut werden. Sie sind also Mitwissende um Verteilungs- und Rezeptionslogiken und passen sich an Veränderungen sehr schnell an: Sie wissen etwa, dass die erste Einstellung auf TikTok einen besonderen Wert hat, nicht nur weil die Rezipierenden von dieser ausgehend entscheiden, ob sie das Video weiter anschauen. Und sie wissen auch, dass diese oft zur ersten Begutachtung bei Zensurmechanismen herangezogen wird (Schulz und Matzner 2020, 160). Nutzer:innen, die feststellen, dass ihre Videos aufgrund von Verstößen oder gar aus diskriminatorischen Anliegen gelöscht werden, entwickeln schnell Umgehungs- und Adaptionspraktiken.[23] TikTok ist somit ein über die App selbst hinausweisendes hypermediales, ephemeres, quasi unsortierbares Verweisfeld aus Sozialitäten, Sichtbarkeiten, Alltäglichkeiten und Unsichtbarkeiten, Blicken und Unüberblickbarkeiten. Die App befördert Diskussionen um die pluralen Prozesse des Verstehens von Bildern und bildbasierter

23   So führte die kürzlich bekannt gewordene Kausa um die Zensur von queeren Begriffen auf TikTok schnell zu neuen Begriffsschreibweisen (Seggs, le$bians etc.) in Hashtags (Der Standard 2022).

Kommunikation in neue Dimensionen – gerade weil in ihrer Omnipräsenz als Alltagsmedium dort die Bebilderungsprozesse in Richtung maximale Heterogenität tendieren.

Beispiele: Plurales Verstehen von Weiblichkeit* auf TikTok

Wie unsicher der Grund ist, auf dem sich Bewertungs- bzw. Erklärungsversuche von TikTok-Videos und ihren Ästhetiken bewegen, zeigt sich etwa an der Kohorte von Videos, die sich unter den Hashtags #freebelarus, #protest und #belarus2020 im August 2020 (und darüber hinaus) haben finden lassen. Dabei handelt es sich um auffallend viele Videos von und mit (zumindest von mir) weiblich* gelesenen Personen, die im Kontext der zivilgesellschaftlichen Proteste gegen das autoritäre Regime in Belarus seit jenem August 2020 entstanden sind. Abbildung 3 versammelt eine kleinere Auswahl, obwohl eine Videolektüre des weitaus größeren Videokorpus unbedingt zu empfehlen ist.[24]

Shauna Pomerantz und ihre Tochter Miriam Field haben in ihrem gemeinsam geschriebenen Artikel „Watching TikTok, Feeling Feminism: Intergenerational Flows of Feminist Knowledge" (2022) im Sammelband von Buffone darauf hingewiesen, dass TikTok beispielsweise einen geteilten Raum eröffnen könnte, auf dessen Basis sich Eltern und Kinder gemeinsam anders[25] über feministische Themen unterhalten können. Und so stellen auch die Videos aus Belarus die film- und medienwissenschaftlichen Einordnungsversuche vor neue Herausforderungen, weil sie weder eine Andockung an Lesarten als fiktionale Filme, noch an Dokumentar-, noch an Experimentalfilme nahelegen. Die Videos scheinen darüber hinaus dennoch das Gegenteil von ‚alltäglich' zu sein: Sie sind sehr aufwändig gestaltet – enthalten Jump Cuts, Split Screens, Breitbildformate, POV-Shots

---

24   In diesem Artikel dienen die Videos aus Belarus als Beispiel für vielfältige Verwendungsweisen von TikTok-Ästhetiken im Kontext des Post-Cinema. In dem zeitgleich bearbeiteten Artikel „#belarus2020. Kollaborative Bilder und weibliche* Verteilungsstrategien auf TikTok" habe ich mich mit einigen dieser Videos aus feministischer Perspektive beschäftigt. Dort stehen auch sehr viel deutlicher die technischen und menschlichen *agencies* im digitalen Kontext im Vordergrund. Ich entwickle dort für menschlich-technische Zirkulationsbewegungen im Netz den Funktionsbegriff der „Kollaboration", siehe Mücke 2024.

25   Beide Autor:innen betonen im Artikel immer wieder, dass ihr weiblicher* Dialog nur *aufgrund* von TikTok zustande gekommen ist: Weil Miriam die weiblichen* Geschichten auf TikTok gefunden hat und dadurch trotz ihrer nicht existenten persönlichen Betroffenheit deren Relevanz versteht, könne ihre feministische Mutter ganz ‚anders' mit dieser Thematik auf sie zugehen.

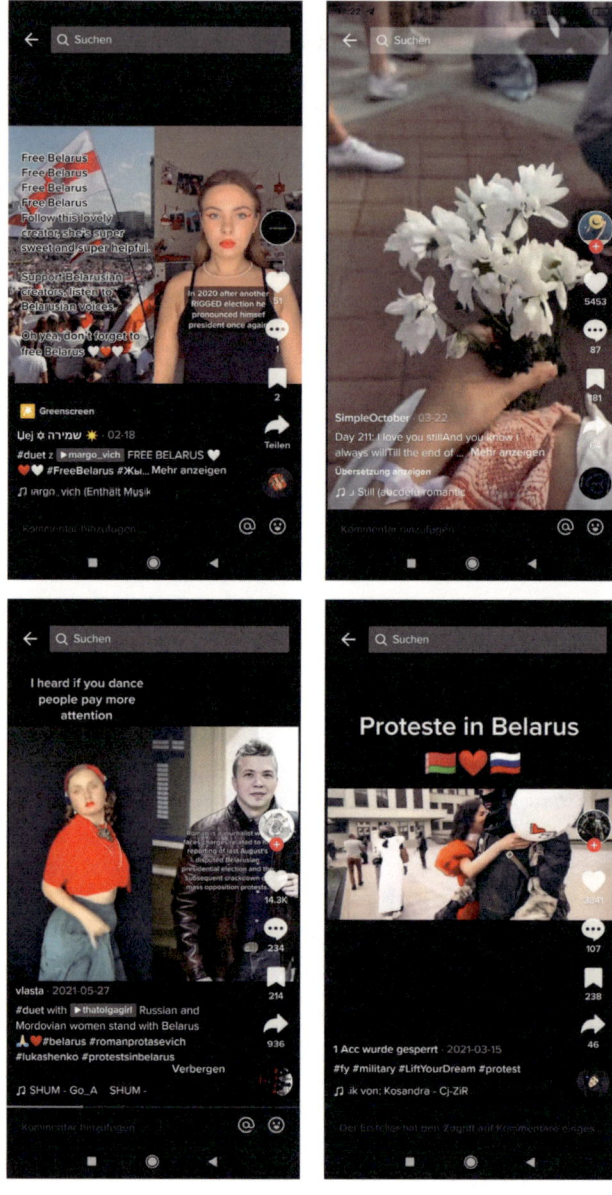

[Abb. 3] TikTok-Video von @margo_vich: https://vm.tiktok.com/ZGe26Ra24/ (letzter Zugriff: 13.12.2023); TikTok-Video von @simpleoctober: https://vm.tiktok.com/ZGe2jwTCc/ (letzter Zugriff: 13.12.2023); TikTok-Video von @vlasta: https://vm.tiktok.com/ZGe26rmH3/ (letzter Zugriff: 13.12.2023); TikTok-Video von gesperrter*m Nutzer*in, Screenshot: 15.12.2022 (Video mittlerweile gelöscht).

und scheinen so auf den ersten Blick ganz gezielt auch künstlerischen Ansprüchen zu folgen, sowie auf sehr bewusst gesetzte audiovisuelle Rhetoriken zu bauen. Sie zeigen vor allem ‚junge', westlich ‚normschön' zurechtgemachte Frauen* und weibliche* ‚Unschuldssymboliken' wie weiße Kleider, Blumen oder Herzen und auffallend häufig traditionelle Kostüme, Lieder oder Stickmuster. Diese Symboliken betonen die Friedlichkeit des Protests, insofern die Videos nicht nur sprachliche Solidaritätsbekundungen („I stand with Belarus") enthalten, sondern auch direkte Aufrufe dazu, die Videobotschaft in die ganze Welt hinauszutragen.

Beim näheren Hinsehen jedoch lässt sich eine ganze Menge Alltägliches in den Videos ausmachen: Die Videos verweisen sogar möglicherweise ganz bewusst auf den Alltag von Frauen* in Belarus, der gerade in seiner Künstlichkeit und dem Erfüllen westlicher, weiblicher* Normen Subversivität hervorrufen kann. Die belarussische Philosophin und Aktivistin Olga Shparaga hat die damals sogar gezielt auf den weiblichen* Alltag verweisenden Proteststrategien ihrer MitbürgerInnen sogar als absichtlich stereotype Ausstellung von „Schwäche" beschrieben.[26] Dabei handelt es sich um ein Argument, das auch in der weltweiten Berichterstattung im August 2020 dominant verbreitet wurde, wo sich beispielsweise auch die drei Oppositionskandidatinnen Veronika Zepkalo, Swetlana Tichanowskaja und Maria Kalesnikowa in ihren Reden gezielt als ‚Hausfrauen' markierten, die für ihre weggesperrten Ehemänner in den Kampf ziehen wollen, ohne selbst politische Agenden zu verfolgen. Ganz häufig taten sie und die anderen protestierenden Frauen* das mit Haushaltsgegenständen wie Kochlöffeln, einem Sieb oder Wäschekorb. Die (visuelle und auditive) Ästhetik der Videos scheint diesem Argument einer vermeintlich ‚unschuldigen Ästhetik' in die Hände zu spielen: Farbenfrohe, glatte, durch Großaufnahmen und unterlegte Musik oft pathosgetragene Bilder erwecken fast den Eindruck, dass die protestierenden Frauen* nur schwer in ihrer Kritik ernst zu nehmen sind. Und doch hat Elena Gapova in ihrem Beitrag zum Panel „Women in White: A Feminist Revolution of a New Kind in Belarus?", das online an der Yale University am 14. Dezember 2020 stattgefunden hat, auf das Self-Empowerment verwiesen, dass sich die Protestierenden im Rekurs auf ihre nationalen Symboliken und besonders auch im Hinblick auf den weiblichen* Alltag und die darin enthaltenen weiblichen* Stereotype selbst aneignen: „You can be feminine, but at the same time you can rise as a citizen" (Gapova et al. 2020, 00:15:18). Sie hat auch beobachtet, wie die im digitalen Kontext

---

26   „Das war ein Bild von Weiblichkeit, von Schwäche. Gleichzeitig aber auch ein Symbol dafür, dass selbst in der Schwäche eine Stärke liegt" (Shparaga 2020, 90).

verbreiteten traditionsreichen Bilder zeigen, wie sehr die jüngeren Frauen* in Belarus bereits die sowjetisch-feministischen Vorstellungen der früheren Generationen aufgesogen hätten und nun Feminismus etwa anhand der Umwidmung von nationalen Traditionssymboliken betreiben würden – ohne Wissen davon, was Feminismus im sowjetischen Kontext eigentlich historisch ,bedeute' (Gapova 2017).

Die finnischen Wissenschaftlerinnen Daria Krivonos und Anastasia Diatlova jedoch beklagen in ihrem Artikel „What to Wear for Whiteness? ,Whore' Stigma and the East/West Politics of Race, Sexuality and Gender" (2020) in Bezug auf den globalen Blick auf solche Bilder ein dezidiertes *Westsplaining* der westlich-feministischen Diskurse, besonders vor dem Hintergrund von osteuropäischen Frauen*-,Bildern'. Verbreitet sei „im Westen" die Annahme, dass osteuropäische Frauen* in punkto feministischer Werte „hinterher" seien (Krivonos und Diatlova 2020, 120). Im Gegenteil müsse ihnen jedoch speziell vor dem Hintergrund der historischen Entwicklung alltäglicher, sozialistischer Frauen*-,Bilder' möglich sein, sich über westlich geprägte Konzepte wie den „male gaze" oder dort hinlänglich als sexuell aufgeladen verstandene Darstellungsformen hinaus als Feministinnen zu verstehen. Insbesondere auf der Alltagsplattform TikTok scheint eine *eindeutige* Lesart der Videos deshalb nicht so ohne Weiteres möglich. Das Verstehen des in den Videos enthaltenen Spektrums aus weiblichen* Stereotypen, folkloristischem Traditionsfokus, dargestellter Alltäglich-keit, vermeintlich dokumentarischen Aufnahmen und metaphorischen Symboliken wird dort zusätzlich durch die Tatsache verkompliziert, dass die Uploader:innen der Videos wahrscheinlich genau wissen, wie sie Geschlecht performen möchten. So schreibt die Uploaderin des Videos unten links „I heard if you dance people pay more attention". Sie wissen auch, dass der Wunsch, das Video weltweit zu verteilen, nicht nur bedeuten darf, sich an die Menschen zu wenden, die wahrscheinlich mit denselben Verständnissen an die Bilder herantreten, wie sie selbst, sondern auch an solche, die anderen Interessen folgen.

Die Videos und ihre Ästhetiken sind also mitnichten als ästhetisch ,unschuldig' zu deuten. Die auffallend dominante Ausstellung des weiblichen* Alltags unter den Demonstrierenden im August 2020 in Belarus auf TikTok erscheint somit als paradox-semantischer Protest. Diese fährt in ihrem Wunsch, Aufmerksamkeit für das demokratische Anliegen des belarussischen Volkes zu erzeugen, womöglich widersprüchliche, in jedem Fall jedoch deutungslogisch (und deutungslogistisch) ambivalente adaptiv-ästhetische Strategien. Der Kamera-App TikTok kommt in diesem Kon-text jedenfalls eine besondere Rolle zu: Es geht hier um das Smartphone als Aufnahmeapparat, das – wie Angela Jouini (in diesem Band) treffend bemerkt – in seiner alltäglichen Präsenz im Aufnahmeprozess nahezu unsichtbar werden und ‚Einschüchterungen' gegenüber der Aufnahmeapparatur abbauen kann. Und es geht um TikTok als Videoplattform, die die belarussischen Frauen* offenbar als Wissensinstanz empfinden, mittels der sie nicht nur Öffentlichkeiten generieren, sondern auch Bedeutungen veruneindeutigen können. Die App als Kamera könnte dabei als vertrauenswürdige Komplizin verstanden werden, und die voreingestellten Hochkant-Bildästhetiken als Kollaborationsmechanismen des Protests. Kein naiver Umgang ist den Frauen* im Nutzen von TikTok also zu attestieren. Im Gegenteil, in ihrer aktivistischen Absicht machen die Betreiber:innen der Accounts oder die Uploader:innen der Videos semantische Uneindeutigkeiten und heterogene Lesarten ihrer Videos zum Ausgangspunkt des Protests.

So eindeutig subversiv wie das viral gegangene Schmink-Tutorial von Feroza Aziz (@ferozaazizz), das 2019 den Zensuralgorithmus überlistet hatte, indem die heutige Influencerin ihre Kritik am chinesischen Umgang mit den Uigur:innen allein auf der Tonebene ihres bildlich ein Schminktutorial darstellenden TikTok-Videos unterbrachte, funktionieren die belarussischen Videos aber nicht. Ihre Lesbarkeiten bleiben kontingent: weil sie erstens essentialistische, geschlechtlich normativ codierte Darstellungsweisen von Frauen* im Kontext der autoritären und frauen*feindlichen Quasi-Diktatur in Belarus affirmieren; sie zweitens stets vor dem Hintergrund historischer und zeitgenössischer Denkkonzepte zu Geschlechterrollen und Weiblichkeit* gelesen werden müssen; und drittens jedoch gerade als Gegenöffentlichkeit zu diesen normativen Denkkonzepten verstanden werden müssen, von denen sie sich mit ihrem Protest gerade freimachen wollen. Manche der TikToker:innen legen Wert darauf, auf ihrem Profil und in ihren Videos deutlich zu machen, dass sie selbst aus Belarus geflohen sind und heute in Kanada oder den USA leben. Andere posten von vor Ort – aus ihrem Alltag – und riskieren, ausfindig gemacht zu werden und im Gefängnis zu landen. Und auch diese nötige Vorsicht im Umgang mit TikTok als Lokalisierungsmechanismus schreibt sich in die Videos, ihre Inhalte und Ästhetiken ein.

So zeigt sich an der Analyse bereits dieser kleinen Auswahl der Videos, mit welch heterogenen und unsichtbaren Taktiken sich die Videos bewusst einer Einordnung entziehen (können), indem sie ihre Absichten etwa irgendwo zwischen Kunst, Aktivismus und Alltäglichkeit verorten. Die TikTok-Videos greifen vorsätzlich metonymische Bildmerkmale von bereits etablierten Ästhetiken und Diskursen als Verteilungsstrategien auf und verwenden sie für ihre Zwecke (anders) weiter. Was in dieser These jedoch ebenso zur Diskussion steht, ist die notwendige selbstkritische Frage, die ich mir stelle, nämlich ob ich überhaupt über den Zusammenhang der politischen Überzeugungen der Frauen* bzw. mit den Videos selbst und ihren verwendeten Ästhetiken sprechen kann, indem ich die Videos oben mit ästhetischen Verfahren wie dem Jump Cut oder dem Point-of-View-Shot beschrieben habe. Vor allem aber frage ich mich vor dem Hintergrund der oben zur Debatte gestellten kinematografischen Begrifflichkeiten und Konzepte, worin genau der Mehrwert eines solchen klassifizierenden Erklärungsversuchs liegen würde. Denn in jedem Fall scheinen die Bilder in dem globalen Kontext, in dem sie verteilt werden, darauf zu insistieren, dass gerade die eindeutige Versprachlichung des Sichtbaren, aktivistisch betrachtet, kontraproduktiv ist. Die Absicht hinter dieser Verunein-deutigung liegt auf der Hand: Eben weil die Videos bedeutungstechnisch variabel bleiben, werden sie potenziell auch anschlussfähig für ganz verschiedene Diskussionen und Diskurse – sie rufen zu neuen Reme-diatisierungsversuchen auf, zu *vielen* Weisen, sie semantisch zu verein-deutigen. Anders gesagt könnte es gerade die Heterogenität der ver-schiedenen Lebensrealitäten ihrer Uploader:innen und der Nutzer:innen sowie der Status von TikTok als Alltagsmedium sein, mit denen die Videos kalkulieren.

Alltag, Wirklichkeit, Echtheit?

Die Pluralität der in der Analyse nebeneinandergestellten Deutungsformen weist darauf hin, dass die Einordnung der Videos in feste, oft vom fik-tionalen Langspielfilm abgeleitete Kategorien einen Großteil des Materials und einen Großteil der Videos zu übersehen scheint. Die Videos fordern im Gegenteil dazu auf, ihnen ihre semantische Uneindeutigkeit zu lassen. Sie sind so plural, wie menschliche Alltage divers sind.

Denn: Auch wenn ich im Rahmen dieses Beitrags mit der Bezeichnung als ‚Alltagsmedium' bislang eine ontologische Befreiungsbewegung des Medialen aus tradiert-binären Begriffsbildern und Denkmustern angenommen habe, so steht die Frage nach einer nicht-binär, möglichst exklusions- und wertungsfrei aufgestellten Ontologie ‚des Alltags' selbst ja ebenfalls noch aus.[27] Und hier wäre womöglich selbstkritisch auf den bislang unhinterfragten Umgang mit dem Begriff des Alltags hinzuweisen. Denn im Sinne einer kritischen Befragung der diskursiven Wiederholungen und Vorgängigkeiten von Medienverständnissen, zu der Seier (2007) mit

---

27   Für eine kritische politikwissenschaftliche Perspektive auf den Begriff des Alltags, die hier nun keinen Platz mehr findet, siehe beispielsweise Bargetz 2016.

ihrem Remediatisierungsbegriff aufgerufen hat, wäre zwar wünschenswert, dass der Begriff ‚Alltag' als heterogen codiertes Bedeutungsfeld funktioniert.[28] Im kurzen Blick auf existierende Theorien zum Alltag – insbesondere jene von Norbert Elias (1978) – wird jedoch deutlich, dass auch Verständnisse des Alltäglichen im Zweifel nicht frei von binären Schließungen sind. Elias will Alltag explizit mit binären Begriffsoppositionen erklärbar machen: Er unterscheidet zum Alltag etwa Routine vs. Außergewöhnlichkeit, Freizeit vs. Arbeit, privat vs. öffentlich, Masse vs. Machthabende, unreflektiertes/naives Bewusstsein vs. reflektiertes/wahres Bewusstsein (Elias 1978, 26).

Ich glaube hingegen, dass sich ein geöffneter Blick für zeitgenössische Medienumgebungen z. B. dadurch angehen ließe, einen nicht binär hergeleiteten Begriff des ‚Alltags' auch film- und *medien*theoretisch fruchtbar zu machen. Dafür ist es zuallererst zentral, dass die mediale Realität als gleichbedeutend zur analogen verstanden wird. So schreibt auch der eingangs zitierte *Real Life*-Blogpost im weiteren Verlauf seiner Argumentation:

> But the everyday posts about life during wartime do provide for the viewer a bracing *reassertion of the real*, not because they disrupt the mundanity of everyday life in feeds with tragedy but because they *validate the idea that social media use is itself real life.* (Real Life Magazine 2022; Herv. LKM)

Dass online und offline bzw. digitale und analoge Wirklichkeiten in vielen Diskursen über Bildmedien längst nicht mehr getrennt werden, in anderen Kontexten, wie jenen fundamental-begrifflichen zu Fragen nach ‚Ästhetik' oder ‚Realität', aber dann doch wieder als getrennte Entitäten behandelt werden – und wie sich dem mit dem Begriff des Alltags nachkommen ließe – hat vor kurzem Urs Stäheli (2021) thematisiert. Dieser beschreibt Alltag mit Niamh Stephenson und Dimitris Papadopoulos (2006) stattdessen ganz einfach als „Fluss der Erfahrungen". In Abgrenzung von Niklas Luhmann und in stärkerer Hinwendung zu Maurice Blanchot versteht Stäheli das Alltägliche als unabgeschlossenen Rahmen, aus dem Signifikationsprozesse erst emergieren[29] – als Feld, in dem Mittel- und Unmittelbarkeiten, Rou-

---

28   Auf die politisch informierte *Befreiungs*funktion des Begriffs Alltag hat auch kürzlich Tobias Matzner in seinem Vortrag „Zu einer situierten Kritik digitaler Technologie" an der Johannes Gutenberg-Universität Mainz am 17. November 2022 verwiesen.

29   „[D]er Alltag selbst ist alogisch organisiert und zugleich Medium für die Organisation von Erfahrungen, die ihrerseits als noch nicht individuierte gedacht werden. Die meisten funktionssystemspezifischen Operationen sind in alltägliche Praktiken eingebettet […] [er ist] jenes ungeordnete Material, auf dessen Grundlage erst die

tinen, Affekte und (Un-)Sichtbarkeiten zu Steuerungsmechanismen von Kommunikation werden (Stäheli 2021, 136–140). Dass Alltag stets eine Frage nach gesellschaftlicher Perspektivierung, Macht und kontextueller Skalierung ist,[30] ist dessen Fruchtbarmachung als Möglichkeitsfeld für das Entstehen von Bedeutungen nur zuträglich. Denn Bedeutungen sollten, wie gesagt, erst recht in den komplexen Bildbewegungen auf TikTok ausschließlich kontextsensibel „from the bottom up" aufgesucht werden. Eine derartige analytisch-konsequente Anerkennung der Verortung der Bilder und ihrer technologischen Prämissen in den vielen verschiedenen Lebensrealitäten der Produser:innen wäre dabei im Zweifel sogar offen für ein diskriminierungssensibles Agieren *mit* Klassifizierungsbegriffen, aber nur solange diese stets im Modus einer kritisch-methodischen Selbstbefragung stattfinden. Eine solche lassen die Einordnungsversuche vieler postkinematografischer und medienpädagogischer Diskurse, wie gezeigt, jedoch bislang missen – im Kontext von TikTok und sozialen Medien gelten nach wie vor Erklärungslogiken von wahr vs. erfunden, Dokument vs. Kunst, Fiktion vs. Realität, Objektivität vs. Subjektivität.

Die Frage beantworten zu können, ob ein Video beispielsweise ‚echt' ist oder nicht, ist zwar in bestimmten Kontexten durchaus relevant.[31] Sie scheint jedoch für die Verteilung der TikTok-Videos, wie wir an allen Beispielen gesehen haben, keine primäre Rolle zu spielen. „[T]he point is not facts but feelings", schreibt auch *Real Life* – wie als ob sich „facts" und „feelings" gegenseitig ausschließen würden. Gemeint ist aber, dass man beobachten kann, dass sich die Videos auf TikTok auch ungeachtet ihrer ‚Echtheit' verbreiten. Sie werden dadurch in ihrer metonymischen Funktionalität legitimiert und andersherum durch das Ausbleiben der Passung zu etablierten ästhetischen Zuordnungsprinzipien delegitimiert. Dass diese unkontrollierte Verbreitung der Videos problematisch ist, ist nicht zu unterschätzen. So hat Colin Dickey (2022) beschrieben, wie Verschwörungstheoretiker:innen in ihrem propagandistischen Agieren mit unserer diesbezüglichen Hilflosigkeit kalkulieren: „Crisis Actor conspiracy theories play off of our sense of helplessness in the presence of an unmediated flow

einzelnen Einträge und ihre Ordnung zustande kommen können" (Stäheli 2021, 137–138).

30   Für diesen Hinweis und ihr sorgsames wie gewinnbringendes Lektorat des Beitrags möchte ich an dieser Stelle den beiden Herausgeberinnen Elisa Linseisen und Alena Strohmaier herzlich danken.

31   Die Auseinandersetzung mit der Echtheit der Bilder – auch im Kontext von Künstlicher Intelligenz und Bildgeneratoren – hat durch die Vorkommnisse im und um den Gaza-Streifen und das Massaker der Hamas am 7. Oktober 2023 wieder verstärkt an Aufmerksamkeit gewonnen. Der Artikel ist vorher entstanden und fokussiert das Szenario nicht, er wäre für eine entsprechende Diskussion aber anschlussfähig.

of imagery". Konsequent gesprochen würde insofern ein Anerkennen des In-eins-Fallens von vermeintlich medialer und nicht-medialer Realität selbst diese Arten von Hilflosigkeit zumindest phänomenologisch ernst nehmen.

Statt einer solchen, von mir im ersten Teil des Artikels vorgenommenen Verurteilung der fehlenden Herangehensweisen an zeitgenössische TikTok-Phänomene im Post-Cinema-Diskurs wäre dann auch dort eher nach bereits vorhandenen Anschlussstellen für Umgänge mit der Alltäglichkeit der Medien zu suchen: So lassen sich in den zwölf beschreibenden Adjektiven, die Shane Denson und Julia Leyda (2016) dem Post-Cinema zuordnen[32] zumindest an die Begriffe „social" und „environmental" vermeintlich alltagstheoretische Betrachtungen anschließen. Und selbst der oben eher als „Beschützer des Kinos" eingeführte Francesco Casetti hat zuletzt gemeinsam mit Andrea Pinotti auf den Punkt gebracht, wie rabiat die Veränderungen, die mit der Alltäglich- und Omnipräsentwerdung von (Bewegt-)Bildern einhergehen, in theoretischen Konzeptionen aussehen müssten: „If the experience of the image implies the appreciation of both the represented object and the representing medium, can we still speak here of an image experience at all?" (Casetti und Pinotti 2020, 207) Und: „are ‚ontology' and ‚phenomenology' still valid notions and useful concept frames to understand our contemporary post-cinematic iconoscape?" (211) Auch in Haidee Wassons Plädoyer für ein „Formatting Film Studies" weist die Forderung nach einer Filmwissenschaft, die Film als „information, infrastructure, content, education, science, governance and work" (Wasson 2015, 57) behandelt, darauf hin, dass das Post-Cinema sehr wohl in der Anerkennung der filmischen Heterogenitäten und ihrer Ontologien Potenzial für eine grundsätzliche Neubefragung auch von Begriffen wie ‚Ästhetik' oder ‚Kunst' anbieten würde. Entsprechend ärgerlich ist es, in den Auseinandersetzungen mit Bewegtbildern, wie auch Angela Jouini in ihrem Beitrag feststellt (in diesem Band, 18), immer noch die stete Verbindung des Bewegtbildlichen zu Casettis „no-longer-cinema", „still-cinema" oder „cinema-once-again" zu lesen – denn dabei handelt es sich um Begriffsbildungen, die die ‚richtigen' und ‚falschen' Weisen der Filmerfahrung nicht, wie erhofft, neu verhandeln, sondern diese in den ‚alten' Logiken der dominierenden Erklärungslogiken verkümmern lassen.

32   Die zwölf Adjektive lauten: „digital", „interactive", „ludic", „miniaturized", „mobile", „social", „processual", „algorithmic", „aggregative", „environmental" und „convergent" (Denson und Leyda 2016, 1).

Alternativen?

In Abgrenzung zu diesen ist es vor allem die kulturwissenschaftlich geprägte Sekundärliteratur über TikTok, die zu einer solchen Ent-binarisierung von Beschreibungsbegriffen digitaler Kulturen beitragen kann. Etwa einzelne Fallstudien, qualitative Befragungen und phänomenologische Erfahrungsberichte über TikTok nähern sich den dortigen Videos, ungeachtet der Quantität ihrer Verbreitung, nämlich tatsächlich bereits aus dem Kontext ihrer alltäglichen Verortung. So hat auch Trevor Boffone in seinem TikTok-Sammelband die Perspektive auf-fällig zentral auf marginalisierte Perspektiven gelegt (die Subeinheiten des Sammelbands sind mit „Race und Ethnicity", „Gender and Sexuality" und „Subcultures" betitelt) und seinen Beiträger:innen offengelassen, wie den bereits erwähnten Shauna Pomerantz und Miriam Field, in experimentel-leren Textformen zunächst möglichst vielfältige Herangehensweisen an TikTok zu finden. Auch auf TikTok selbst nimmt das Insistieren auf die Strukturähnlichkeit zwischen TikTok und ‚Welt' und die Auffindbarkeit von pluralen Lebensrealitäten zu. Dort hat sich etwa mit der Selbstbezeichnung „AltTikTok" offenbar ein Nutzer:innenfeld etabliert, das stolz darauf ist (und das in den entsprechenden Videos so äußert), seinen Algorithmus so trainiert zu haben, dass dieser sie nicht mehr mit rassistischen, sexistischen oder transfeindlichen Videos versorgt. In dieser Weise reakti-viert TikTok auch den schon als verloren geglaubten Mythos vom Internet als Safe Space, in dem zwar Hass, Mobbing und Ausgrenzung stattfinden – wo jedoch offenbar auch Räume zu entstehen scheinen, in denen sich Schutz vor Rassismus, Sexismus, Ageismus, und anderen Diskriminierungs-formen finden lässt.

Als weitere hoffnungsvolle Option scheint sich das Bedürfnis nach affektiv informierten Sprechweisen und einer Rezentrierung des Körpers im Kontext von digitalen Wirklichkeiten zu entwickeln. So hat Kyle Chayka (2021) kürzlich im *New Yorker* dafür plädiert, im Kontext von TikTok den Begriff des „vibes" einzuführen, um sich auf Videos berufen zu können, die sich jenseits einer „audiovisual eloquence" als „sympathetic resonance between a person and her environment" abspielen und dort eine „abs-trakte" Wirkungsqualität und Ästhetik ausbilden, die etwa kapitalistische Logiken zu unterlaufen weiß: „[Vibes are] not scarce or limited-edition. Replication doesn't cheapen them". Chayka beschreibt „vibes" als „moving from internet into real world and back again", als „brief flashes of see-mingly normal life, compressed into short videos" und ruft damit auch die Verortung der Beschreibungsbegriffe im Kontext von Alltagsmedien explizit auf.[33] Gerade im Hinblick auf feministische Repräsentationskritik, die ich oben mit den Videos aus Belarus anvisiert hatte, würden vielleicht solche neuen, institutionell unvoreingenommenen Begriffe, die auf die Beschreibung von Wirkweisen *und* Gestaltungsstrategien zugleich abzielen, diskriminierungsfreie Räume des theoretischen Diskurses eröffnen können.

Fazit

Im Blick auf die Verstrickungen von technischen Prämissen, individualisierten Nutzungen und sozialen Effekten auf TikTok ist, so ließe sich abschließend vielleicht sagen, eine wissenschaftliche Perspektive, die nicht zuerst auch Kritik an grundlegenden Begriffen wie ‚Ästhetik', ‚Rezeption', ‚Verteilung' oder ‚Alltag' übt, mmer schwerer vertretbar. Auch entlang von TikToks Verteilungspraktiken, die über die erwähnten Komplexitäten hinaus außerdem monetarisierenden und neoliberalen Logiken folgen, sind Grenzen zwischen Gestaltungsmitteln, Vermarktungsstrategien, kulturellen Spezifika, Trends und individuellen Stimmungsbildern nicht mehr ausmachbar. Ihnen stehen in theoretischen Zugriffen insbesondere auf TikTok jedoch häufig noch eine Reihe von binär codierten Beschreibungsbegriffen gegenüber, denen ich hier zwar nicht ihre grundsätzliche Funktionalität absprechen wollte, denen es sich insbesondere vor dem Hintergrund der auf TikTok versammelten Alltäglichkeiten jedoch durchaus lohnt, konsequente Alternativen vorzuschlagen. Die hiesigen Ausführungen hatten sich dafür zunächst lediglich zum Ziel gesetzt, Anwendungsbereiche von binären Denkmodellen zu identifizieren – sowohl im Kontext von medialen Umgebungen als auch in jenen der wissenschaftlichen Herangehensweisen. Für eine repräsentationskritische Perspektive auf TikTok als Alltagsmedium ist damit nur ein kleiner Grundstein gelegt. In Zukunft wird aber Stuart Halls Warnung vor dem pauschalisierenden, ganzsprechenden Umgang mit „cultural forms" – gerade im Kontext von TikTok und sozialen Alltagsmedien – noch ernster zu nehmen sein: „The danger arises because we tend to think of cultural forms as whole and coherent: either wholly corrupt

---

33 Er verweist damit auch auf eine Forderung, die Sianne Ngai bereits 2011 mit ihrer Infragestellung von „ästhetischen Kategorien" auf den Weg gebracht hatte. Ngai problematisiert den Einsatz von ästhetischen Kategorien wie „das Schöne" oder „das Erhabene" für kritische und andere nicht-ästhetische Bewertungen und plädiert stattdessen für neue ästhetische Kategorien, die sich Kommodifizierungen entziehen. „interesting", „zany" und „cute" versteht sie in der Folge als inkonsequente, institutionell (noch) nicht vereinnahmte Begriffe, die zwar bereits Teil unseres Kommunizierens über Medien(-wirkungen) seien, als dezidiert „ästhetische Kategorien" bislang jedoch noch nicht in Betracht gezogen wurden (Ngai 2011).

or wholly authentic. Whereas, they are deeply contradictory, they play on contractions" (Hall 1981, 233).

Die offenbar dringende Frage, die u.a. Marek Jancovic stellt, wenn er in Bezug auf Vine danach fragt, „ob sechssekündige Clips überhaupt als Filme bezeichnet werden können" (2017, 98) – bleibt dabei in meinem Beitrag ebenso bewusst unbeantwortet wie in dem von Angela Jouini. Statt einem ontologischen Festzurren der Grenzen zwischen Medienformaten habe ich vielmehr für eine Praxis der Veruneindeutigung plädiert. Im Ernstnehmen der zeitgenössischen digitalen Bildkulturen müssen die Verlusterzählungen des Kinos insofern noch viel radikaler ad acta gelegt werden, als zunächst zu vermuten war. Es sind die *fundamentalen* Konzepte, mit denen wir wissenschaftlich agieren, die wieder zur Disposition stehen – jene teilweise über Jahrhunderte tradierten Ontologien, mit denen wir heute wie selbstverständlich arbeiten. Die sozialen, diskursiven und theoretischen Unbestimmtheiten auf TikTok auszuhalten, und den wissenschaftlichen Blick auch vor jenen Videos nicht zu verschließen, die bisher in keinen Begriffsbildungen vorkommen, erscheint mir dabei ein angemessener nächster Schritt.

Literatur

Albrecht, Christian. 2021. „Stummfilmästhetik auf TikTok – Attraktion und Narration". *54 Books*, 1. April. Letzter Zugriff am 6. Oktober 2023. https://www.54books.de/attraktion-und-narration-aesthetiken-des-stummfilms-auf-tiktok/.

Anders, Petra, Michael Staiger, Christian Albrecht, Manfred Rüsel und Claudia Vorst. 2019. *Einführung in die Filmdidaktik. Kino, Fernsehen, Video, Internet.* Stuttgart: J.B. Metzler.

Axis. 2020. „A Parent's Guide to TikTok". Letzter Zugriff am 6. Oktober 2023. https://axis.org/resource/tiktok-parent-guide/.

———. 2023. *Offizielle Webseite.* Letzter Zugriff am 6. Oktober 2023. https://axis.org/.

Bargetz, Brigitte. 2016. *Ambivalenzen des Alltags. Neuorientierungen für eine Theorie des Politischen.* Bielefeld: Transcript.

Boffone, Trevor. 2022. *TikTok Cultures in the United States.* London/New York: Routledge.

Bolter, Jay David und Richard Grusin. 2000. *Remediation. Understanding New Media.* Cambridge: MIT Press.

Casetti, Francesco. 2011. „Cinema Lost and Found. Trajectories of Relocation". *Screening the Past* 32. https://www.screeningthepast.com/issue-32-screen-attachment/cinema-lost-and-found-trajectories-of-relocation/.

———. 2018. „Why Fears Matter. Cinephobia in Early Film Culture". *Screen* 59 (2): 145–157.

Cassetti, Francesco und Andrea Pinotti. 2020. „Post-Cinema Ecology". In *Post-Cinema. Cinema in the Post-Art Era*, herausgegeben von Dominique Chateau und José Moure, 193-220. Amsterdam: Amsterdam University Press.

Chayka, Kyle. 2021. „TikTok and the Vibes Revival". *The New Yorker*, 26. April. Letzter Zugriff am 4. Oktober 2023. https://www.newyorker.com/culture/cultural-comment/tiktok-and-the-vibes-revival.

———. 2022. „Watching the World's ‚First TikTok War'". *The New Yorker*, 3. März. Letzter Zugriff am 4. Oktober 2023. https://www.newyorker.com/culture/infinite-scroll/watching-the-worlds-first-tiktok-war.

Chun, Wendy Hui Kyong. 2018. „Queerying Homophily. Muster der Netzwerkanalyse". *Zeitschrift für Medienwissenschaft* 10 (18): 131–148.

Davis, Margaret. 2021. „TikTok Is Bad for Your Brain: Constant Social Media Streaming Narrows Collective Attention Span, Adversely Affects Mental Health". *The Science Times*, 25. Oktober. Letzter Zugriff am 6. Oktober 2023. https://www.sciencetimes.com/articles/34138/20211025/tiktok-bad-brain-constant-social-media-streaming-narrows-collective-attention.htm.

Denson, Shane und Julia Leyda. 2016. „Perspectives on Post-Cinema. An Introduction". In *Post-Cinema. Theorizing 21st-Century Film*, herausgegeben von Shane Dneon und Julia Leyda, 1–19. Falmer: REFRAME Books.

Der Standard. 2022. „Tiktok zensiert Begriffe wie ‚queer', ‚homosexuell' oder ‚Nationalsozialismus' auch in Österreich". *Der Standard*, 27. März. Letzter Zugriff am 4. Oktober 2023. https://www.derstandard.at/story/2000134442962/tiktok-zensiert-begriffe-wie-queer-homosexuell-oder-nationalsozialismus-auch-in.

Dickey, Colin. „Suspension of Belief. ‚Crisis Actor' Conspiracy Theories Relieve the Cognitive Dissonance of Not Knowing How to Respond". *Real Life*, 11. April. https://reallifemag.com/suspension-of-belief/.

Durrani, Temur und Irene Galea. 2022. „How TikTok and Instagram's Algorithms Inform – And Distort – Our Understanding of the Ukraine War". *The Globe and Mail*, 15. März. Letzter Zugriff am 4. Oktober 2023. https://www.theglobeandmail.com/business/article-tiktok-instagram-ukraine-war-misinformation/.

Elias, Norbert. 1978. „Zum Begriff des Alltags". In *Kölner Zeitschrift für Soziologie und Sozialpsychologie* 20, herausgegeben von Kurt Hammerich und Michael Klein, 22–29. Opladen: Westdeutscher Verlag.

Gapova, Elena. 2017. „Things to Have for a Belarusian: Rebranding the Nation via Online Participation". *Studies in Russian, Eurasian and Central European New Media* 17: 47–71.

Gapova, Elena et al. 2020. „Women in White: A Feminist Revolution of a New Kind in Belarus?" Panel der Yale University, 14. Dezember, online. Letzter Zugriff am 6. Oktober 2023. https://europeanstudies.macmillan.yale.edu/women-white-feminist-revolution-new-kind-belarus.

Hall, Stuart. 1981. „Notes on Deconstructing ‚The Popular'". In *People's History and Socialist Theory*, herausgegeben von Raphael Samuel, 227–241. London: Routledge.

Hope, Chelsea (@ChelseaUGC). 2022. „TikTok is my Google". *Twitter*, 16. Juli, 6:09 nachm. https://twitter.com/ChelseaUGC/status/1548339064457142276?t=J7xUdFNoFGMeSMEmNbHXLg&s=08.

Jancovic, Marek. 2017. „‚Oops! Couldn't Find It.' Vine und das Lehren, Piratieren und Bewahren von Amateurmedien". *Montage AV* 26 (1): 91–108.

Jancovic, Marek, Axel Volmar und Alexandra Schneider. 2020. *Format Matters: Standards, Practices, and Politics in Media Cultures*. Lüneburg: meson press,

Korte, Jule. 2019. „Kultur, Qualität, Trash? Zur ästhetischen Erfahrung des Fernsehens". *ZfK – Zeitschrift für Kulturwissenschaften* 12 (2): 55–68.

Krivonos, Daria und Anastasia Diatlova. 2020. „What to Wear for Whiteness? ‚Whore' Stigma and the East/West Politics of Race, Sexuality and Gender Intersections". *East European Journal of Society and Politics* 6 (3): 116–132.

Kuhn, Annette. 2022. „Lehrkräfte brauchen eine TikTok Literacy". *Deutsches Schulportal der Robert Bosch Stiftung*, 17. März. Letzter Zugriff am 6. Oktober 2023. https://deutsches-schulportal.de/schule-im-umfeld/tiktok-forscher-marcus-boesch-lehrkraefte-brauchen-eine-tiktok-literacy/.

Leichtfried, Matthias und Laura Katharina Mücke. 2022. „TikTok. Kurze Filme im Deutsch-unterricht und im digitalen Alltag: Funktionsweisen und didaktische Reflexionen". *ide – Information für Deutschdidaktik* 3: 96–108.

Manovich, Lev. 2019. *AI Aesthetics*. Moskau: Strelka Press.

Marz, Megan. 2022. „Tale Spin. Vibes Aren't Killing Narrative". *Real Life*, 22. März. Letzter Zugriff am 6. Oktober 2023. https://reallifemag.com/tale-spin/.

Mücke, Laura Katharina, Olga Moskatova und Chris Tedjasukmana, Hg. 2022. „Editorial. Messy Images – Unordnungen digital vernetzter Bilder". *Montage AV* 31 (1): 5–16.

Mücke, Laura Katharina. 2024 (im Erscheinen). „#belarus2020. Kollaborative Bilder und weibliche* Verteilungsstrategien auf TikTok". In *Bild | Kanäle. Zur Theorie und Ästhetik vernetzter Medienkultur*, herausgegeben von Olga Moskatova und Laura Katharina Mücke. Würzburg: Königshausen und Neumann.

Ngai, Sianne. 2011. „Our Aesthetic Categories. Zany, Cute, Interesting". *Publications of the Modern Language Association of America* 125 (4): 948–958.

Pomerantz, Shauna und Miriam Field. 2022. „Watching TikTok, Feeling Feminsm: Intergenerational Flows of Feminist Knowledge". In *TikTok Cultures in the United States*, herausgegeben von Trevor Boffone, 61–71. London/New York: Routledge.

Real Life Magazine. 2022. „The Current Thing". In *tinyletter.com*, 18. März. Letzter Zugriff am 6. Oktober 2023. https://tinyletter.com/reallifemag/letters/the-current-thing.

Ruehlicke, Andrea. 2020. „All the Content, Just for You: TikTok and Personalization". *Flow Journal*, 1. Oktober. https://www.flowjournal.org/2020/10/content-just-for-you/.

Schellewald, Andreas. 2021. „Communicative Forms on TikTok. Perspectives from Digital Ethnography". *International Journal of Communication* 15: 1437–1457.

Schulz, Christian und Tobias Matzner. 2020. „Feed the Interface. Social-Media-Feeds als Schwellen". *Navigationen, Zeitschrift für Medien- und Kulturwissenschaften* 20 (2): 147–164.

Seier, Andrea. 2007. *Remediatisierung. Die performative Konstruktion von Gender und Medien*. Münster: LIT.

Shashenok, Valeria. 2022. *24. Februar und der Himmel war nicht mehr blau*. Wien: story.one – the library of life.

Shparaga, Olga. 2020. „‚Wir brauchen eine starke Gesellschaft'". In *Belarus! Das weibliche Gesicht der Revolution*, herausgegeben von Andreas Rostek, Nina Weller, Thomas Weller und Tina Wünschmann, 83–95. Berlin: fotoTAPETA.

Stäheli, Urs. 2021. *Soziologie der Entnetzung*. Berlin: Surhkamp.

Stephenson, Niamh und Dimitris Papadopoulos. 2006. *Analysing Everday Experience. Social Research and Political Change*. Basingstoke: Palgrave Macmillan.

Stokel-Walker, Chris. 2021. *TikTok Boom: China's Dynamite App and the Superpower Race for Social Media*. Kingston: Canbury Press.

Tangalakis-Lippert, Katherine. 2022. „A GOP Congressman Says TikTok Should Be Banned in the US and Is Introducing Legislation to Do So, Calling the App ‚Digital Fentanyl'". *Business Insider,* 28. November. Letzter Zugriff am 4. Oktober 2023. https://www.businessinsider.com/mike-gallagher-calls-for-tiktok-ban-says-app-digital-fentanyl-2022-11?utm_source=substack&utm_medium=email.

TikTok. 2022. „Schutz und Wohlergehen Minderjähriger". *Community Grundsätze*, zuletzt aktualisiert im März 2023. Letzter Zugriff am 29. November 2022. https://www.tiktok.com/community-guidelines/de-de/youth-safety/.

Voss, Christiane. 2016. „Affekt. Affektverkehr des Filmischen aus medienphilosophischer Sicht". In *Essays zur Filmphilosophie*, herausgegeben von Lorenz Engell, Oliver Fahle, Vinzenz Hediger und Christiane Voss, 63–116. Paderborn: Fink.

Wampfler, Philippe. 2020. „Erzählungen auf TikTok lesen und verstehen". *Buch&Maus* 3: 17–18.

Wasson, Haidee. 2015. „Formatting Film Studies". *Film Studies* 12: 57–61.

Autor:innen

Dr. Nicole Braida absolvierte ihr Bachelorstudium der Archäologie an der Universität Padua und ihr internationaler Masterstudium in dem Fach Film and audiovisual Studies (IMACS) an der Universität Udine, mit Auslandssemestern in Frankfurt und Liège. In 2021 promovierte sie in Rahmen des Graduiertenkollegs „Konfigurationen des Films" an der Johannes-Gutenberg-Universität Mainz und 2022 erschien ihre Dissertation bei Transcript mit dem Titel „Migrating through the Web. Interactive Practices about Migration, Flight and Exile". Seit April 2021 ist sie wissenschaftliche Mitarbeiterin und Postdoc im Projekt DiCi-Hub (A Digital Hub for Film Studies). Sie unterrichtet digitale Methoden für Filmhistoriographie und Datenvisualisierung in Deutschland und Italien an der Universität Udine.

Dr. Anne Ganzert ist PostDoc der Medienwissenschaft und wissenschaftliche Mitarbeiterin im *Centre for Human | Data | Society* an der Universität Konstanz. Zuletzt war sie Koordinatorin der SFB Initiative „Serious Gaming" und davor forschte sie am *Forschungszentrum für gesellschaftlichen Zusammenhalt* zu den „Dynamiken sozialer Schließung in Social Media Plattformen". Ihr Buch „Serial Pinboarding in Contemporary Television" (Palgrave 2020) befasst sich mit zeitgenössischen US-amerikanischen Fernsehserien und deren Pinnwänden als Dispositiven von Serialität. Weitere Forschungsinteressen sind Fan Studies, Partizipationstheorie, Transmedia Storytelling und Visual Culture Studies. Jüngere Publikationen sind unter anderem der Eintrag zu „Partizipieren" im Handbuch Televisuelle Serialität (hrsg. von Olga Moskatova und Sven Grampp, Springer 2022) und „(Nach-)Denken und (Ver-)Folgen – Verschwörungserzählungen, Pinnwände und ihre Gefolgschaften." In: Following. Medien der Gefolgschaft und Prozesse des Folgens. Ein kulturwissenschaftliches Kompendium, hrsg. von A. Ganzert, P. Hauser, I. Otto, de Gruyter 2023.

Angela Jouini (geb. Rabing), M.A. ist wissenschaftliche Mitarbeiterin am Seminar für Filmwissenschaft der FU Berlin. Zuvor war sie am IKFK der Universität Bremen tätig und war 2021 Fellow am MECAM in Tunis in der Interdisciplinary Fellow Group Aesthetics & Cultural Practice. Sie schloss ihr Masterstudium in Medienwissenschaft an der Ruhr-Universität Bochum ab. In ihrem Promotionsprojekt befasst sie sich mit Digitalästhetiken des filmischen Realismus. Weitere Forschungsinteressen sind Dokumentarfilme, Queeres Kino, Film/Migration und Smartphone-Filme. Zudem ist sie Redaktionsmitglied bei nach dem film und war 2017–2022 Projektkoordinatorin des Internationalen Bremer Symposiums zum Film.

Dr. Florian Krautkrämer ist Professor an der Hochschule Luzern Design Film & Kunst. Er leitet das SNF-Forschungsprojekt „Interaktiver Dokumentarfilm" sowie zusammen mit Winfried Gerling das DFG Netzwerk „Camera Studies". 2018 hat er für zwei Semester die Professur für Filmwissenschaft an der Johannes Gutenberg Universität in Mainz vertreten. Forschungsschwerpunkte sind der Dokumentarfilm im Zusammenhang mit technischen Veränderungen, Veränderungen von Amateurmedien und Kameras im Zusammenhang der Digitalisierung, Nachhaltigkeit und Medien, Medienindustrien sowie Experimentalfilm. Zusammen mit Winfried Gerling hat er das Buch *Versatile Camcorders. Looking at the GoPro-Movement* (Berlin 2021) herausgegeben. Zuletzt ist zudem erschienen: „Stay in the Moment. Vom Filmen nebenbei und der Suche nach dem Amateurfilm im Alltag." In: Brückner/Groß (Hg): *Im Verwandeln der Zeit. Reflexionen über filmische Bilder*. Berlin 2022.

Dr. Elisa Linseisen ist Juniorprofessorin für digitale, audiovisuelle Medien am Institut für Medien und Kommunikation der Universität Hamburg. Davor forschte und lehrte sie an medienwissenschaftlichen Instituten in Wien, Weimar, Paderborn und Bochum. Von Mai bis Juli 2023 war sie Fellow der Kollegforschungsgruppe „Cinepoetics" an der FU Berlin. 2019 promovierte sie an der Ruhr-Universität Bochum zu "High Definition. Medienphilosophisches Image Processing" (erschienen 2020 bei meson.press). Forschungs- und Lehrschwerpunkte: Queer Computing, Medical Humanities, App Studies, Digitale Bilder, Radikale Pädagogik, Kanonkritik. Aktuelle Publikationen: 2022, „Mi(s)mesis, rassifizierende Apophänie und Black (W) holes. Vom Produzieren digitaler Ähnlichkeiten", in: F. Balke and E. Linseisen (Hrsg.), *Mimesis Expanded. Die Ausweitung der mimetischen Zone*, Brill-Fink, 295–326. 2022, „Wissen transferieren, Wissen app(lizieren). Für eine Mikropolitik des Anwendens und Zueignens", in: A.-L. Harmening/S. Leinfellner/Rebecca Meier (Hrsg.), *Wissenstransfer in und mit kulturwissenschaftlicher Forschung*, wgb academic, 297–322.

Laura Katharina Mücke ist Wissenschaftliche Mitarbeiterin im Arbeitsbereich „Alltagsmedien und Digitale Kulturen" am Institut für Film-, Theater-, Medien- und Kulturwissenschaft der Universität Mainz. 2019-2022 war sie Mitarbeiterin an der Universität Wien. Ihr Promotionsprojekt, das an den Universitäten Mainz, Wien und Groningen angesiedelt ist, beschäftigt sich kritisch mit der Diskursivität des scheinbar omnipotenten Medienerfahrungsbegriffs Immersion. Sie forscht zu sozialmedialen Bildphänomenen, Medienontologien und feministischen medienwissenschaftlichen Methoden. Letzte Publikationen: "Sociospatiality Between Agency and Fixation" (in *Video Conferencing*, Volmar/Moskatova/Distelmeyer

2023); "Towards a Term of Political Immersion as Co-Immersion" (mit Tom Poljanšek in *AZIMUTH* 02/2022); "Messy Images" (special issue hrsg. mit Chris Tedjasukmana und Olga Moskatova, *Montage/AV* 31 (1) 2022).

Dr. Simone Pfeifer ist Sozial- und Kulturanthropologin mit einem Schwerpunk auf Medien- und Digitaler Anthropologie, Postmigration sowie religiös-politische Kontexte. Derzeit ist sie Postdoktorandin im Graduiertenkolleg „anschließen-ausschließen: Kulturelle Praktiken jenseits globaler Netzwerke" an der Universität zu Köln. Zu ihren weiteren Forschungsschwerpunkten zählen transnationale soziale Beziehungen zwischen Senegal und Deutschland, Versicherheitlichung des Islam, politische Gewalt und ethische Herausforderungen in der ethnographischen Forschung. https://simone-pfeifer.de

Dr. Alena Strohmaier ist gegenwärtig Vertretungsprofessorin für Filmwissenschaft an der Universität Paderborn. Davor war sie Projektleiterin des BMBF-Forschungsprojekts „Filmische Aneignungsprozesse von Videos der populären Aufstandsbewegungen 2009–11 im Mittleren Osten und Nordafrika" (2019–2023) und wissenschaftliche Koordinatorin des BMBF-Forschungsnetzwerks „Rekonfigurationen: Geschichte, Erinnerung und Transformationsprozesse im Mittleren Osten und Nordafrika" (2013–2019; beides Philipps-Universität Marburg). Ihre Promotion trägt den Titel: „Medienraum Diaspora. Verortungen zeitgenössischer iranischer Diasporafilme" (Wiesbaden: Springer, 2019). Weitere Publikationen: „Rassismus im Film", Hrsg. mit Ömer Alkin (Marburg: Schüren, 2023); „Einen Unterschied machen: Differenz und Differenzen in der Filmwissenschaft", mit Julia Bee und Nicole Kandioler. Nach dem Film No. 20, 2022. o.S. Sie war jahrelanges Vorstandsmitglied des European Network for Cinema and Media Studies (2013-2019) und ist zudem Mitgründerin und Redakteurin des Open Media Studies Blog: https://mediastudies.hypotheses.org/